비즈니스
데이터 분석 입문

실습을 위한 자료 다운로드 가이드

실습용 자료 다운로드 URL : https://www.masocampus.com/eb31

1. 브라우저를 실행하고, 자료 다운로드 URL을 입력해서 도서 정보 페이지로 이동하세요. 모바일폰을 사용한다면 QR Code를 실행하면 도서 정보 페이지로 이동됩니다.
2. 도서 정보 페이지의 '실습 자료 다운로드' 버튼을 클릭해서, 자료를 다운로드 받으세요.
3. 압축 파일을 해제한 후 활용하면 됩니다.

비전공자도 배워서 바로 쓰는

비즈니스 데이터 분석 입문

엑셀부터 머신러닝까지 디지털 전환(DT) 성공 가이드

김진/최정아/유서호 지음

Actionable & Time-Saving Content,
MASO CAMPUS

어제보다 성장하는 사람이 되겠습니다.
그리고, 어제보다 성장하려는 사람을
돕겠습니다.

우리의 가치에 공감할 수 있는 사람과 함께 성장하고 싶습니다.

| CONTACT US | career@masocampus.com |

마소캠퍼스는
실무에 바로 쓰는 콘텐츠를
온/오프라인 실시간 강의, VOD, 도서의 형태로
합리적인 가격에 제공하는
ICT 콘텐츠 그룹입니다.

콘텐츠 제휴 및 기업 교육 문의는

| CONTACT US | biz@masocampus.com |

마소캠퍼스의 Content Map

Digital Marketing College

ROI를 증대시키는
데이터 기반 디지털 마케팅
교육 프로그램

Data Science College

입문부터 전문가 과정까지
체계적인 데이터 분석
교육 프로그램

Actionable Time-Saving Content

업무 생산성을
향상시키는 스마트워크
교육 프로그램

Smart Work College

최신 IT 트렌드를 반영한
Back & Front SW 전문역량
교육 프로그램

IT College

국내 유수의 기업과 대학이 마소캠퍼스와 함께합니다.

https://www.masocampus.com

머리말

비즈니스 현장에서 자주 접하는 질문이 있습니다.

> 신제품 예약 판매 결과를 보니 빨강색을 선호하는 사람이 무려 75%였다! 본격 판매할 물량은 빨강색 75%, 검정색 25%로 준비하면 되는 걸까?
>
> 10% 가격 할인쿠폰을 발행하니 매출이 3배 늘었다! 할인폭을 5%로 줄이면 매출이 얼마가 될까? 또 20%로 높이면 예상 매출은 얼마일까?
>
> 최근 뜨는 브랜드, 지는 브랜드가 뭔지 요즘 추세를 한 눈에 알아볼 수 없을까?

누구나 알고 싶어하지만 '어떻게 알아내야 하는지 방법을 모르는' 질문입니다. 엑셀 함수와 매크로를 능수능란하게 다뤄도 이런 물음에는 답하기 어렵습니다. 도구 사용법이 아닌 데이터 분석 역량이 필요한 문제니까요. 마소캠퍼스의 「비전공자도 배워서 바로 쓰는 비즈니스 데이터분석」은 흔히 보던 데이터분석 도서가 아닙니다. 완독 이후에는 위와 같은 현실 문제에 답을 내는 능력을 배양할 수 있는 도서입니다.

데이터 리터러시는 모두에게, 특히 비전문가에게 필요합니다.

데이터 분석의 목적은 "더 좋은 의사결정"입니다. 기업에 실질적 성과를 가져다 줄 의사결정은 몇몇 전문가의 거창한 분석만으로는 안 됩니다. 비즈니스 전 부문에서 각자 주먹구구로 처리하던 모든 업무를 보다 합리적으로, 더 좋은 성과가 기대되는 방향으로 결정하고 추진할 때 비로소 기업은 성장할 수 있습니다. 또한 모든 구성원이 '분석에 적합한 데이터'가 무엇인지 이해해야 양질의 데이터가 쌓입니다. 제 아무리 뛰어난 데이터 사이언티스트도 엉망진창 데이터에서 빛나는 보석을 찾아낼 수 없습니다. 비전문가인 직원들이 데이터를 이해함으로써 기업이 확보하는 데이터의 품질이 높아집니다. 그제서야 비로소 전문가의 고차원적인 분석도 가능해집니다.

그러나 다들 '좋지만 나는 못해'라고 말합니다.

수학을 잘 못해서, 통계는 더 몰라서, 공대를 나오지 않아서 또는 지금 당장 내 업무에는 필요치 않아 보여서 등 여러 이유로 사람들은 데이터 분석을 배우려 하지 않습니다. 각종 이유를 정리해보면 결국 둘 중 하나입니다. 첫째, 너무 어려워 보여 자신 없다. 둘째 배워두면 유용할 것 같지만 실제로 내 업무에 어떤 도움을 주는지는 잘 모르겠다.

기업 차원에서 보면 데이터 분석은 매우 유용합니다. 대면하기 힘든 고객의 여러 특성을 파악하게 하고, 오류와 결함을 줄이며, 미래의 불확실성을 제거하는데 큰 도움을 줍니다. 자원 배분의 효율을 높이고, 이익을 극대화하며, 이상을 탐지하고, 구성원이 쉽게 합의할 수 있는 객관적인 근거를 만들어 주기도 합니다. 그러나 이러한 장점은 구성원 개개인에게 체화시키기 어렵습니다. 잘 모르는 사람에게 데이터 분석은 '마술사 상자'에 가깝습니다. 신기하고 좋은 듯 하지만, 나와 상관 없는 무엇인가로 보일 뿐입니다.

그래서, 「비전공자도 배워서 바로 쓰는 비즈니스 데이터분석」이 필요합니다.

「비전공자도 배워서 바로 쓰는 비즈니스 데이터분석」은 평범한 직장인/대학생을 위한 실무 입문 도서입니다. 데이터 분석에 대한 막연한 두려움을 없애고, 각자의 업무에 적용할 방법을 깨닫게 도와 줍니다. 기업이 데이터 분석으로 효과를 거두기 위해 모든 구성원이 반드시 알아야 할 사항을 가장 쉽고 유용하게 전달하기 때문입니다.

① **수학에 자신 없는 분도 쉽게 배울 수 있습니다.**

- 사칙연산만 알면 이해할 수 있습니다. 본 과정은 중학생 및 시니어 유저도 수강할 수 있는 친절한 설명을 자랑합니다. 1단계 실무 입문 과정 답게 핵심원리를 다양한 예시와 비유, 그림, 그리고 재미있는 실습 자료를 활용해서 자연스럽게 터득하도록 유도합니다.

② 엑셀로 설명하므로 누구나 배우면 바로 활용할 수 있습니다.

- 분석 도구로 엑셀을 사용합니다. 데이터 분석이라면 R이나 Python을 떠올리지만, 고급 도구는 평범한 직장인에게 딱히 쓸모가 없습니다. 쉽게 손이 가는 간단한 도구로 배워야 실용적으로 쓸 수 있습니다. 본 과정의 모토는 "Actionable", "Time-Saving"입니다.

③ 기업의 매출 향상을 위한 데이터 분석 방법을 다루므로 자신의 직무와 쉽게 연결 지을 수 있습니다.

- 매장에 기저귀와 맥주를 함께 진열하면 매출이 올라갈지 판단할 수 있는 방법은? 어떤 이메일 제목을 사용해야 오픈률이 좋을지 예상하려면? 퇴사 확률이 높은 사원이 누군지 어떻게 판단할 수 있을까? 재고 관리만 힘들고 잘 팔리지 않는 제품을 털어내려면? 등 누구나 자기 업무에 응용할 수 있는 일반적인 질문을 주제로 설명합니다. 궁금해진 순간부터 자료를 모으고, 정리하며, 탐색하고, 적당한 도구와 분석법을 골라 결론을 도출하는 과정을 처음부터 끝까지 다룹니다. 단순히 이론과 기법에 그치지 않고 전체 과정을 이해함으로써 수강 후 실무에 적용하는 방법을 터득하게 됩니다.

④ 데이터 전처리와 머신러닝의 원리를 매우 쉽게 설명해줌으로써, 전문가에게 어떤 데이터가 필요한지 전체 구성원이 이해하게 됩니다.

- 모든 구성원들이 데이터 전처리와 머신러닝의 원리를 이해하면 기업

이 수집하는 데이터의 품질이 달라집니다. 초특급 전문가도 저품질 데이터로는 결과를 못 냅니다. 본 과정은 데이터 전처리가 필요한 이유와 방법을 연습시킵니다. 또한 머신러닝을 직접 다룰 필요 없는 평범한 직장인을 위해 Drag & Drop 방식으로 머신러닝의 원리를 체험하게 합니다. 간단한 실습으로 머신러닝이 어떤 것인지 깨달을 수 있습니다.

현실적인 분석 사례를 데이터 분석 프레임워크에 따라 설명합니다.

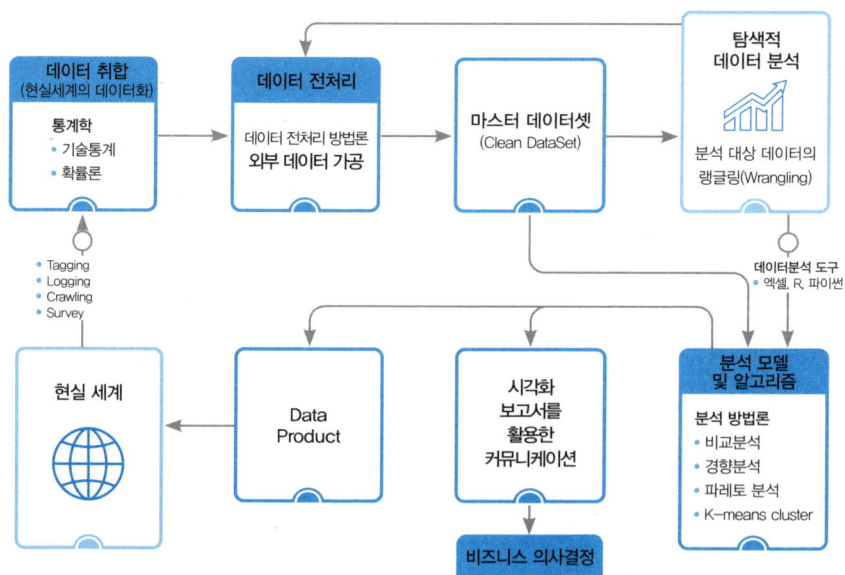

| 본 과정은 데이터분석 프로세스에 따라 체계적으로 해결 방법을 설명합니다

> 미국 월마트는 고객이 어떤 상품을 함께 구매하는지 알아내고 싶었다. 매장에 상품을 진열할 때 한 명의 고객이 동시에 구매하는 관련성 높은 상품을 가까이 두면 고객도 편리하고, 마트의 매출도 높일 수 있기 때문이다. 그래서 월마트는 어떤 제품을 가까이 진열하면 좋을지 수많은 고객의 구매 영수증을 분석해 결정하기로 했다. 자, 당신이 이 업무의 담당자라면 무엇을 어떻게 해야 할까?

아무 것도 모르고 읽기 시작한 분도 끝까지 따라 해보면 위와 같은 문제를 해결하는 능력이 함양됩니다. 본 과정은 데이터 분석을 누구나 알기 쉽게, 자신의 직무에 응용할 수 있게 다룹니다. 데이터 사이언스의 필수 이론과 절차, 주의사항을 차근차근 짚습니다.

본 도서는 크게 4개의 파트로 구성되어 있습니다.

데이터 분석은 문제를 최대한 목적에 맞게 간결하게 만들고, 데이터를 수집해 분석 가능한 형태로 정비하며, 분석을 실시한 후, 다른 사람과 공유할 수 있는 형태로 결과를 시각화하는 4 단계로 흘러 갑니다. 본 과정의 각 단계에서 수강생은 다음과 같은 목표를 달성합니다.

(1) 현실 세계의 데이터 모델링

- 데이터 사이언스의 프로세스와 전문가(Expert)에게 필요한 역량 모형을 이해합니다.

- 복잡한 현실을 목적에 맞게 추상화하는 데이터 모델링 방안을 학습합니다.

- 데이터 기반 의사결정의 다양한 사례를 통해 분석의 목적과 실생활에서의 응용 방안 등 전체 그림을 이해합니다.

(2) 데이터 수집과 분석을 위한 전처리

- 온라인 서베이 도구 및 엑셀의 크롤링 도구를 활용해 분석 대상 기초 데이터를 확보하는 방법을 배웁니다.

- 엑셀 기능과 함수를 사용해 수집한 데이터를 분석 목적에 맞게 원하는 형태로 가공하는 방법과 실무에서 많이 쓰는 유용한 기능을 익힘으로써 엑셀과 친해집니다.

(3) 현실적인 기업의 비즈니스 데이터 분석 실무

- 알고 있는 데이터로 모르는 데이터를 추론하는 모집단 추정 원리와 표본 데이터의 신뢰도 확보 문제를 이해합니다.

- T검정, 카이제곱검정, 회귀분석을 적용하는 기준과 현실적인 활용법을 실습합니다.

- 다양한 비즈니스 분석 모델과 분석 알고리즘의 필요성을 이해하고, 실제 기업에 적용해 결론을 도출합니다.

- 머신러닝의 원리와 실무 적용 방법을 이해합니다.

(4) 효과적인 분석 결과 공유를 위한 데이터 시각화

- 분석 모델에 최적화된 데이터 시각화 개념을 이해하고 적절한 시각화 기법을 선택할 수 있습니다.

- 엑셀 피벗테이블과 Power View를 활용해 Interactive Dashboard를 설계하는 시각화 실무 역량을 확보합니다.

– 한국 송도에서 김 진

목차

머리말　　　8

CHAPTER 01 메가트렌드와 데이터 분석　　　22
메가트렌드란?
데이터 분석이란?

CHAPTER 02 현실 세계의 데이터 모델링　　　30
데이터 사이언스 프로세스란?
데이터란 무엇인가?
자료의 정보화
1차 자료와 설문 조사 방식(Survey)
설문 조사(Survey) 방식을 활용한 데이터 수집
크롤링을 위한 기본 환경 구성 이해 : 파워쿼리
2차 자료와 크롤링
파워쿼리를 활용한 웹 크롤링 진행하기

CHAPTER 03 데이터 분석과 통계 - 통계의 이해　　　52
기술통계
데이터와 통계량
분산과 표준편차
표본과 모집단의 관계

몬테카를로 실험 설계 및 실행
중심 극한 정리
중심 극한 정리와 Pilgrim Bank 표본 실험
Population Table을 활용한 표본 개수 의사결정

CHAPTER 04 데이터 분석과 통계 - 추론 통계   96

논리적 추론과 피어슨 추론
유의성 검정 원리
주요 유의 확률 계산 도구 소개
유의성 검정 도구 KESS 설치
목적에 맞는 유의성 검정
카이제곱검정이란?
카이제곱검정 : 월마트(Walmart) 영수증
T검정이란?
T검정: 이메일 모금 실험
회귀분석이란?
회귀분석: 케냐 구호사업

CHAPTER 05 데이터 전처리   132

데이터 전처리 입문
결측치 처리
데이터 클렌징
금액 단위 변경
텍스트 나누기 및 개체 삭제
데이터 타입 오류 사례
데이터 전처리 종합사례 01
데이터 전처리 종합사례 02

CHAPTER 06 데이터 분석 도구 활용 — 160

엑셀 데이터 관리 유형 이해: 테이블, 크로스탭, 템플릿
엑셀 데이터 관리 유형 이해하기
엑셀 Core 기능 표 등록 및 활용 방안
엑셀 Core 기능 이름 정의 및 활용 방안
엑셀 에러 처리와 VLOOKUP 활용 방안
혼합 참조 이해와 민감도 분석 적용 방안
소매점 판매 데이터를 활용한 비즈니스 분석 입문
주요 데이터 분석 도구 장단점 정리

CHAPTER 07 비즈니스 데이터 분석 실무 — 194

주요 KPI의 이해
BSC 프레임워크 기반 분석 목표 KPI 도출 전략
분석 대상 데이터 이해하기
분석 모델 기반 데이터 분석 입문
Key Metrics 도출하기
경향분석(Trend Analysis)
비교분석(Comparison Analysis)
순위분석(Ranking Analysis)
기여분석(Contribution Analysis)
빈도분석(Frequency Analysis)
차이분석(Variance Analysis)
파레토 분석(Pareto Analysis)
상관분석(Correlation Analysis)
Interactive Dashboard 구성

CHAPTER 08 머신러닝 입문   274

머신러닝이란?
베이즈 추론이란?
베이즈통계 입문: 빼빼로데이에 초콜릿을 건넨 그 남자의 진정성 추정하기
베이즈통계: 단지 문제 해결 방식
베이즈통계: 스팸메일 필터 구현하기
베이즈통계: 축차 합리성

CHAPTER 09 AzureML을 활용한 머신러닝 실무   292

머신러닝과 AzureML
Linear Regression을 활용한 적정 집값 예측하기
적용된 모델의 예측력 비교하기
Decision Tree를 활용한 신용평가 모형 개발하기
Logistic Regression을 활용한 직원 이탈 가능성 예측하기

CHAPTER 10 데이터 사이언스 정리   332

데이터 사이언스 프로세스 정리

저자의 말   334

CHAPTER 11 부록: 엑셀 2013 사용자를 위한 지침   338

파워쿼리 설치

CHAPTER

01

메가트렌드와 데이터 분석

메가트렌드와
데이터 분석

메가트렌드란?

10여 년 전만 해도 흔히 볼 수 있던 동네 슈퍼마켓은 롯데마트와 이마트, 홈플러스처럼 막대한 자본을 기반으로 규모의 경제를 앞세운 유통망이 등장하면서 찾아보기 어려워졌다. 거대 유통망의 경쟁력은 너무나 막강했기에 모두들 대형마트의 전성기가 꽤 오랫동안 지속되리라 믿어 의심치 않았다. 그러나 세상은 끊임없이 변화한다. 동네 작은 구멍가게들이 대형마트에 밀려났듯이 이제는 쿠팡, 마켓컬리 등 여러 온라인 유통업자가 롯데마트, 이마

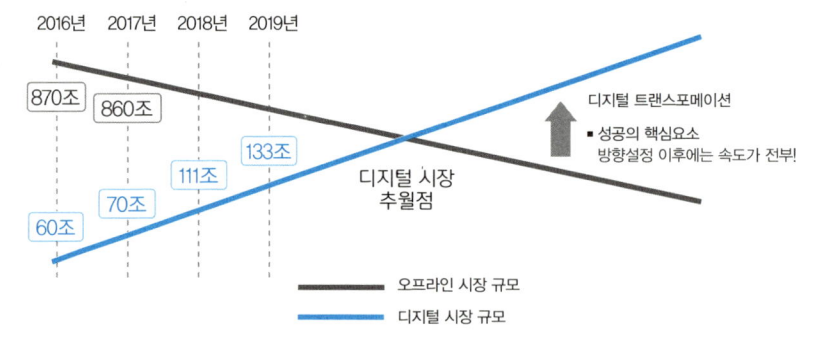

| [그림 1] 통계청 온라인쇼핑 동향 자료 기반 재구성

트, 홈플러스 등 거대한 오프라인 유통망을 위협한다. 오프라인 중심 유통망은 조금씩 경쟁력을 잃고 있다.

2016년 약 870조원이던 오프라인 경제 시장 규모는 2017년에는 860조원으로 줄어들었으며 감소 추세는 계속되고 있다. 반면에 디지털 경제 시장 규모는 2016년 60조원에서 2017년에는 70조원으로, 2018년에는 약 111조원, 2019년은 133조원에 이르며 괄목할 성장을 보여준다. 급기야 COVID-19의 영향으로 오프라인 활동이 크게 위축된 2020년 5월에는 디지털 기반의 시장 규모가 오프라인을 추월하는 놀라운 상황이 벌어지기도 했다. 이러한 추세가 계속된다면 머지 않은 미래에 디지털 경제가 오프라인 시장 규모를 넘어서리라는 예상도 쉽게 가능하다. 많은 미래학자들이 경제 구조가 디지털 중심으로 빠르게 재편되리라 예측한다.

시장 구조의 지각변동은 경제 활동을 영위하는 개인에게도 커다란 변화를 요구한다. 오프라인 중심 체제에서 유용하던 기술이 온라인에서는 위력을 발휘하지 못하기 때문이다. 디지털 기반 경제에서는 데이터를 수집하고, 처리하며, 분석하고 읽어내어 의미있는 성과를 도출하는 역량이 훨씬 더 중요하다. 디지털로 시장의 중심이 옮겨감에 따라 데이터를 다루는 능력은 누구에게나 필수가 되었다. 이제는 디지털 인력이 더 이상 "전문 인력"으로 불리지 않는다. 모든 사람이 디지털 전문 인력과 같은 지식과 경쟁력을 갖춰야 하는 시대가 왔다.

오프라인 중심으로 생각하고 행동하던 방식을 디지털 경제에 알맞은 형식으로 바꿔 가는 일련의 과정을 디지털 전환(Digital Transformation)이라 한다. 새로운 디지털 경제 구조에 적합한 역량을 갖춰 나가는 조직적, 또는 개인적인 변화인 것이다. 익숙하던 세계에서 낯선 세계로 용감하게 모험을 떠난다는 측면에서는 디지털 세계로의 이민과 같다. 물론 우리 모두 오프라인 중심의 아날로그 세상이 훨씬 더 친숙하다. 계속 익숙한 환경에 머물고 싶겠지만, 안타깝게도 오프라인 기반 경제는 침몰 중이다. 물이 차오르는 뱃머리에 매달려 전전긍긍하지 말고, 다른 국가로 이민을 가듯이 디지털 세상으로 용감하게 뛰어 들어야 한다.

낯선 나라에 새로 정착하려면 뭐가 필요할까? 일단 그 나라의 언어와 문화, 사회적 구조와 관습적 가치 규범 등에 적응해야 할 것이다. 꼭 필요하지만 매우 힘들고, 고되며, 몸에 익히기까지 꽤 많은 시간이 드는 과정이다. 디지털 세상으로의 이민도 똑같다. 디지털 세계에서 통용되는 용어와 행동지침, 다양한 구성 요소와 운영 원리, 사실상 표준 규약 등을 이해하고 습득하려는 노력을 기울여야 한다. 이것이 바로 디지털 전환이다. 이민한 사회에 정착하는 과정이 쉽지 않듯이 디지털 전환도 녹록치 않다. 보다 효율적으로 디지털 전환에 성공하려면 디지털 역량을 주도적으로 사용할 수 있는 사고력과 숙련도를 확보하기 위한 개인적, 전사적 노력의 방향을 제대로 잡아야 한다.

유명한 장난감 회사인 토이저러스는 디지털 전환의 험난함을 잘 보여주는 사례이다. 2000년대 초반, 토이저러스는 아마존과 장난감 독점 판매 계약을 맺었다. 연매출 5,000만 달러(약 565억원)의 매우 성공적인 제휴임을 누구도 의심하지 않았다. 그러나 2003년 아마존은 토이저러스와의 장난감 독점 판매 계약을 해지하고, 마텔 등 토이저러스와 경쟁 관계에 있는 여러 장난감 회사에 아마존의 문을 활짝 열어 주었다. 독점적 위치가 흔들린 토이저러스의 분노는 굉장했다. 이듬해인 2004년 토이저러스는 계약을 위반하고 다른 업체를 입점한 아마존을 상대로 소송을 벌였다. 법원은 당연히 토이저러스의 손을 들어줬다. 토이저러스는 아마존에게 5,100만 달러(약 577억원)의 배상금을 받아 냈다.

그러나 언뜻 완승으로 보이는 이 사건은 오히려 토이저러스에게 독이 되고 말았다. 아마존에게 크게 데인 토이저러스가 이후 오프라인 중심 전략에 몰두하는 원인이 되었기 때문이다. 토이저러스는 오프라인 매장 수를 늘리고, 방문객이 쾌적하게 즐기는 매장 환경을 만드는데 집중했다. 토이저러스의 노력으로 매장 방문객의 수는 증가했다. 그러나 고객의 평균 구매액은 시간이 지날수록 점점 더 감소하여 급기야 매장을 운영하기 어려운 수준까지 하락하고 말았다. 토이저러스 매장에 방문해 장난감 실물을 확인한 후 아마존 등 온라인 쇼핑몰에서 구매하는 고객이 대부분이었기 때문이다. 온라인 구매가 늘어나는 큰 흐름을 쫓기에는 아마존에 데인 상처가 너무 컸던 토이저러스는 결국 2017년 법원에 회생을 신청하기에 이르렀다. 안타깝게도 2018년 법원은 기업의 청산 가치가 존속 가치를 상회한다는 이유로 회생 신청을 기각하였고, 토이저러스는 결국 청산 절차를 밟게 되었다.

이것은 비단 토이저러스만의 문제가 아니다. 미국에서는 업종을 불문하고 문 닫는 오프라인 점포가 사상 최대로 증가하고 있다. 한국도 마찬가지다. 하루가 멀다 하고 오프라인 매장을 폐쇄하는 유통업체의 기사가, 인력 구조 조정을 단행하면서도 디지털 관련 인력은 충원하는 대기업의 뉴스가 쏟아진다. 어느 한 사회의 독특한 현상이 아니라 전세계적으로 디지털 전환이 일어나고 있는 것이다.

변화에 발 빠르게 적응하며 디지털 이민길에 오른 기업도 눈에 띈다. 동대문 패션타운, 대형 패션아울렛 등 오프라인 위주로 동작하던 패션업계에서 디지털 시장을 앞서 준비해 큰 성공을 거둔 무신사가 대표적이다. 벤처 기업이었던 무신사는 일찍 온라인 패션 쇼핑몰 사업을 시작해 방문자 수 1,200만 명, 매출 2,200억 원을 달성하며 기업 가치 2조 3천억 원을 뛰어넘는 성과를 만들어 냈다. 무신사 외에도 디지털 시장의 성공 사례는 비근하다. 몇 년 전까지는 디지털 경제에 뿌리를 둔 기업의 성공 사례나 비교적 작은 기업이 디지털 세상에 뛰어든 사례를 이야기했다. 그러나 이제는 아니다. 오프라인 중심이었던 수많은 경제 활동이 디지털 중심으로 굉장히 빠르게 재편되고 있다. 우리의 삶에 너무나 큰 충격을 안겼던 COVID-19 때문에, 다소 굼뜨게 망설이던 거대 조직까지 모두가 침몰하는 아날로그호에서 탈출해 디지털 세상으로 모험을 시작했다. 여행을 하려면 보트와 물, 식량, 지도, 나침반, 더 힘센 동력기 등이 필요하듯이 디지털 경제 환경에서 필요한 역량도 무척 다양하고 많다. 그러나 생존에 더 중요한 것과 덜 중요한 것이 나뉘듯이 디지털 세계로의 이민에도 꼭 필요한 능력이 있다. 그것이 바로 이 책에서 다루는 데이터 분석 역량이다.

데이터 분석이란?

데이터 분석을 활용한 사례로 미국의 유통 업체인 타깃(Target)이 있다. 타깃의 데이터 사이언티스트인 앤드류 폴(Andrew Pole)은 여러 데이터를 분석해서 어떤 제품을 구매했을 때 소비자의 임신 가능성이 높은지 예측하였다. 예를 들어, '엽산이나 철분제를 구매하면 임신 초기일 가능성이 있다' 등의 가설을 세워 예측하는 것이다. 앤드류 폴은 출산 카테고리 상품의 매출 증진을 위해 고객의 구매 데이터로 누가 임산부인지를 예측했으며, 그 결과를 바탕으로 미니애폴리스에 거주하는 한 고객에게 '할아버지가 되신 것을 축하드립니다!'라는 메시지를 전송했다. 그 고객은 미니애폴리스 지점장에게 항의 전화를 걸어서 자기 딸이 미성년자인데 도대체 왜 임신을 했다는 말도 안 되는 문자를 보냈냐며 화를 내며 강력한 항의를 했다. 그런데, 놀랍게도 해당 고객의 자녀는 실제로 임신한 상태였다. 타깃 사는 이러한 해프닝을 통해 아무리 임신을 예측할 수 있다고 하더라도 그 정보를 그대로 활용하는 일은 위험할 수도 있다는 점을 배웠다. 그 후 임산부로 예측되는 고객에게 출산용품을 프로모션하기 위해 쿠폰 북을 발행할 때, 보통 사람들을 대상으로 하는 상품과 출산용품 쿠폰을 함께 배열하여 목표 고객이 누구인지 모호하게 만드는 방식을 활용했다. 그 결과, 타깃은 출산용품 카테고리에서 연간 230억 달러의 매출 증대를 이뤄냈다. 타깃의 사례처럼 데이터로 어떤 현상을 예측함으로써 의미 있는 결과를 만들어 낼 수 있는 흥미로운 사례가 많으며, 데이터 분석을 기반으로 가시적인 성장 수치를 만들어내고자 하는 기업도 증가하는 추세다.

타깃의 임신 예측 프로젝트를 좀 더 자세히 살펴보자. 우선 1,849개의 매장 데이터에서 '종이 면봉을 구매하면 약 1개월 후 기저귀를 구매한다.' 등의 패턴을 발견한다. 그리고 데이터를 그림이나 숫자로 요약하는 기술통계를 진행한다. 다음으로 발견한 패턴이 전체 데이터에 적용 가능한지 가설을 세운 후, 유의성을 검정하며, 이러한 자료를 기반으로 의미 있는 인사이트를 도출한다. 그리고 도출한 인사이트를 기반으로 의사 결정을 내리고, 실행에 옮기게 되는데, 이러한 일련의 과정을 데이터 분석이라고 한다.

CHAPTER

02

현실 세계의 데이터 모델링

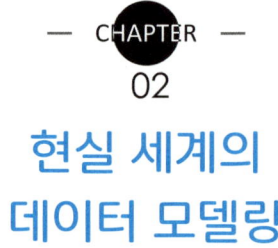

현실 세계의
데이터 모델링

데이터 사이언스 프로세스란?

데이터 사이언스 프로세스는 우리가 속한 현실 세계를 어떻게 데이터로 표현해낼 것인가에서부터 시작한다. 여기서 현실 세계를 데이터화 하는 일을 데이터 모델링 과정으로 표현할 수 있다. 데이터 모델링 이후 단계는 데이터

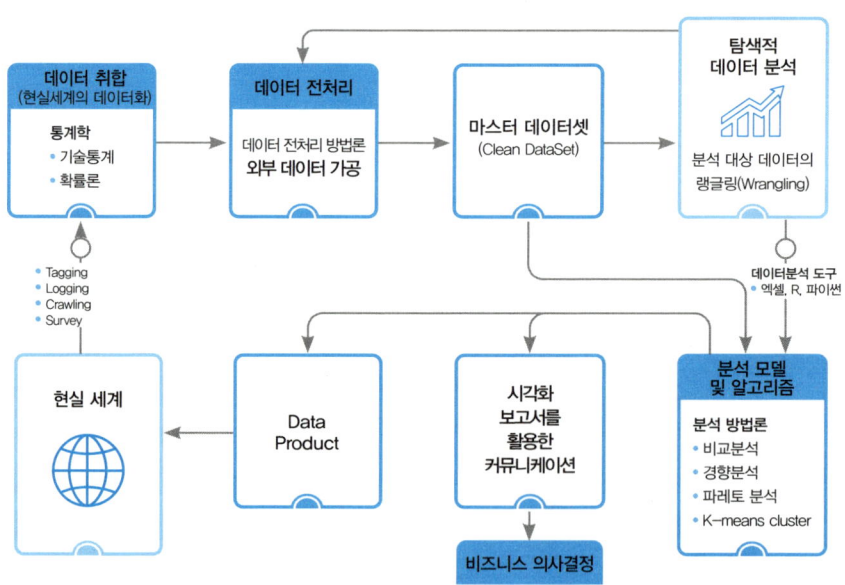

취합인데, 확보하려는 목표 데이터를 설정하고, 데이터 수집을 진행하는 단계이다. 주로 서베이(Survey)라고 부르는 설문조사를 통해 데이터를 확보하거나 웹에 있는 데이터를 가져오는 등의 방법을 활용한다.

통계학에서는 우리가 알고자 하는 데이터 집단을 모집단이라고 표현하는데, 현실 세계에서 전체 모집단 데이터를 확보하는 것은 매우 어려우며, 실제로 확보해낸 데이터는 모집단의 일부를 구성하는 표본집단인 경우가 일반적이다. 예를 들어, 국내 20대 여성을 대상으로 새로운 신제품을 출시하는 경우를 생각해보면, 알고자 하는 모집단 규모는 200만 명을 훨씬 넘게 될 것이다. 이때 1,000건의 표본 데이터만을 확보했다면, 과연 어떻게 표본 1,000건으로 200만 명에 해당하는 모집단을 대표하는 분석을 해낼 수 있을 것인지 의문이 들기 마련이다. 한정된 표본으로 모집단의 데이터를 추측하는 방법, 이에 대한 해답을 연구하는 학문이 바로 통계학이다.

다음은 확보한 데이터를 가공하는 데이터 전처리 단계다. 전처리란 빈 데이터를 결측치로, 이상한 데이터를 이상치로 분류하고 확보한 전체 데이터에 발생하는 문제를 바로잡는 일을 가리킨다. 데이터 전처리 단계를 거친 깨끗한 데이터 셋을 마스터 데이터 셋이라고 부른다.

이후 마스터 데이터 셋을 선입견 없이 다양하게 들여다보기 위해 탐색적 데이터 분석(Exploratory Data Analysis, EDA)을 진행한다. EDA를 효율적으로 진행하려면 탐색하려는 데이터에 대한 기반 지식으로 다양한 분석 모델과 알고리즘을 잘 이해해야 한다.

분석 모델 및 알고리즘에는 비교분석이나 경향분석처럼 다양한 분석법이 있지만, 분석 모델을 데이터분석에 적용하는 사례로 K-평균 알고리즘(K-means Clustering)을 먼저 들어 보겠다. 와인을 판매하는 와인셀러가 있다. 이 와인셀러는 이태리, 호주, 프랑스 그리고 미국 와인을 판매하고 있으며, 2년간 매주 화요일에 이메일 마케팅을 활용해서 와인 판매 프로모션을 진행하고 고객 구매 데이터를 확보해왔다. 그 과정에서 데이터가 매출을 견인하는 주요한 인자가 될 수 있다는 것을 알게 되었고, 이 회사는 데이터 사이언티스트에게 데이터 분석을 의뢰했다. 데이터 사이언티스트는 확보한 데이터 패턴에서 고객의 와인 선호도를 분류해낸다면 적절한 추천 등의 행동을 할 수 있다고 생각했다. 이러한 경우, 2년간 확보한 고객 데이터에 K-평균 알고리즘을 사용하면 고객을 다양한 그룹으로 자동 분류해 낼 수 있다. K-평균 알고리즘이 적용된 데이터는 고객을 4개의 클러스터(분류 그룹)로 정리하게 되고, 정리된 클러스터를 들여다보면 프랑스 와인 구매자나 이태리 와인 구매자 정보 등이 클러스터로 묶여 있다는 것을 알 수 있으며, 이 그룹에 대해서 프랑스 와인 선호자, 이태리 와인 선호자 등으로 라벨링을 해서 해당 데이터 그룹을 의사결정에 활용하면 된다. 이러한 분석 결과를 활용해서 각 고객을 분류한 선호도 그룹에 기반한 이태리나 호주, 프랑스, 미국 와인을 추천하는 이메일을 발송하여 좀더 정교한 타겟 마케팅을 실행할 수 있다.

데이터 사이언스 프로세스의 최종 단계는 의미 있는 통찰인 인사이트를 도출하고 실행에 옮기는 일이다. 이때, 도출한 인사이트를 집단 구성원끼리 쉽게 공유하고 이해하기 위해 시각화 보고서를 작성하며, 이 시각화 보고서를 토대로 더 나은 의사 결정을 내린다.

여기까지 일반적인 데이터 분석 과정이다. 이처럼 데이터 분석의 최종 목표는 주로 더 나은 의사 결정을 내리기 위한 경우가 많지만, 확보한 데이터 자체를 구조화해서 데이터 자체를 판매하는 데이터 상품(Data Product)으로 활용하는 경우도 증가하는 추세다. 이러한 데이터 상품의 대표적인 형태는 금융권의 개인 신용 상품 서비스를 생각해보면 이해가 쉬울 것이다. 고객의 다양한 데이터를 기반으로 신용 등급을 분류하고, 분류된 등급에 따라 금융 거래에 대한 혜택을 주거나 제한을 가하는 신용 상품 서비스는 데이터를 판매 대상으로 상용화한 대표적인 사례이다. 이 외에도 다양한 판매 가능한 데이터를 사고 팔 수 있는 데이터 거래소까지 한국, 일본 등에서 정식 서비스를 시작했다.

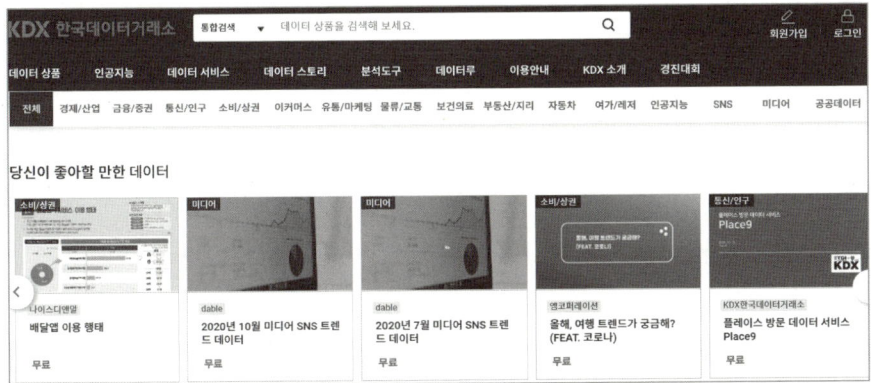

| [그림 2] KDX 한국데이터거래소(https://www.kdx.kr)

이러한 데이터 상품을 구성할 때 자주 활용되는 통계분석 기법으로는 베이즈 통계(Bayesian Statistics)가 있다. 베이즈 통계에 대한 상세한 설명은 본 책의 뒷부분에서 다루고 있다.[1] 또한 데이터 상품 해석에 사용하는 머신러닝 기반 도구인 AzureML을 활용하는 방법도 뒤에서 살펴볼 예정이다.[2]

---

1. '챕터 8' 참고.
2. '챕터 9' 참고.

데이터란 무엇인가?

데이터란 용어는 이제 일상 생활에서 아주 쉽게 접할 수 있다. 그런데, 데이터란 무엇을 의미할까? 데이터는 정보를 구성하는 가장 작은 단위로, 문자 또는 숫자로 이루어진다. 성별이나 출신 학교, 거주 지역처럼 문자로 나타낼 수 있는 데이터를 문자 데이터, 영화 평점이나 연봉, 나이, 근속 연수 등 숫자로 나타낼 수 있는 데이터를 숫자 데이터라고 한다. 다만 분석 도구나 서적에 따라 문자 데이터를 명목 변수나 범주형 변수로, 숫자 데이터를 연속 변수 혹은 양적 변수라고 지칭하는 경우도 있다. 표현은 다르지만 전부 같은 의미이므로 이 책에서는 문자 데이터와 숫자 데이터로 표현을 통일하였다.

실제로는 두 데이터 유형 외에도 이미지와 동영상 등 다양한 데이터 형태가 존재한다. 하지만 데이터 분석 입문 단계에서는 먼저 문자와 숫자 데이터를 다루는 법을 목표로 한다.

자료의 정보화

이제 자료의 정보화 개념을 이해하기 위해 실제 사례를 통해 현실 세계를 데이터로 모델링 하려 한다. 우선 앞서 설명한 데이터 분석의 최종 목적을 다시 상기해보자. 데이터 분석은 더 나은 의사 결정을 내리기 위해 진행한다. 따라서 데이터 분석 시 항상 이 목적을 염두에 두고 질문하는 습관을 길러야 한다. 여기서 질문 던지기란 다른 말로 가설을 세우는 일이다.

어느 날 자녀가 토익 고득점을 하겠다며 어학연수를 보내 달라고 조른다고 하자. 이때 자녀를 어학연수에 보낼지 결정하기 위해 던질 수 있는 질문은 '어학연수를 다녀오면 영어를 잘 할까?'가 될 수 있다. 이를 가설 형태로 전환하면 '어학연수를 다녀오면 영어 점수가 높을까?'가 된다. 가설을 세웠으니 데이터를 모델링 할 차례다. 먼저 어학연수 여부라는 문자 데이터와 획득한 토익 점수라는 숫자 데이터를 확보해야 한다. 그리고 확보한 데이터에 적용할 분석 모델을 결정한다. 이 경우에는 주로 T-검정(T-test)[3]을 사용한다. T-검정을 사용하면 어학연수를 다녀온 그룹과 다녀오지 않은 그룹의 영어 점수에 어떠한 관련성이 있는지 분석 가능하다. 이처럼 데이터 모델링에서 수집하는 모든 데이터는 의사 결정을 진행하기 위해서 문자 데이터 혹은 숫자 데이터로 만들어 내야 한다.

샘플NO	어학연수 경험	토익점수
1	Y	800
2	N	820
3	Y	600
4	N	750
5	Y	620
6	N	840
7	Y	900
8	N	990
9	Y	760
10	N	880
11	N	800
12	N	820
13	Y	600
14	N	750
15	Y	620
16	N	840
17	Y	900
18	N	990
19	Y	760
20	N	880
21	Y	800
22	N	820

[그림 3] '어학연수를 다녀오면 영어를 잘 할까?'에 대한 데이터 모델링 예시

---

[3] 챕터 4 'T검정이란?' 참고.

정리하자면, 자료의 정보화란 의사 결정을 목표로 하여 질문을 생성하고, 답을 찾기 위해 숫자 및 문자 데이터를 확보하고 분류해서 인사이트를 도출하는 과정이라 할 수 있다.

1차 자료와 설문 조사 방식(Survey)

그렇다면, 목표로 하는 데이터는 과연 어떻게 확보할 수 있을까? 데이터 수집에는 직접 데이터를 만들어 내거나, 이미 세상에 존재하는 데이터를 수집하여 사용하는 두 가지 방법이 있다.

데이터 사이언스[4]를 요리에 비유하면 이해가 쉽다. 먼저 요리 재료를 정하고, 필요한 재료를 구한 다음, 냉장고에 보관한다. 그리고 재료를 미리 손질해 둔다. 그리고 나서 조리를 시작한다. 완성한 음식을 그릇에 담아 사람들에게 건네야 요리의 전 과정이 끝난다.

데이터 분석도 마찬가지다. 데이터를 수집하고, 저장하고, 가공하고, 분석하고, 시각화하는 각 단계가 그대로 요리 과정에 대응한다. 데이터 수집은 재료 선정과 같다. 재료를 구할 수 없어서 직접 재료를 기르고 수확하는 경우처럼, 분석자가 처음부터 직접 수집하는 자료를 1차 자료(Primary Data)라고 한다. 한편 시장에서 필요한 재료를 골라서 구입하는 일을 데이터 수집에서는 2차 자료(Secondary Data)라고 한다. 과거에 이미 다른 목적이나 용도로 수집

---

[4] 데이터 분석.

했던 데이터를 가져다 사용하는 경우에 해당하며, 검색을 통해 얻는 정보나 업계 정보, 경쟁사 정보, 회사 정보, 경제 정보, 국가 정보, 환율 정보 등이 있다. 방금 전 실습에서 수집한 어학연수와 토익 점수 사이의 연관 분석을 위한 데이터가 만일 검색으로 얻은 자료라면 2차 자료에 해당할 것이며, 데이터를 직접 모델링하고 수집한 것이라면 1차 자료에 해당한다.

1차 자료 수집에 가장 많이 사용되는 방식이 설문 조사 방식(Survey)이다. '어학연수를 다녀온 경험이 있습니까?' '최근 받은 영어 점수는 몇 점입니까?'와 같은 질문으로 설문조사 진행을 통해 원하는 데이터를 확보하는 방법이다. 과거에는 종이로 진행하는 경우가 많았지만, 수집과 정리 효율이 매우 낮기 때문에 현재에는 디지털 기반 설문 조사(Survey)를 많이 활용한다. 대표적인 온라인 설문 조사(Survey) 도구로는 SurveyMonkey, QuestionPro, Surveygizmo 등이 있지만, 유료 설문 조사(Survey) 도구이므로 예산이 필요하다. 데이터 취합 입문자라면 무료 설문 조사(Survey) 도구인 구글 독스(Google Docs)의 구글 서베이나 네이버 오피스(Naver Office)를 활용해서 데이터 취합을 시작해보기를 추천한다.

설문 조사(Survey) 방식을 활용한 데이터 수집

구글 서베이 도구를 활용해서 데이터 취합을 진행해보자. 구글 드라이브에서 제공하는 구글 서베이는 무료 도구임에도 다양한 질문과 답변 유형을 제공하고 웹과 모바일을 모두 지원한다는 장점이 있다.

1. [브라우저 실행] → [Google 계정으로 로그인] → [구글 드라이브[5]]에 접속한다. Google 계정이 없다면 회원가입을 한다.

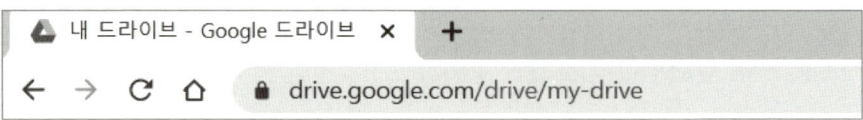

[그림 4-1] 구글 드라이브 접속

2. 왼쪽의 [새로 만들기] → [폴더] → [폴더명 작성] → [만들기]를 클릭하여 서베이를 진행할 새로운 폴더를 생성한다.

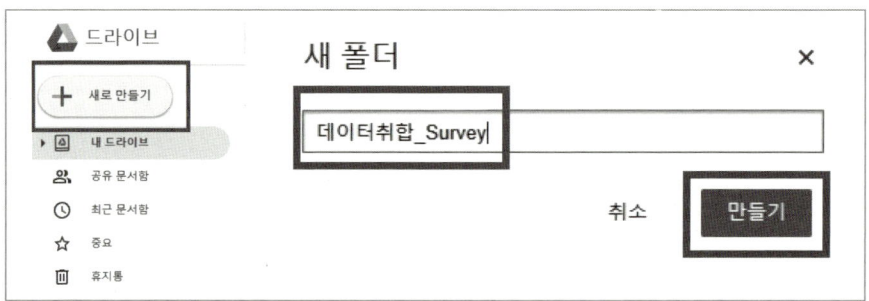

[그림 4-2] 폴더 생성하기

---

5. drive.google.com

3. 생성한 폴더를 더블클릭해서 데이터를 취합할 폴더로 진입한다.

| [그림 4-3] 생성한 폴더 진입하기

4. 왼쪽의 [새로 만들기] → [더 보기] → [Google 설문지]를 클릭하여 설문지 양식을 만든다.

| [그림 4-4] 설문지 양식 만들기

2. 현실 세계의 데이터 모델링　39

5. 설문지 제목을 클릭해서 원하는 제목으로 수정한다. 마찬가지로 질문 제목도 클릭하여 원하는 제목으로 수정한다.

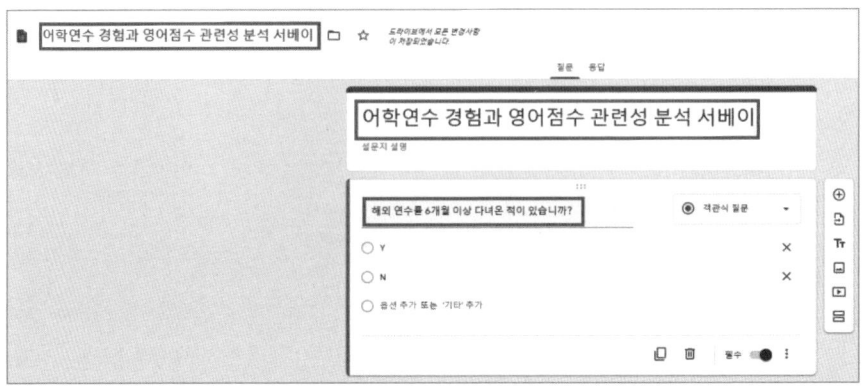

| [그림 4-5] 제목 수정

6. 질문 제목 오른쪽에서 질문 유형을 선택하고, 질문에 알맞은 답변 유형을 선택한다. 여기서는 '객관식 질문' 항목을 선택한다. 필수로 답변해야 하는 질문지는 우측 하단의 [필수] 항목을 선택한다.

| [그림 4-6] 첫 질문 완성

7. 질문을 더 추가하고 싶다면 우측의 [+]를 클릭해서 새로운 질문을 추가하고, 위 스텝을 반복해서 원하는 질문 유형을 추가한다.

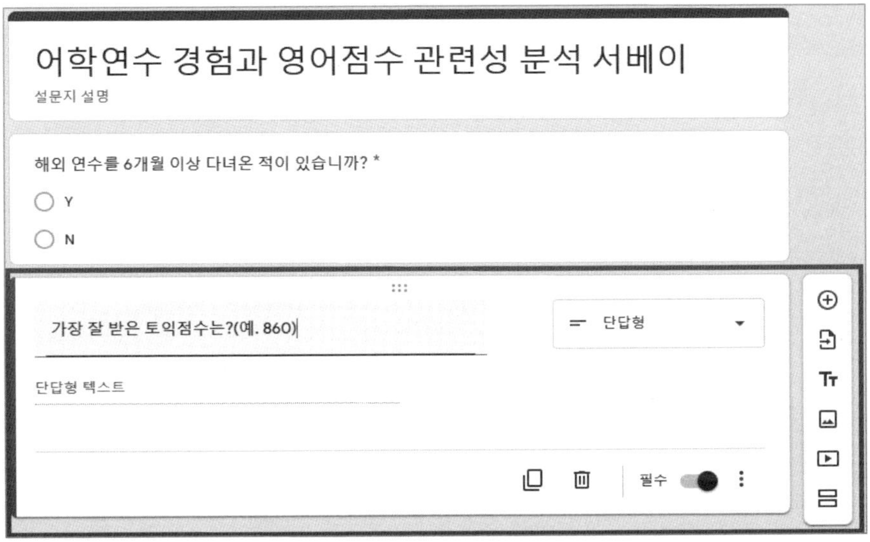

[그림 4-7] 새로운 질문 만들기

8. 우측 상단의 [팔레트 아이콘]을 눌러 설문지의 테마를 변경할 수 있고, [보내기] 버튼으로 서베이를 요청할 사람(응답자)에게 설문지를 첨부한 이메일을 보내거나 설문지에 접속할 수 있는 링크를 전송할 수 있다.

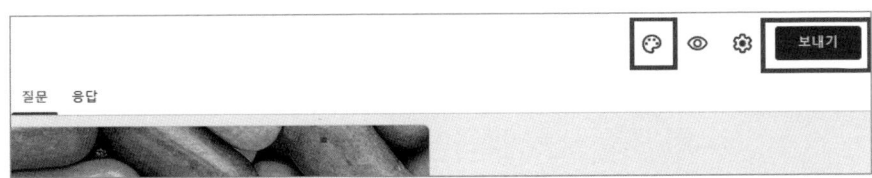

[그림 4-8] 꾸미기 및 보내기

9. 응답자가 서베이를 완료했다면, 설문지 상단의 [응답]에 응답한 수가 표시되고 클릭하면 응답 결과를 볼 수 있다. 또한, 응답 결과의 우측 상단에 위치한 [초록색 십자 버튼]을 누르고 [새 스프레드시트 만들기] 항목에 체크한 후 [만들기] 버튼을 클릭하면 구글 스프레드시트로 전체 응답 결과를 볼 수 있다.

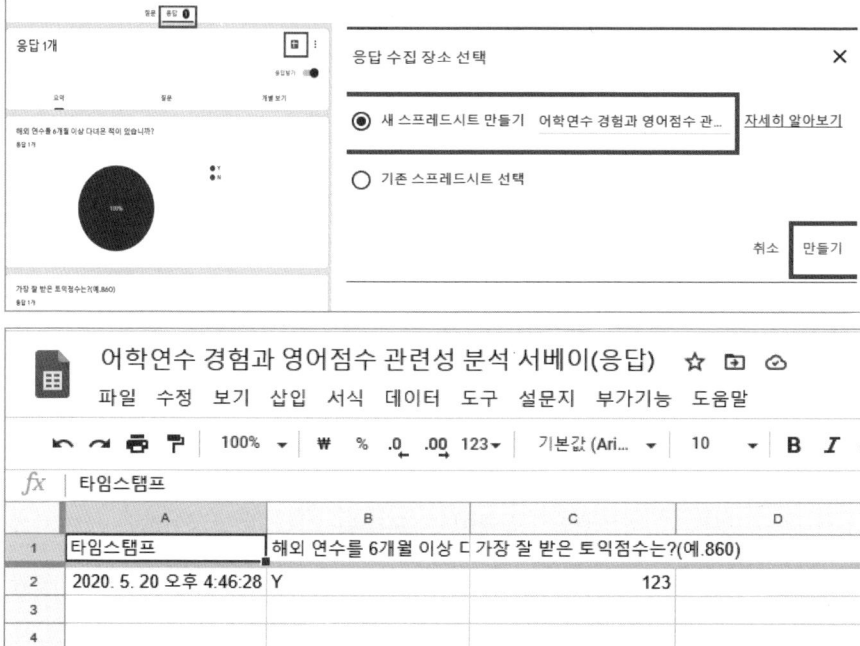

| [그림 4-9] 응답 결과를 스프레드시트로 보기

10. 구글 서베이를 통해 확보한 데이터를 R, Python, Excel 등의 분석 도구를 활용해서 분석하려고 한다면, 스프레드시트의 [파일] → [다운로드] → [Microsoft Excel(.xlsx)]을 선택해서 엑셀 파일로 PC에 데이터를 다운받을 수 있다.

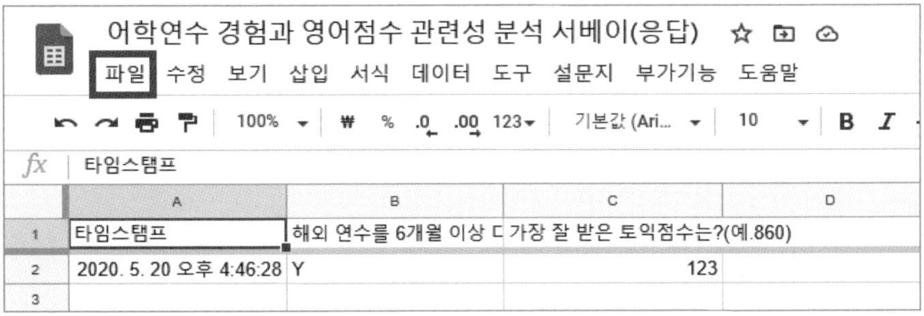

[그림 4-10] Excel로 다운로드 받기

엑셀 파일 다운로드 이후에는 분석 도구(R, Python, Excel 등)를 활용해서 다양한 탐색적 분석이나 통계 분석을 진행하고, 유용한 인사이트를 도출해 내면 된다.

구글 서베이 도구를 활용해서 데이터 취합 과정을 연습해보기 위해서 아래와 같은 형식으로 설문지를 만들어보도록 하자.

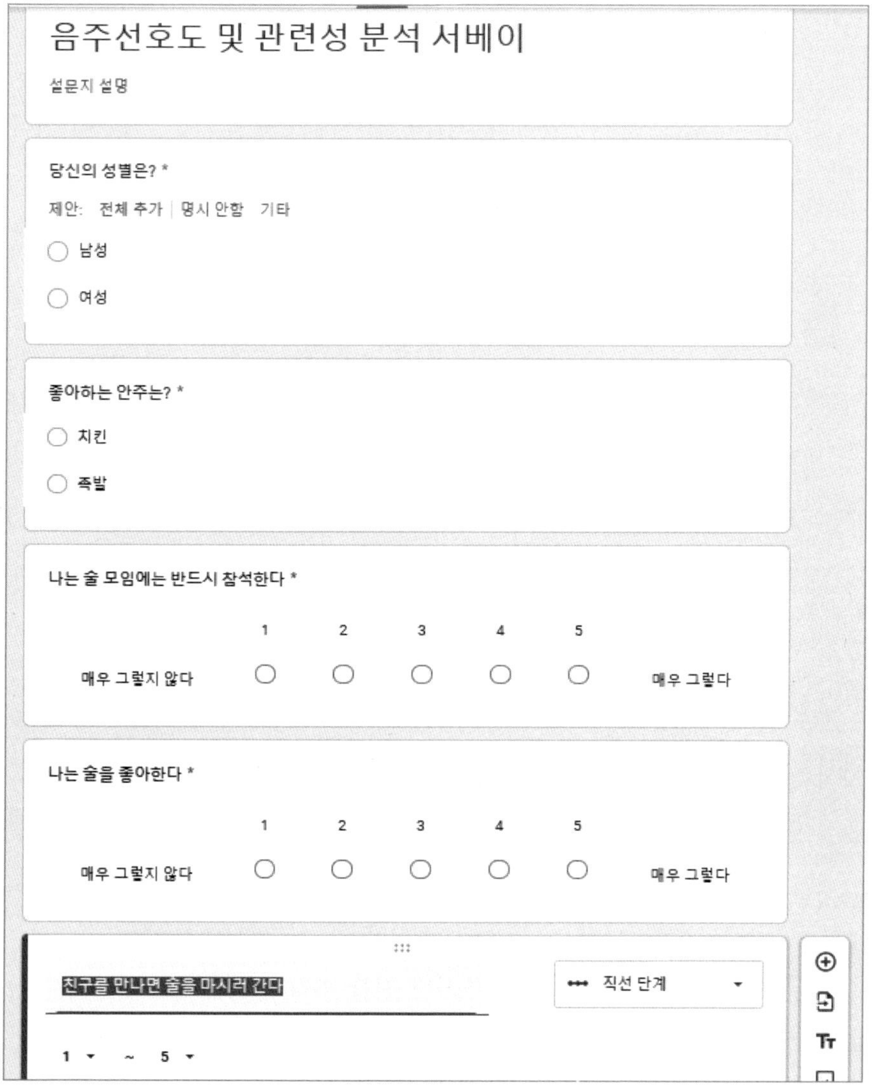

음주선호도 및 관련성 분석 서베이

설문지 설명

당신의 성별은? *

제안: 전체 추가 | 명시 안함　기타

○ 남성

○ 여성

좋아하는 안주는? *

○ 치킨

○ 족발

나는 술 모임에는 반드시 참석한다 *

	1	2	3	4	5	
매우 그렇지 않다	○	○	○	○	○	매우 그렇다

나는 술을 좋아한다 *

	1	2	3	4	5	
매우 그렇지 않다	○	○	○	○	○	매우 그렇다

친구를 만나면 술을 마시러 간다　　　　직선 단계

1 ▼ ~ 5 ▼

[그림 4-11] 실습 예제

크롤링을 위한 기본 환경 구성 이해 : 파워쿼리

본 도서에서는 데이터 분석 진행을 위한 주요 분석도구로 많은 사람들이 이미 친숙하게 사용하고 있는 엑셀과 엑셀 애드인을 활용한다. 권장하는 엑셀 버전은 엑셀 2016이다. 일반 업무에 활용하는 환율 등의 데이터는 이미 웹 상에 많이 존재한다. 그러한 데이터를 가져다 사용하는 것을 크롤링이라고 하는데, 엑셀 환경에서는 파워쿼리(Power Query)를 사용하면 편리하다.

파워쿼리란 엑셀에서 제공하는 비즈니스 인텔리전스(Business Intelligence, BI) 제품군 중 하나로, 엑셀 BI에 포함되는 제품군은 아래 그림과 같다.

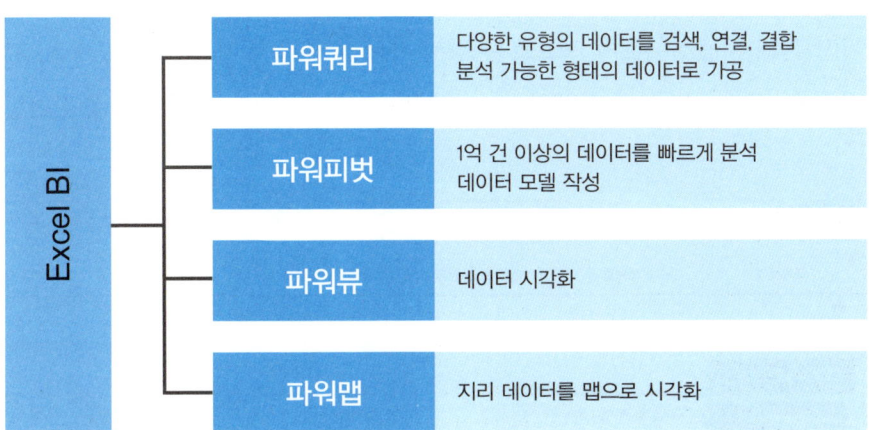

| [그림 5] Excel BI 제품군

파워쿼리는 다양한 유형의 데이터를 검색하고, 연결하고, 결합하여 분석이 편리한 형태로 가공하는 강력한 데이터 전처리 기능을 제공한다. 특히 엑셀 파일과 엑셀이 아닌 일반 파일을 결합한 데이터 셋을 만들 수도 있으며, 데이터베이스나 클라우드, 온라인 서비스 등 다양한 데이터 소스와 연결하

여 엑셀에서 데이터를 가져올 수도 있기 때문에 활용도가 매우 높다.

오피스 2010에서 파워쿼리를 사용하려면 프로페셔널 플러스 이상의 버전에서 애드인을 설치해야 한다. 오피스 2010 일반 버전에서는 사용할 수 없다. 오피스 2013은 모든 제품군에서 애드인 설치가 가능하며, 설치 애드인은 구글 검색 등을 통해 쉽게 찾을 수 있다. 오피스 2016 이상이라면 파워쿼리가 기본 기능으로 내장되어 있으므로 별도 설치 없이 사용할 수 있다.

2차 자료와 크롤링

가장 흔히 사용하는 2차 자료로는 정부 자료인 국가 통계 포탈과 통계청, 한국은행, 금융감독원에서 제공하는 데이터가 있다. 민간 자료로는 중소기업

[그림 6] 통계청 홈페이지에 있는 통계자료(http://kostat.go.kr/)

통계와 삼성 경제 연구소, LG 경제 연구소 등 여러 권위 있는 기관에서 제공하는 자료가 있다.

[그림 6]처럼 국가 통계 포탈에서 제공하는 데이터를 분석하려면 무엇부터 해야 할까? 우선 데이터를 다운로드해서 분석도구가 활용할 수 있도록 해야 한다. 그 후 목적에 맞는 분석을 진행할 수 있다. 예를 들어, 압구정동에 위치한 한 마트 입장에서 매출 향상을 위한 주 타겟 고객을 설정하는 데이터 분석을 진행한다고 가정해 보자. 먼저, 전국 30대 남성의 분포도와 압구정동에 거주하는 30대 남성의 분포도를 비교한다. 그 결과 분포도의 평균은 별 차이가 없다는 사실을 확인했다. 그런데, 마트 방문객의 연령대별 비중에 30대 남성은 거의 오지 않는다면, 핵심 고객은 다른 연령대 혹은 다른 성별이라고 분석할 수 있다. 만일 30대 남성이 핵심 고객층임에도 방문 수가 적은 상태라면 새로운 마케팅 전략을 수립할 수도 있을 것이다. 이제 2차 자료를 데이터 분석에 활용할 수 있도록 웹에서 크롤링하는 방법을 배워보자.

파워쿼리를 활용한 웹 크롤링 진행하기

웹에서 2차 자료를 가져오는 가장 대표적인 방법인 웹 크롤링을 진행해보자.

1. 데이터를 가져올 사이트의 URL을 [그림 7-1]과 같이 브라우저 URL[6] 창을 통해서 선택하고, [Ctrl + C]를 눌러 복사한다. 본 사례에서는 멜론 실시간 차트 URL 을 사용하였다.

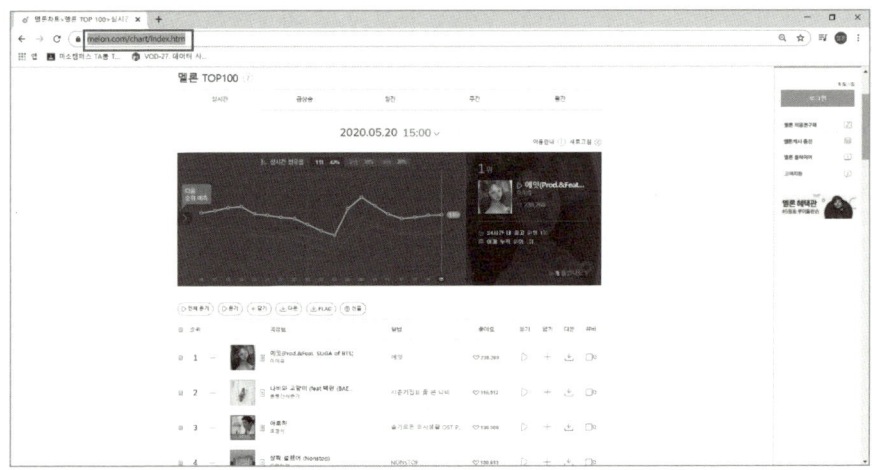

[그림 7-1] 멜론 실시간 차트 URL 복사

2. [Excel 실행] → [데이터] → [새 쿼리] → [기타 원본에서] → [웹] 항목을 선택하고, [URL] 창에 복사한 링크를 붙여 넣고 [확인] 버튼을 클릭한다.

---

6. https://www.melon.com/chart/index.htm

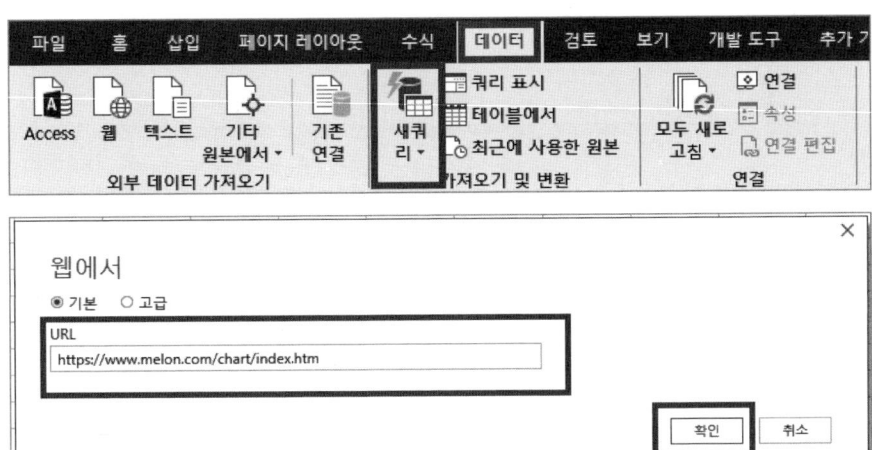

| [그림 7-2] URL에서 데이터 가져오기

3. 탐색 창에서 가져올 차트를 선택하고 [로드]를 클릭한다.

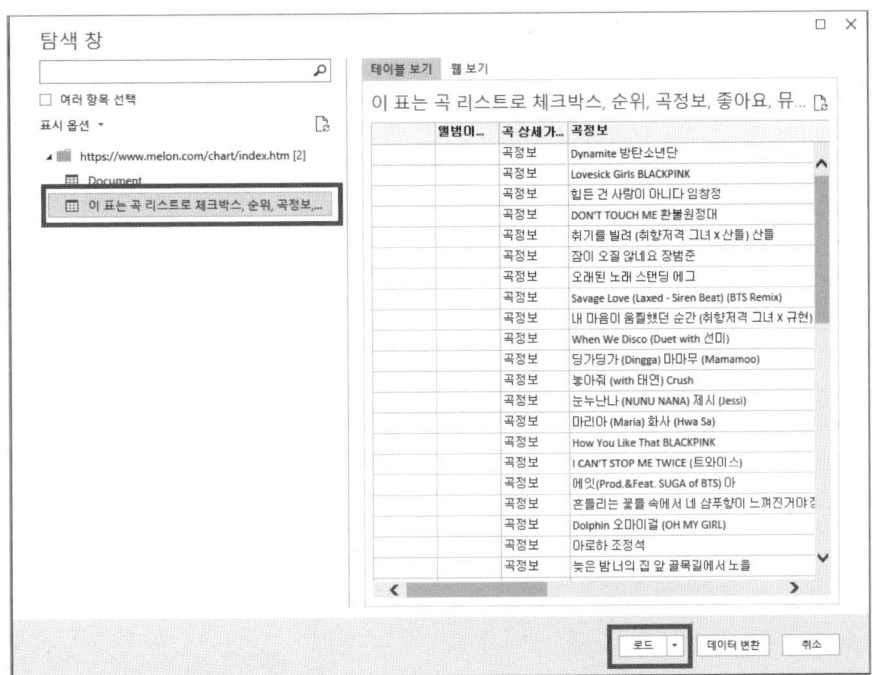

| [그림 7-3] 크롤링 대상 데이터 선택

4. 엑셀 시트로 크롤링된 멜론 차트 데이터가 나타나는 것을 확인한다.

Column1	앨범이미지	곡 성세기기	곡정보	앨범	좋아요	듣기	담기	다운	뮤비
			곡정보	Dynamite Dynamite (DayTime Version) 방탄소년단	좋아요 총건수 333,757	듣기	담기	다운로드	뮤직비디오
			곡정보	Lovesick Girls THE ALBUM BLACKPINK	좋아요 총건수 128,495	듣기	담기	다운로드	뮤직비디오
			곡정보	힘든 건 사랑이 아니다 힘든 건 사랑이 아니다 임창정	좋아요 총건수 50,868	듣기	담기	다운로드	뮤직비디오
				DON'T TOUCH ME					

| [그림 7-4] 멜론 차트 크롤링 결과

CHAPTER

03

데이터 분석과 통계
- 통계의 이해

데이터 분석과 통계
- 통계의 이해

기술통계

지금까지 현실 세계를 모델링하고 데이터를 취합하는 과정을 살펴보았다. 다음으로, 데이터 분석에 심도 있게 접근하기 위해 통계의 기본 내용을 이해해보자.

한 제과점이 신규 디저트 출시를 준비하고 있다. 신규 디저트 상품을 확정하는 데 있어서 주요 의사 결정 사항 중의 하나가 말랑말랑한 식감의 디저트 상품과 바삭바삭한 식감의 디저트 상품 중 하나를 선택하는 일이라고 하자. 의사 결정을 위해 20대 여대생 800명을 대상으로 서베이를 진행하여 데이터를 취합한 결과, 다수가 바삭바삭한 식감의 디저트를 선호한다고 정리되었다. 이런 경우에 모집단인 20대 여성의 인구가 약 200만 명이 넘는다는 사실을 고려한다면, 표본 800개는 20대 여성을 대표할 수 있는 충분한 수일까? 다시 말하면 800명의 서베이 결과를 기반으로 신규 상품 출시에 대한 합리적 의사결정을 내릴 수 있을까? 이러한 질문에 대한 답변을 내리기 위해서는 통계학에 대한 이해가 필요하다.

통계학은 크게 피어슨 통계와 베이즈 통계로 구분되며, 피어슨 통계는 다시 크게 기술통계(Descriptive Statistics), 확률론(Probability Theory), 추론통계(Inferential Statistics)로 구성된다.

데이터 분석이란 다른 말로 '데이터를 요약하는 기술'로 표현할 수 있다. 수천 개의 표본 데이터나 수억 개의 빅데이터를 확보한 후 원본 데이터 자체에서는 어떠한 인사이트도 얻어내기 어렵다. 따라서, 인사이트 도출을 위해 데이터를 요약하는 것에서 데이터 분석이 시작되는데, 기술통계가 바로 데이터를 통계량이나 그래프로 요약하는 방법을 의미한다.

기술통계란 표본 데이터를 확보한 후 표본 데이터 값을 요약한 통계량이다. 이렇게 얻어낸 통계량을 모집단의 특성을 이해하는 데 활용한다. 통계에서 모집단은 우리가 알고자 하는 미지의 집단 정도로 지칭할 수 있다. 이렇게 모호하게 표현하는 이유는 현실 세계에서 모집단 전체의 데이터를 취합하는 데는 매우 큰 비용이 필요하기 때문이다. 예를 들어, 대한민국 국민의 대통령 선호도를 물어보는 데이터 취합 과정인 대통령 선거를 생각해볼 수 있다. 지난 대선 투표율은 77.2% 정도로 모든 국민이 투표에 참여하지는 못했지만, 선거비용으로는 자그마치 3,110억 정도가 사용되었다. 따라서, 현실 세계에서 모집단의 특성을 수치로 나타내는 모수를 직접 알아내기가 어렵기 때문에, 표본 데이터를 취합한 통계량을 통해서 유추해내는 방식을 사용한다.

151	162	158	154	154	151	146	164
154	167	151	152	162	156	166	158
160	159	155	161	156	166	161	150
160	153	155	160	162	159	143	155
163	146	165	160	157	157	156	157
156	156	165	153	162	156	156	161
158	160	154	155	162	159	149	168
156	151	148	163	169	156	162	162
158	151	169	160	150	156	159	153
156	157	158	159	162	161	164	154

| [그림 8] 여성 대학생 80명의 키 데이터

[그림 8]처럼 여성 대학생 80명의 키 데이터를 확보하였다. 이 표본 데이터에는 다양한 키 데이터가 존재한다. 이렇게 데이터가 다양한 수치로 나타나는 현상을 '분포한다'고 표현하는데, 분포 현상이 나타나는 이유는 각 수치 이면에 불확실성이 작용하기 때문이다. 그리고, 데이터에서 특정한 특징이 반복해서 나타나는 현상을 '분포의 특성'이라고 한다.

먼저 위 80명의 여대생에 대한 키 데이터를 뚫어지게 살펴보도록 하자. 여기서 어떠한 인사이트가 도출되는가? 일반적인 사람이라면, 데이터를 뚫어지게 쳐다본다고 해서 곧바로 인사이트가 보이지는 않을 것이다. 일반적으로 데이터는 그저 단순한 숫자의 나열로 보일 뿐이다. 따라서, 확보한 데이터에서 분포의 특징을 찾기 위해서 축약이라는 방식으로 데이터를 요약한다. 축약이란 수많은 숫자 데이터를 기준을 정하여 정리함으로써, 의미 있는 정보를 추출하는 행위다. 대표적인 축약 방법에는 값으로 요약해 내는 통계량과 그림으로 요약해내는 그래프가 있다. 값으로 요약해내는 방식인 통계량에 대해서 살펴보자.

실습을 진행할 파일은 실습 폴더의 [실습02_통계 분석의 기본 정리] → [01 데이터와 통계량.xlsx] 파일이다. 파일을 열면 [그림 9-1]와 같이 여성 대학생 80명의 키 데이터가 있다.

A
여대생 키(cm)
151
154
160
160
163
156
158
156
158

11	156
12	154
13	162
14	156
15	162
16	157
17	162
18	162
19	169

| [그림 9-1] A열로 몰아넣은 80명의 여대생 키 데이터

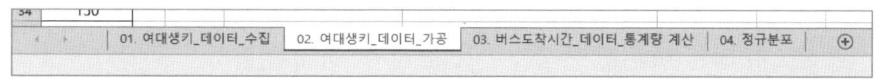

| [그림 9-2] 시트 목록

'02 여대생키_데이터_가공' 시트를 열면 [그림 9-1]과 같이 80명의 여대생 키 데이터를 확인할 수 있다.

통계량		엑셀 함수	값
대표값	평균	AVERAGE(여대생키)	
	최소값	MIN(여대생키)	
	최대값	MAX(여대생키)	
	중앙값	MEDIAN(여대생키)	
	단일 최빈값	MODE.SNGL(여대생키)	
	복수 최빈값	MODE.MULT(여대생키)	
합계	합계	SUM(여대생키)	
	"경제학과" 키 합계	SUMIF(소속,"경제학과",여대생키)	
개수 세기	여대생 수	COUNT(여대생키)	
	"경제학과" 수	COUNTIF(소속,"경제학과")	
	"경제학과"의 160cm 이상 학생 수	COUNTIFS(소속,"경제학과",여대생키,">=160")	

| [그림 9-3] 통계량 구하기

시트에서 [그림 9-3]과 같은 영역을 찾은 후에 표에 있는 함수를 사용하여 각 값을 구해보자. 함수를 사용하려면 '='을 입력한 후에 함수명을 타이핑하면 된다. 함수명을 몇 글자만 입력해도 자동으로 함수 목록이 나오는데, 이 중 원하는 함수를 더블클릭하거나 방향 키(상, 하)로 함수를 선택한 뒤 Tab 키를 누르면 선택한 함수가 적용된다. Tab 키가 아닌 Enter 키로는 적용하고자 하는 함수를 선택할 수 없으니 이 점 주의하자.

1. 평균은 AVERAGE 함수로 구한다. 평균에 해당하는 값 셀을 선택한 후 '=AVERAGE'함수를 선택한다. 그리고 함수 상단의 A를 클릭하여 A열 전체로 범위를 지정한 다음, 함수의 괄호를 닫고 [ENTER] 키를 누른다. 그렇게 하면 함수의 결과 값인 157.575가 나온다.

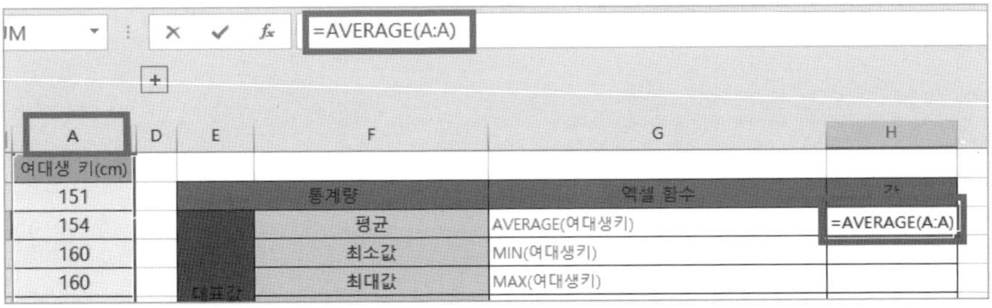

| [그림 9-4] 평균(AVERAGE) 함수 적용

함수를 셀에 직접 입력해도 되지만, [그림 9-4]처럼 함수를 입력하고자 하는 셀을 선택한 후, 상단에 위치한 수식 입력 줄에 [그림 9-4]처럼 입력해도 같은 결과가 나온다.

2. 1과 같은 방법으로 '=MIN'을 사용하여 최솟값을 구한다.

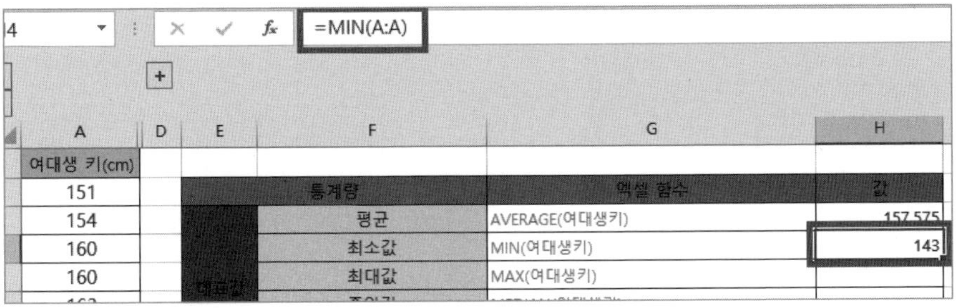

| [그림 9-5] 최솟값(MIN) 함수의 적용

3. 1, 2와 같은 방법으로 '=MAX'를 사용하여 최댓값을 구한다.

통계량	엑셀 함수	값
평균	AVERAGE(여대생키)	157.575
최솟값	MIN(여대생키)	143
최댓값	MAX(여대생키)	169

| [그림 9-6] 최댓값(MAX) 함수의 적용

4. 다른 값도 1, 2, 3과 같은 방법으로 구해보자. ('경제학과' 속성을 가지는 데이터는 [그림 9-6]에 보이는 D열 위의 +버튼을 누르면 볼 수 있다.)

조금 전 데이터 요약을 실행한 것처럼, 원래 데이터에서 평균값이나 최댓값, 최솟값 등 특정 숫자로 값을 요약한 것을 통계량이라고 한다. 이렇게 통계량을 구하면 데이터 규모에 무관하게 분포의 특성을 이해할 수 있게 된다. 확보한 통계량을 잘 활용하면 데이터에서 다양한 인사이트를 도출해낼 수 있다.

다음으로 그래프로 데이터를 요약하는 방법을 알아보자.

1. 우선 그래프를 만들기 위해 피벗 테이블(Pivot Table)을 생성한다. [A열 전체 선택] → [삽입] → [피벗 테이블] → [기존 워크시트] → 피벗 테이블을 만들고자 하는 위치에서 셀을 클릭하여 범위 지정 → [확인]을 클릭한다.

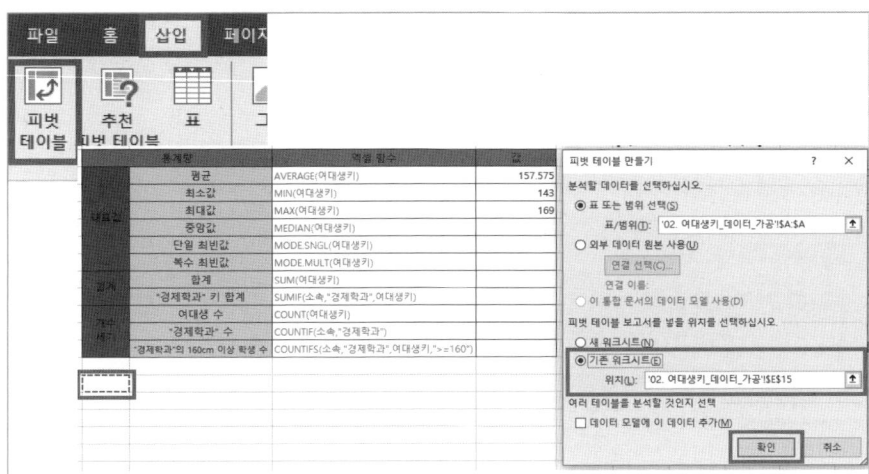

| [그림 10-1] 피벗 테이블 만들기 1

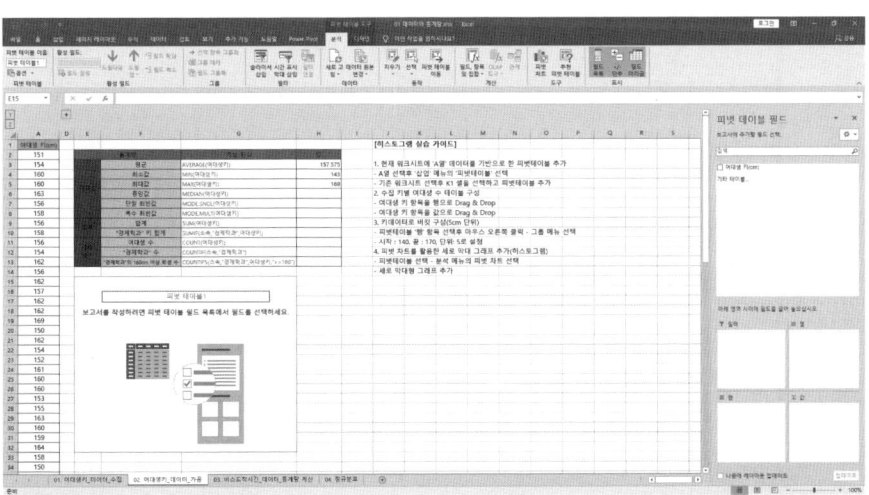

| [그림 10-2] 피벗 테이블 만들기 2

마지막으로 [확인]을 클릭하면 [그림 10-2]처럼 피벗 테이블 필드가 우측에 나타난다.

3. 데이터 분석과 통계 - 통계의 이해   59

2. 이제 필요에 피벗 테이블 필드를 배치하면 피벗 테이블이 완성된다. '피벗 테이블 필드'에서 '여대생 키' 속성을 하단의 행과 값으로 두 번 드래그한다.

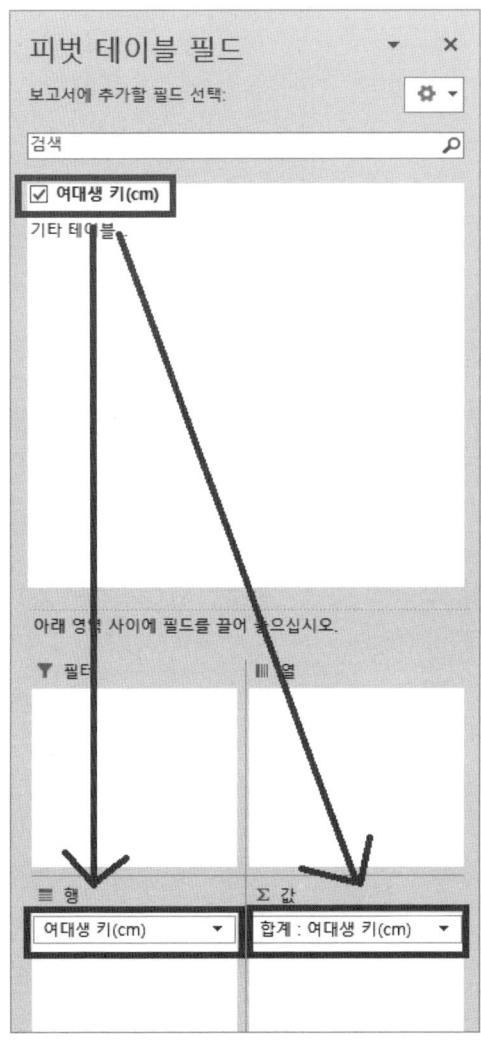

| [그림 10-3] 피벗 테이블 만들기 3

행 레이블	합계 : 여대생 키(cm)
143	143
146	292
148	148
149	149
150	300
151	755
152	152
153	459
154	770
155	620
156	1716
157	628
158	790
159	795
160	960

| [그림 10-4] 피벗 테이블 완성 결과

피벗 테이블 필드 배치가 끝나면 [그림 10-4]처럼 데이터를 요약한 표를 얻을 수 있다.

3. 완성한 피벗 테이블을 그룹화한다. [키 데이터 중 하나를 오른클릭] → [그룹] → [시작 값 140으로 설정] → [단위] 5로 설정 → [확인]을 클릭한다.

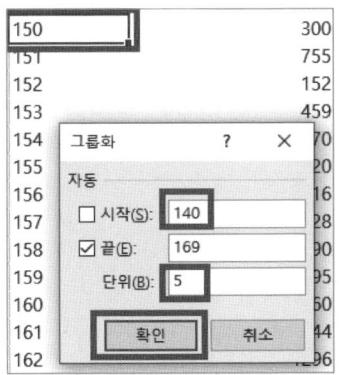

| [그림 10-5] 요약한 데이터 그룹화하기

행 레이블	합계 : 여대생 키(cm)
<140 또는 (비어 있음)	
140-144	143
145-149	589
150-154	2436
155-159	4549
160-164	3554
165-169	1335
총합계	12606

| [그림 10-6] 그룹화된 데이터

[확인]을 클릭하면 [그림 10-6]과 같이 그룹화를 마친 결과가 나타난다.

4. 피벗 차트를 바탕으로 그래프를 만들기 위해 피벗 차트의 아무 곳이나 클릭하고, [그림 10-7]를 참고하여 [피벗 테이블 도구] → [분석] → [피벗 차트] → [원하는 차트 모양 선택] → [확인]을 클릭한다. 본 실습에서는 묶은 세로 막대형을 선택하였다.

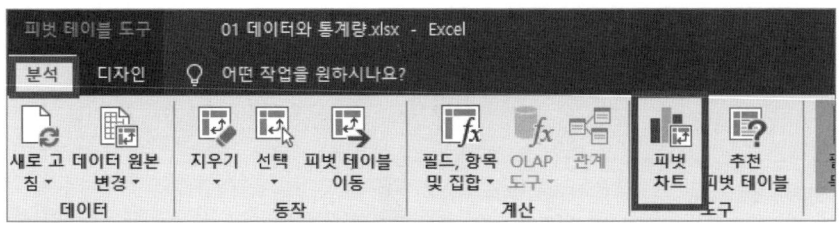

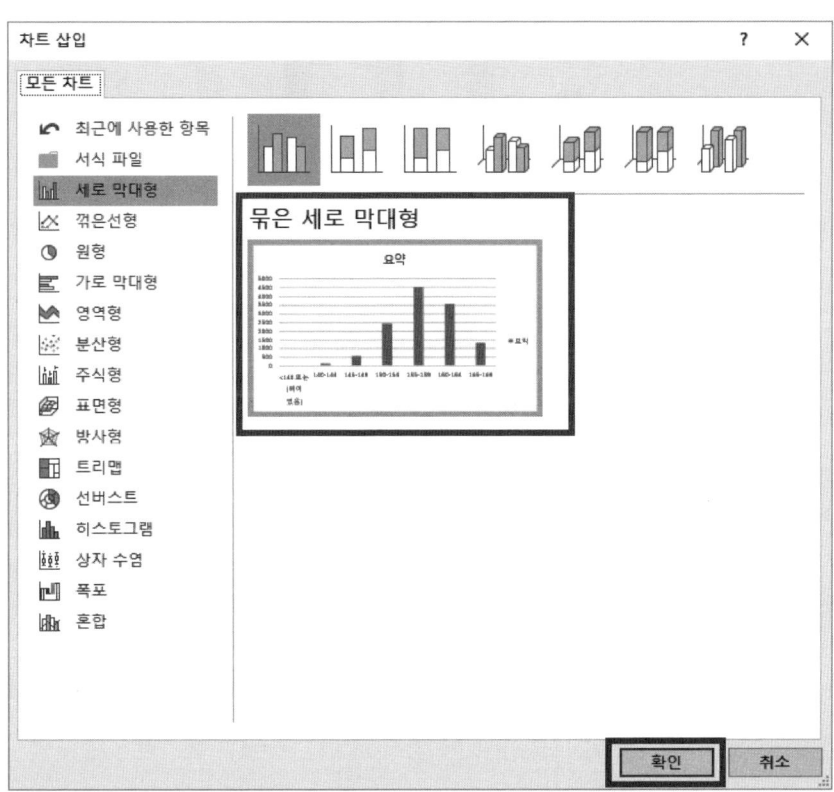

| [그림 10-7] 피벗 차트 만들기

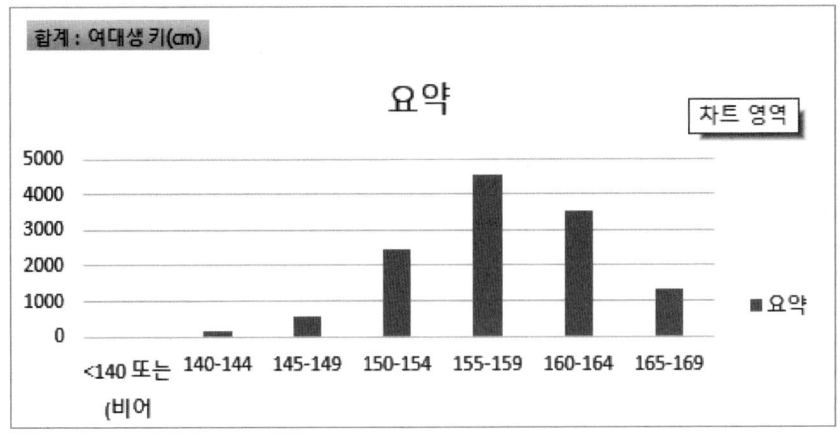

| [그림 10-8] 피벗 차트

[확인]을 클릭하면 [그림 10-8]과 같은 피벗 차트가 나온다.

5. 피벗 차트에서 '요약' 레이블을 클릭하고, Delete 키를 눌러 지운다.

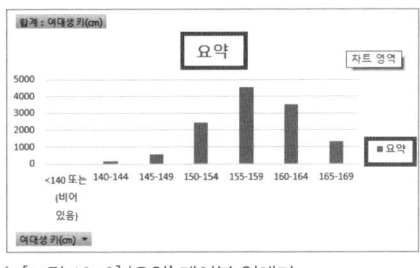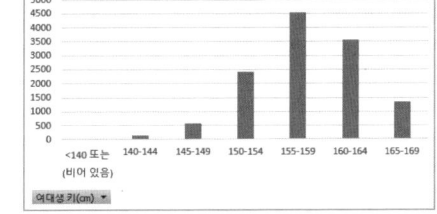

| [그림 10-9] '요약' 레이블 없애기

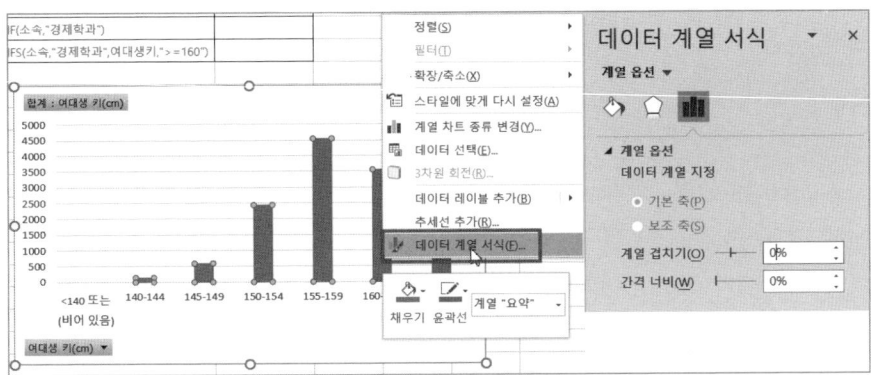

| [그림 10-10] 세로 막대형 그래프를 '히스토그램' 형식으로 만들기

세로 막대형 그래프를 선택하고, 마우스 오른클릭을 하면 나오는 콘텍스트 메뉴에서 '데이터 계열 서식' 항목을 선택한다. '계열 겹치기' 항목과 '간격 너비' 항목을 0%로 설정하면, [그림 10-11]과 같은 히스토그램[7] 형식으로 그래프를 볼 수 있다.

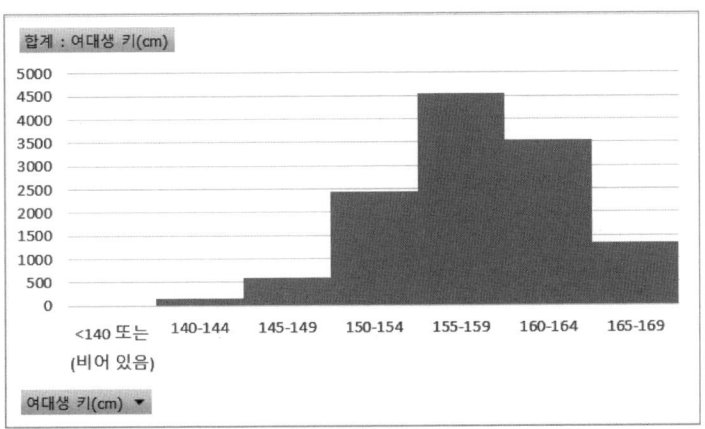

| [그림 10-11] 여대생 키 히스토그램

---

7. 도수 분포표의 하나. 가로축에 계급을, 세로축에 도수를 취하고, 도수 분포의 상태를 직사각형 의 기둥 모양으로 나타낸 그래프.

피벗 테이블과 피벗 차트를 사용하면 원본 데이터를 건드리지 않고 값을 요약할 수 있다. 기술통계란 확보한 데이터를 값과 그래프로 요약하는 방법이라 할 수 있으며, 이 챕터에서 활용한 피벗 테이블과 피벗 차트의 활용 방법에 대해서는 탐색적 데이터 분석 챕터[8]에서 더욱 상세히 다룬다.

이렇게 그래프로 요약해낸 분포 그래프를 어떻게 해석할 수 있을까? 히스토그램을 보면 여성 대학생의 키가 대부분 150cm에서 164cm 사이에 분포함을 관찰할 수 있다. 분포의 특성을 보다 잘 이해하려면 분산과 표준편차라는 통계량을 이해해야 한다.

데이터와 통계량

통계량이란 전체 데이터에서 나타나는 특징을 숫자로 요약한 값이다. 대표적인 통계량으로는 평균, 중앙값, 편차, 분산, 표준편차 등이 있는데, 각 값이 가지는 의미를 실제 데이터의 요약 과정을 통해 이해해보자. 조금 전에 사용했던 엑셀 파일의 세 번째 시트(03. 버스도착시간_데이터_통계량 계산) 데이터를 활용할 것이다.

마소캠퍼스 회사 앞에 7시 30분에 도착하는 버스가 있다. 그런데 월요일 7시 30분에 딱 맞추어 버스 정류장에 도착했지만 버스를 타지 못했다. 그래서 버스 도착시간을 5일 동안 취합했고, [그림 11-1]과 같이 정리했다.

---

8. '챕터 7' 참고.

7시 30분 버스 실제 도착시간
32
27
29
34
33

| [그림 11-1] 5일 동안 취합한 버스 도착시간 데이터

먼저, 취합한 데이터에서 의미 있는 인사이트를 도출하기 위해 통계량을 구한다.

1. [C1 셀 클릭] → [AVERAGE 함수 적용] → [취합한 데이터인 A5~A9 셀을 선택하여 범위 지정]한 후, 괄호를 닫아 평균값을 구한다.

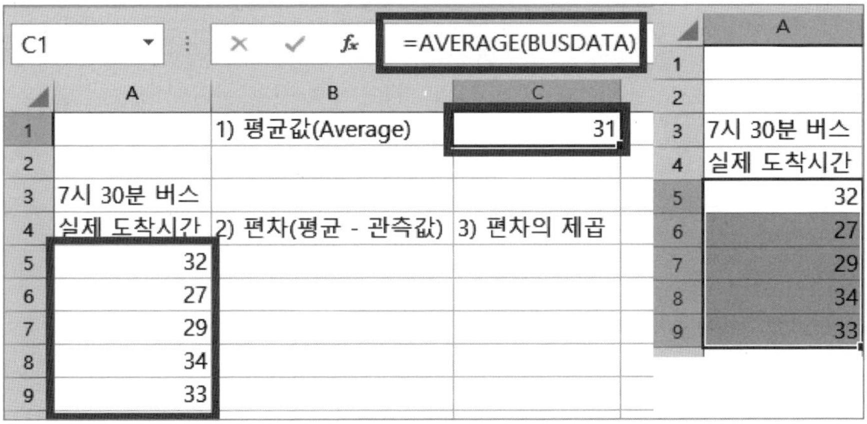

	A	B	C
1		1) 평균값(Average)	31
2			
3	7시 30분 버스		
4	실제 도착시간	2) 편차(평균 - 관측값)	3) 편차의 제곱
5	32		
6	27		
7	29		
8	34		
9	33		

A
7시 30분 버스
실제 도착시간
32
27
29
34
33

C1 =AVERAGE(BUSDATA)

| [그림 11-2] 평균값 구하기

그 결과 취합한 5개의 데이터 범위가 [그림 11-2]의 우측처럼 'BUS-DATA'라는 이름으로 지정되었음을 확인할 수 있다. 구한 평균값은 31이다.

그렇다면 이렇게 구해낸 평균 값으로 버스 정류장에 31분에 도착한다면 버스를 놓치지 않고 탈 수 있을지 판단할 수 있을까? 평균값 하나만으로는 분포의 특성을 이해할 수 없다. 만일 31분에 맞춰서 버스 정류장에 도착한다면 27분, 29분에 오는 버스는 놓칠 것이다. 의사결정에 도움이 될 다른 통계량도 구해 보자.

2. 편차는 '평균 − 관측값'으로 계산한다. [B5 셀 선택] → ['=C1−A5' 입력] → [입력한 값에서 C1에 커서를 두고 F4 키를 눌러서 절대 참조로 변경($C$1)] → [B5 셀 우측 하단 가장자리로 마우스를 가져가면 커서가 검은 십자가 표시로 자동 변경] → [변한 커서를 아래로 드래그하여 다른 셀에도 똑같이 적용(채우기 핸들)]하여 편차를 구한다.

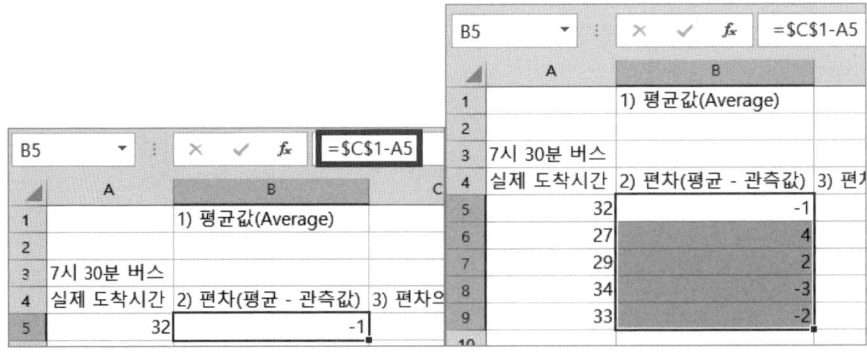

| [그림 11-3] 편차 구하기

C1 셀에 절대 참조를 적용하지 않을 경우 채우기 핸들을 사용하면 두 번째 셀에는 C2-A6, 세 번째 셀에는 C3-A7로 참조할 값이 밀려 원하는 값을 얻을 수 없다. 따라서 C1 셀에 절대 참조($C$1)를 적용하여 참조할 값을 고정해야 한다.

편차의 합은 0이 된다는 특징이 있다. 이는 편차에 마이너스와 플러스 값이 혼재한다는 뜻이므로, 부호를 통일하기 위해 편차를 제곱한 값을 사용한다.

3. [C5 셀 선택] → ['=B5^2' 입력] → [채우기 핸들을 사용]하여 아래 셀에 동일하게 적용한다.

7시 30분 버스 실제 도착시간	2) 편차(평균 - 관측값)	3) 편차의 제곱
32	-1	1
27	4	16
29	2	4
34	-3	9
33	-2	4

| [그림 11-4] 편차의 제곱 구하기

그런데, 평균의 단위는 '분'이지만 편차의 제곱의 단위는 '분의 제곱'이므로 두 통계량을 비교할 수 없다. 따라서 단위를 맞추기 위해 편차 제곱의 평균인 분산을 구하고, 분산의 제곱근을 구한다.

4. [C11 셀 선택] → ['=AVERAGE(C5:C9)' 입력] → [Enter] 키를 눌러서 분산 6.8을 구한다.

B	C
1) 평균값(Average)	31
2) 편차(평균 - 관측값)	3) 편차의 제곱
-1	1
4	16
2	4
-3	9
-2	4
4) 분산(Variance) (편차 제곱의 평균)	6.8 단위 : 분^2

| [그림 11-5] 편차제곱의 평균인 분산 구하기

5. [C14 셀 선택] → ['=SQRT(C11)' 입력] → [Enter] 키를 눌러서 표준편차를 구한다.

=SQRT(C11)	5) 표준편차(SQRT 분산) (Standard Deviation)	2.607680962 단위: 분

| [그림 11-6] 평균과 동일한 단위값에 해당하는 표준편차 구하기

이렇게 단위가 '분의 제곱'이었던 분산을 제곱근을 적용함으로써 '분'으로 맞출 수 있다. 이렇게 구해낸 분산의 제곱근을 표준편차라고 한다. 평균과 표준편차는 단위가 동일하므로 데이터의 분포 특징을 해석할 때 가장 많이 활용한다.

지금까지 분산과 표준편차의 원리를 이해하기 위해 다소 번거로운 방법으로 구해보았다. 이번에는 분산과 표준편차를 함수를 사용하여 곧바로 구해보자.

6. [F11 셀 선택] → ['=VARP(A5:A9)' 입력] → [Enter] 키를 눌러서 분산을 구한다.

| f_x | =VARP(BUSDATA) | 6) 분산 함수 - VARP | 6.8 |

| [그림 11-7] VARP 함수로 분산 구하기

7. [F14 셀 선택] → ['=STDEVP(A5:A9)' 입력] → [Enter] 키를 눌러서 표준편차를 구한다.

| f_x | =STDEVP(BUSDATA) | 7) STDEVP (표준편차 함수) | 2.607681 |

| [그림 11-8] STDEVP 함수로 표준편차 구하기

분산과 표준편차를 원리를 기반으로 수동으로 구해낸 값과 엑셀 내장 함수를 사용하여 구한 값이 동일함을 확인할 수 있다.

분산과 표준편차

분산과 표준편차라는 통계량을 어떻게 활용할 수 있을까? 분산과 표준편차는 데이터가 평균에서 떨어져 있는 정도인 산포도를 나타내는 값이다. 예를 들어, 여성 대학생의 키가 모두 정확하게 145cm라면 산포도는 0이 되고, 산포도가 0일 때, 히스토그램은 특정 데이터에만 값이 집중되는 모양이다.

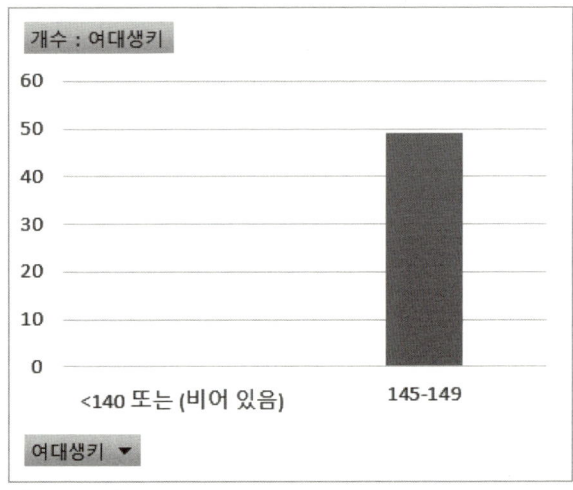

| [그림 12-1] 산포도가 0인 히스토그램

하지만 키 데이터가 모두 다르다면 특정한 형태로 흩어진 분포를 히스토그램에서 확인할 수 있다. 경험 법칙에 의하면 데이터 집합이 대칭을 이루는 흙더미 모양일 경우, 평균에서 표준편차의 1배 이내에 68%의 데이터가 들어 있고, 표준편차의 2배 이내에는 95%의 데이터가 들어 있다.

이를 활용하면 표준편차를 기준으로 데이터의 특수성을 평가할 수 있게 된다. 표준편차의 1배 이내에 있는 68%의 데이터는 평범한 데이터라고 볼 수 있으며, 표준편차의 2배 범위인 95% 바깥의 데이터는 특수한 데이터라고 해석할 수 있다.

버스 정류장 사례로 돌아가보자. 합리적으로 버스를 타기 위해서 언제 버스 정류장에 도착해야 하는지를 파악하고자 한다면 데이터가 흩어진 정도에 어떤 패턴이 있는지 이해해야 한다. 표준편차를 활용해서 데이터를 파악해보도록 하겠다. 버스 도착 시간이 평균 7시 반이고 표준편차가 1.41이라면, 평균(μ)으로부터 표준편차(σ)의 ±1배 범위 안에는 70% 정도의 데이터가 포함될 것이다. 따라서 버스가 평균보다 1.41분만큼 빠르거나 늦는다면 평범한 경우에 해당된다. 하지만 표준편차의 2배 범위 바깥인, 버스가 2.8분 이상 빠르거나 늦는 경우는 아주 특별한 상황이라고 볼 수 있다. 다시 말해, 평균 7시에 도착하는 버스가 어느 날 7시 29분이나 31분 안에 도착한다면 평범한 상황이고, 7시 27분이나 33분에 도착한다면 특별한 상황이라고 생각할 수 있다는 것이다. 이 분포도를 기반으로 이 버스 도착 시간에 대한 분포의 특성을 파악해 보면 이 버스는 7시 반 운행을 비교적 준수하고 있으며, 예외적인 운항을 할 가능성은 크지 않다고 해석할 수 있다. 하지만 도착 시간이 평균 7시 반이고 표준편차가 7.11이라면, 7시 반에서 7분 차이인 13분이나 37분 도착이 평범한 상황이고, 7시 반에서 15분 이상 차이가 발생하는 경우를 특별한 상황으로 생각할 수 있게 된다.

정리하자면, 평균으로부터 표준편차의 ±1배 범위 안에서 70%에 해당하는 데이터가 발생하고, 평균으로부터 표준편차의 ±2배 안의 범위에서 95%의 데이터가 발생한다고 생각할 수 있으며, 평균으로부터 표준편차의 ±3배 안에서 데이터가 발생할 확률은 99% 정도가 된다.

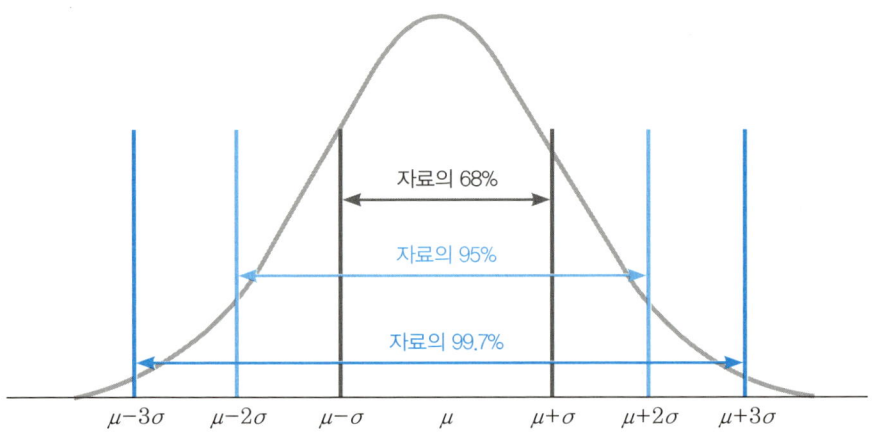

| [그림 12-2] 정규분포의 평균(μ)과 표준편차(σ)의 관계

　A 스토어는 최우수 고객을 특별 관리하는 마케팅 프로그램을 시작하려고 한다. 상위 1% 결제자를 최우수 고객으로 분류하기 위해 단골 고객 3만 명의 데이터를 분석한 결과, 고객당 평균 결제액이 50만 원이고 표준편차가 25만 원이었다. 이때, 대다수 고객이 지출한 규모와 최우수 고객 기준은 각각 얼마일까? 우선, 고객 중 70%가 표준편차의 ±1배 범위 안에 있으므로 대부분의 고객이 지출한 규모는 25만 원에서 75만 원 사이라고 볼 수 있다. 그리고 표준편차의 ±3배 안에 99%의 데이터가 위치하므로 상위 1%를 구분하는 기준은 평균인 50만 원에서 표준편차의 3배인 75를 더한 125만 원이 된다. 따라서 A 스토어는 상위 1% 고객을 도출하려면 125만 원 이상 지출하는 사람들을 최우수 고객으로 분류해낼 수 있다. 이처럼 데이터에서 일반적인 행동 패턴과 특별한 행동 패턴을 구분하는 기준으로 표준편차를 활용한다.

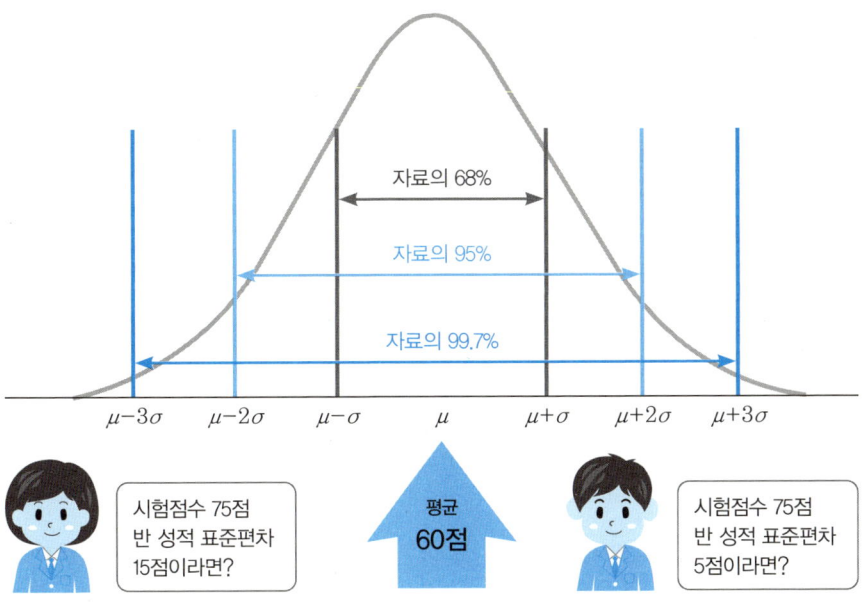

| [그림 12-3] 표준편차 차이에 따른 결과해석 1

[그림 12-3]에는 A 학생과 B 학생이 있다. 반 평균 점수는 똑같이 60점이고, 학생 A와 학생 B의 시험 점수도 똑같이 75점이다. 이때 75점이 과연 좋은 점수인지 나쁜 점수인지를 판단하려고 한다. 하지만 평균과 본인의 시험 점수만으로는 이 데이터가 얼마나 좋은 점수인지 나쁜 점수인지 판단할 수 없다. 이러한 판단에도 표준편차가 활용된다. 표준편차가 15점인 반에서 A 학생의 75점은 표준편차의 ±1배 범위에 해당한다. 즉, A 학생은 전체에서 70% 안에 속하는 평범한 점수를 받았다고 결론 내릴 수 있다. 그에 반해 표준편차가 5점인 반에서 B 학생의 75점은 표준편차의 3배 차이에 해당한다. 즉, B 학생은 상위 1% 안에 드는 고득점자로 해석할 수 있다.

다른 예시도 살펴보자. [그림 12-4]처럼 J양과 C군이 고등학교 모의고사를 10회 치렀다. 시험 점수를 바탕으로 데이터 분포를 파악하여 통계량을 구했을 때, 평균 성적이 60점이고 표준편차가 10점이 나왔다. C군도 동일한 방법으로 통계량을 구하니 평균이 50점이고 표준편차가 30점이었다.

이 경우 두 학생에게 진학 지도를 할 때 둘 사이에는 어떠한 조언을 할 수 있을까? 진학을 원하는 대학 입학 커트라인이 75점이라면 재수를 감수하고 지원하는 전략이 유효할까? 하향 지원을 해서라도 이번 년도에 대학 입학하는 전략을 취해야 할까? J양은 평균이 60점, 표준편차가 10점이므로 점수가 대부분 50점에서 70점 사이라는 뜻이다. 따라서 J양에게 75점을 기대하기 어렵다. 반대로 C군은 평균이 50점, 표준편차가 30점이므로 점수가 대부분 20점에서 80점 사이이다. 그러므로 C군은 시험을 정말 집중해서 본다면 75점짜리 학교도 합격할 가능성이 존재한다고 볼 수 있다. 이처럼 표준편차는 가능성을 판단할 수 있는 통계량으로 활용할 수 있다.

이를 토대로 진학 지도를 한다면, J양은 50점 학교에는 수월히 합격하

J양
고등학교 모의고사 10회
평균 점수 60점
성적 표준편차 10점

C군
고등학교 모의고사 10회
평균 점수 50점
성적 표준편차 30점

원하는 대학 입학 컷트라인이 75점이라면
이 둘은 재수를 해야 할까? 말아야 할까?

J양
50점 학교에도
합격하겠지만
75점 학교는 어려움

C군
40점 학교에도 떨어질 수
있지만 80점 학교에도
붙을 수 있음

[그림 12-4] 표준편차 차이에 따른 결과해석 2

겠지만 75점 학교는 합격 가능성이 낮으므로 안정 지원에 적합하다. 그리고 C군은 40점 학교에도 떨어질 가능성이 있지만, 80점 학교에 붙을 가능성도 있는 변동이 큰 학생이기 때문에 오히려 소신 지원이 적합할 수 있다.

이렇게 데이터의 집단적 성격을 평균과 표준편차로 파악해낼 수 있으며, 특히, 평균과 표준편차를 활용하면 특정 집단에서 관찰하고자 하는 데이터를 발견할 확률을 판단해낼 수 있다.

표본과 모집단의 관계

데이터 수집 단계에서, 모든 데이터를 빠짐없이 조사하는 방식을 전수 조사라고 한다. 전수 조사는 데이터 확보에 많은 시간과 비용이 소모된다. 데이터 갱신에도 만만치 않은 비용이 드는 데다, 가까스로 전수 조사 데이터를 확보하고 분석까지 마쳐 최종 의사결정자에게 도달할 즈음이면 이미 낡은 데이터가 될 가능성도 높다. 전수 조사가 아예 불가능한 경우도 많다.

결국, 경제성과 최신성을 지키면서 의사 결정에 기여할 수 있는 적절한 표본 개수를 얻어내는 일은 데이터 분석 과정에서 매우 중요하다. 여론 조사의 적절성을 예로 들어보자. 최저 임금의 적정 금액에 대한 여론 조사가 있다. 성인 남녀 1,800명을 대상으로 조사했고, 대부분이 8,500원 미만이나 8,000원 미만이 적절하다고 응답했다. 하지만 이는 5,180만 명에 달하는 총인구 수에 비하면 약 0.002% 정도에 불과한 표본이다. 과연 1,800명만으로 전 국민의 의견을 대변할 수 있을까? 이 여론 조사의 신뢰성은 어느 정도로 생각할 수 있을까?

여론 조사에서는 다양한 가설을 수립한 후 가설 검정을 위한 목적으로 데이터를 수집한다. 피어슨 통계를 설명하면서 데이터를 요약하는 방법인 기술통계를 배웠는데, 이러한 기술통계와 확률론을 결합한 분야가 표본으로 모집단을 예측하는 추론 통계 영역이다. 이 분야에서 핵심 관심사는 수립한 가설이 모집단에 나타나는 분포의 특성을 얼마나 잘 설명할 수 있는가에 있다. 그 후 가설 검증 과정을 거친 데이터로 보고서를 만들어 의사 결정을 진행한다.

몬테카를로 실험 설계 및 실행

확률론을 이해하기 위해 동전 던지기로 몬테카를로 실험을 진행해보자. 동전을 던졌을 때 앞면이 나올 확률과 뒷면이 나올 확률은 각각 50%이다. 하지만 실제로 동전을 10개 던졌을 때, 정확하게 앞면 5개와 뒷면 5개가 나오지는 않는다. 그런데 왜 동전의 앞면과 뒷면이 나올 확률을 각각 50%라고 할까?

몬테카를로 실험은 무작위 추출 실험을 무수히 많이 반복한 결과의 확률적 분포를 알아내는 실험법으로, 수학자 스타니스와프 울람(Stanisław Marcin Ulam)이 모나코의 그랑 카지노 도박 게임 승률 계산법에서 착안하여 만들었다. 몬테카를로 실험은 비용이 지나치게 많이 들거나 불확실성이 너무 클 때, 혹은 미래 예측의 해석적인 약점을 극복하기 어려울 때 주로 사용한다.

실습을 진행할 파일은 [실습02_통계 분석의 기본 정리] → [02 몬테카를로 실험_동전 1개 던지기.xls] 파일과 [03 몬테카를로 실험_연속 동전 던지기.xls]이다.

[02 몬테카를로 실험_동전 1개 던지기.xls] 파일을 열어 이 실험에서 사용하는 함수를 알아보자.

1. B6~B10, E6~E15 셀의 RANDBETWEEN(0,1) 함수 값 확인

    RANDBETWEEN 함수는 파라미터로 제시된 범위의 값 중 하나를 임의로 추출해낸다. 여기서는 파라미터로 0과 1을 제공했기 때문에 실험을 진행하면 0과 1 중 하나를 무작위로 표시한다.

2. C3, F3 셀의 AVERAGE(범위)

    AVERAGE 함수는 해당하는 범위의 평균을 표시한다. 본 실습에서는 평균값을 백분율로 표시한다.

엑셀 몬테카를로 실험설계 #1: 단순 동전던지기

| Average | 60.00% | | Average | 50.00% |

Results (n=5)
1
0
1
1
0

Results (n=10)
1
1
1
0
0
0
0
1
0
1

| [그림 13-1] 동전 1개를 n번 던지는 실험 1

이때 n은 동전을 던진 횟수를 의미한다. 새로 고침 버튼인 F9 키를 누르면 새로운 결과값을 얻을 수 있다. F9 키를 반복적으로 눌러서 결과를 확인해보면, 결코 동전 앞면이 나올 확률 50%가 쉽게 나오지 않는다. 그렇다면 어떻게 우리는 동전을 던지면 앞면이 나올 확률을 50%라고 확신하게 되었을까?

첫 번째 시트는 동전 던지기를 각각 5번과 10번 진행한 결과이고, 두 번째 시트는 동일한 실험을 각각 1,000번과 50,000번 진행한 결과이다. 마찬가지로 F9 키를 눌러 새로운 값을 얻을 수 있다.

엑셀 몬테카를로 실험설계 #2: 단순 동전던지기

Average	52.80%		Average	49.57%

Results (n=1,000)	Results (n=50,000)
1	1
0	1
0	1
0	1
1	0
0	1
1	1
0	0
0	0
0	0
1	1
0	0
1	0
1	1
0	1
1	0
1	1
1	1
1	0

| [그림 13-2] 동전 1개를 n번 던지는 실험 2

두 시트를 비교하면 5번, 10번 던진 실험보다 1,000번, 50,000번 던진 실험이 50%에 훨씬 가깝다는 사실을 확인할 수 있다. 즉, 만일 동전을 무한대로 던진다면 앞면과 뒷면이 나올 확률은 각각 50%가 되는 것이다.

다음으로, [03 몬테카를로 실험_연속 동전 던지기.xls] 파일을 열어 이 실험에서 사용하는 함수를 알아보자.

1. K6, K7 셀의 COUNTIF(범위, 조건)

   COUNTIF 함수는 해당하는 범위 내에서 조건에 맞는 값의 개수를 표시한다.

이 파일에서는 동전 10개 던지기를 한 회로 보고 이를 5,000번 반복 실행하였다. 앞서 시행했던 실험과 마찬가지로 F9 키로 새로 고침을 할 수 있다.

								연속 동전 던지기 총실험수		5000	
								동전 앞면이 7번 나오는 경우		574	11.5%
								동전 앞면이 7,8,9,10 나오는 경우		839	16.8%
동전던지기1	동전던지기2	동전던지기3	동전던지기4	동전던지기5	동전던지기6	동전던지기7	동전던지기8	동전던지기9	동전던지기10		앞면이 나오는 경우수
0	1	0	1	0	1	1	0	0	0		4
0	0	1	0	1	1	0	1	0	1		5
1	0	1	0	0	0	1	1	1	0		5
0	0	1	0	0	1	0	1	1	1		5
0	0	0	1	1	0	0	0	0	1		3
0	1	1	0	0	0	1	1	1	0		5
0	1	1	0	1	1	0	0	0	1		5
0	1	0	0	0	0	1	1	0	1		4
1	0	1	0	1	1	0	1	0	0		5
1	1	0	0	0	1	1	0	1	0		5
0	1	0	0	1	1	1	0	1	0		5
0	1	1	0	1	0	1	0	0	1		5
0	0	0	0	1	1	1	0	1	1		5
0	1	1	0	1	1	1	1	1	1		8
0	1	0	0	0	0	0	1	0	1		3
0	0	1	0	0	0	0	0	1	0		2
1	0	0	1	1	1	0	1	1	1		7
0	0	1	1	0	1	0	1	1	0		5
0	1	0	0	0	1	1	0	0	0		3
0	1	1	1	0	1	0	1	1	0		6
1	1	0	1	0	0	1	0	0	0		4

| [그림 13-3] 동전 10개를 n번 던지는 실험

결과를 보면 동전 앞면이 7번 나올 확률이 12%로 거의 일정함을 확인할 수 있다. K6 셀의 COUNTIF 함수의 조건을 4로 바꾸면 확률이 20%로 변하고, 8로 바꾸면 4%로 훨씬 작아진다.

| *fx* | =COUNTIF(L15:L5014,4) | 1037 | 20.7% |

| [그림 13-4] COUNTIF의 조건을 4로 하였을 때 결과값

| *fx* | =COUNTIF(L15:L5014,8) | 202 | 4.0% |

| [그림 13-5] COUNTIF의 조건을 8로 하였을 때 결과값

다음 실습은 해당 파일의 두 번째 시트에서 진행한다.

이번에는 같은 실험에서 실험 횟수를 변경 가능하게 만들고, 결과값을 보기 좋게 그래프로 나타냈다.

1. D12 셀에서 실험 횟수를 설정한다.

| [그림 13-6] 실험 횟수 설정

2. '연속 동전던지기 실험실시' 버튼을 클릭하여 실험 결과를 확인한다.

연속 동전던지기 실험실시

| [그림 13-7] '연속 동전던지기 실험실시' 버튼

3. 실험 횟수를 점점 늘려가면서 그래프의 형태가 어떻게 변하는지 파악한다.

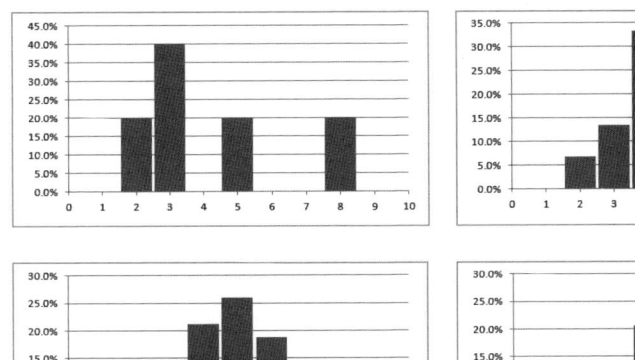

| [그림 13-8] 5회(상단 좌측)와 30회(상단 우측), 1,000회(하단 좌측)와 500,000회(하단 우측) 실시 결과

실험 횟수가 증가할수록 그래프의 분포가 점점 정규분포에 가까워짐을 확인할 수 있다.

이제 몬테카를로 실험 결과를 정리해보자. 동전을 10개 던지면 매번 다른 수가 나온다. 여기서 결과값은 추출한 표본의 추정값이 모인 표본분포이다. 그리고 실험 횟수를 늘리면 점점 5를 중심으로 좌우대칭을 이루는 정규분포가 나타난다. 즉, 표본이 많을수록 믿을 만한 결과가 나오며, 표본과 모집단의 평균이 유사해진다. 또한, 실험 횟수가 일정한 선을 넘어서면 합계의 비중이 크게 변하지 않으므로 어느 정도의 표본만으로도 모집단의 패턴 예측이 가능해진다. 여기서 중심 극한 정리라고 부르는 중요한 통계 이론이 등장한다.

중심 극한 정리

중심 극한 정리에 의하면, 모집단의 분포와 상관없이 표본들의 평균은 정규분포를 나타낸다. 예를 들어, 정육면체 주사위를 던졌을 때 평균은 3.5 분산은 2.92이며, 주사위를 열 개씩 던지면 평균 3.5를 중심으로 정규분포를 띤다. 중심 극한 정리는 표본 평균이 이루는 표본 분포와 모집단 간의 관계를 증명하므로 데이터 분석에서 매우 중요한 개념이다.

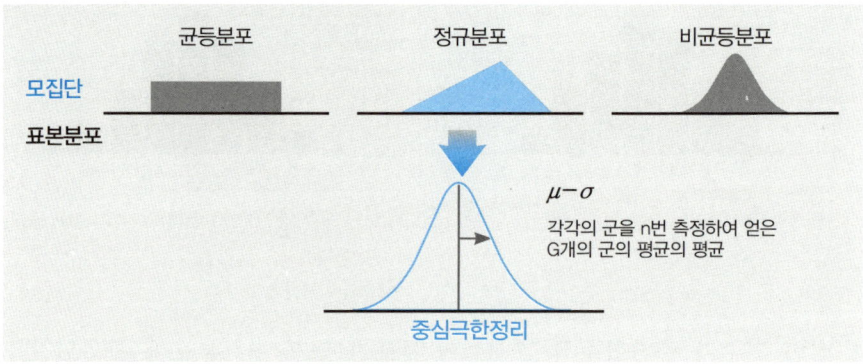

[그림 14-1] 중심 극한 정리

모집단의 분포는 [그림 14-1]처럼 균등분포일 수도 있고, 비균등분포이거나 정규분포일 수도 있다. 하지만 중심 극한 정리에 의하면, 모집단의 분포가 무엇이든지 표본 평균의 분포는 항상 정규 분포로 수렴한다. 이 점을 활용하면 Z-Score를 기반으로 모든 경우의 수에 대한 수학적 확률을 계산할 수 있다. 이를 수학적 확률 판단 추정이 가능하다고 말한다. 즉, 어떤 일이 발생할 가능성이 몇 퍼센트인지 수치로 설명할 수 있다는 뜻이다. 만일 무한 모집단에서 표본 실험을 한다면, 표본의 크기가 커질수록 표본 평균의 평균이 모집단의 평균에 수렴하게 된다.

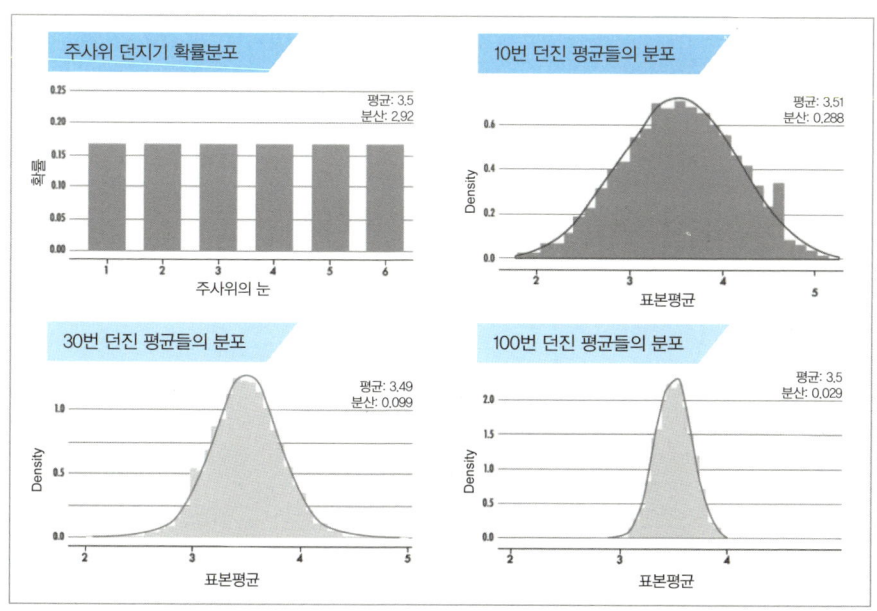

[그림 14-2] 주사위 던지기

　[그림 14-2]에서 주사위를 10번 던진 평균의 분포를 살펴보면, 분산이 크게 흩어져 있다. 그런데 횟수를 30번으로 늘린 평균의 분포는 간격이 더 좁다. 횟수를 100번으로 더 늘리면 간격은 더욱 좁아진다. 이처럼 표본이 늘어날수록 표준오차가 줄어들어 점점 분포는 중앙으로 모이게 된다.

　중심 극한 이론을 정리해보자. 평균 μ이고 표준편차가 σ인 모집단에서 크기가 n인 표본을 무작위로 추출할 때, 표본의 크기 n이 30 이상으로 충분히 크다면, 표본 평균의 분포는 정규 분포에 가까워진다. 그리고 표본 평균의 평균은 모평균 μ에 가까워진다. 사회 현상은 보통 평균에 많은 데이터가 몰리고, 평균에서 멀어질수록 분포가 감소하기 때문에 대부분 정규분포를 보인다.

중심 극한 정리와 Pilgrim Bank 표본 실험

Pilgrim Bank 데이터로 표본 실험을 실시하여 중심 극한 이론이 어떻게 실무에 적용되는지 살펴보자. 이번 파트에서 활용할 파일은 [실습02_통계분석의 기본 정리] → [04 중심극한정리 적용 사례_pilgrim bank 표본 실험.xls] 파일이다.

1. A1 셀을 선택하고 [Ctrl+→] 키를 눌러서 마지막 열로 이동하고, [Ctrl+↓] 키를 눌러서 마지막 행으로 이동한다. 이런 기능을 활용해서 시트에 어떤 데이터가 있고, 몇 개의 데이터가 있는지 확인한다. 다시 [Ctrl+↑] 키를 눌러 첫 행으로 돌아온다. 이처럼 [Ctrl+방향키]를 누르면 선택된 범위의 데이터에서 해당 방향의 맨 끝으로 이동할 수 있다.

31625	31624	-$115	0			18.83	1,100
31626	31625	$226	0			8.83	1,200
31627	31626	$8	0	5	4	22.08	1,300
31628	31627	-$59	1	5	9	3.5	1,200
31629	31628	-$85	0	3	5	5.91	1,200
31630	31629	$209	0	7	8	10.75	1,200
31631	31630	-$50	0	5	5	3.75	1,200
31632	31631	$458	0	3	8	12.08	1,300
31633	31632	-$83	0	6	4	15.83	1,200
31634	31633	$92	1	1	6	5.41	1,200
31635	31634	$124	0	3	6	17.5	1,300
31636							

| [그림 15-1] Pilgrim Bank 데이터

2. 현재 [그림 15-1]의 데이터는 이미 표로 지정된 상태이다. 데이터 중 아무 셀이나 선택하고 [표 도구] → [디자인] → [표 스타일]에서 표 서식을 지정한다. 우측 하단의 화살표를 선택하면 더 많은 서식을 볼 수 있다. 마음에 드는 서식으로 설정해보자.

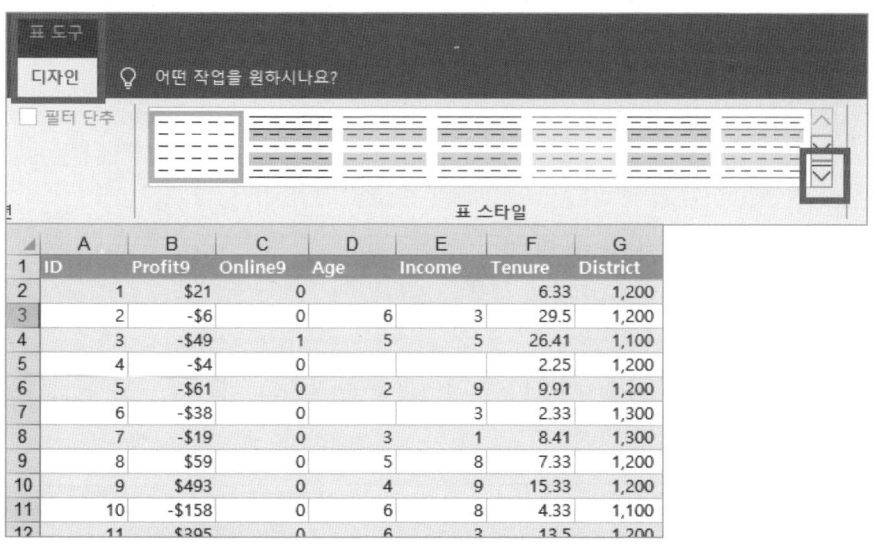

| [그림 15-2] 표 서식 적용하기

3. 표본을 무작위로 추출하기 위해 RAND 함수를 사용하여 난수를 생성한다. [H1 셀에 '난수' 입력] → [H2 셀에 '=RAND()'입력] → [ENTER] 키를 눌러 표 전체에 난수를 생성한다. F9 키를 누르면 난수 열에 새로운 값이 할당된다.

	A	B	C	D	E	F	G	H
1	ID	Profit9	Online9	Age	Income	Tenure	District	난수
2	1	$21	0			6.33	1,200	0.861602
3	2	-$6	0	6	3	29.5	1,200	0.295366
4	3	-$49	1	5	5	26.41	1,100	0.645017
5	4	-$4	0			2.25	1,200	0.072913
6	5	-$61	0	2	9	9.91	1,200	0.932251
7	6	-$38	0		3	2.33	1,300	0.24376
8	7	-$19	0	3	1	8.41	1,300	0.593058
9	8	$59	0	5	8	7.33	1,200	0.980935
10	9	$493	0	4	9	15.33	1,200	0.122601
11	10	-$158	0	6	8	4.33	1,100	0.8365
12	11	$395	0	6	3	13.5	1,200	0.161309
13	12	-$62	0	6	1	6.25	1,200	0.942848
14	13	-$124	0	7	6	17.41	1,200	0.367549
15	14	$32	0			0.58	1,200	0.198566

| [그림 15-3] 난수 설정하기

4. 3에서 구한 난수를 이용하여 데이터를 무작위로 섞는다. [A1 셀 선택] → [데이터] → [정렬] → [정렬 기준을 '난수'로 설정] → [확인]을 누르면 주어진 데이터가 [그림 15-5]와 같이 무작위로 생성된 난수에 따라서 정렬된다.

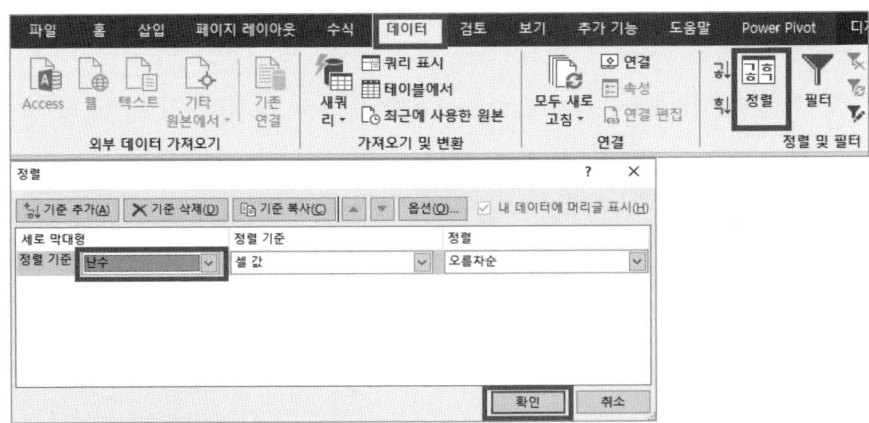

| [그림 15-4] 난수를 기준으로 데이터 정렬하기

ID	Profit9	Online9	Age	Income	Tenure	District	난수
29784	$545	1	7	6	39.66	1,200	0.428055
28691	$980	1	4	7	22.41	1,200	0.833627
23400	$42	1	4	1	8.66	1,200	0.14884
24226	-$58	0	7	2	11	1,200	0.961657
17601	$177	0	3	7	9.25	1,200	0.373425
6617	$398	1	4	9	23.5	1,200	0.082303
7827	$122	0	2	7	3.5	1,300	0.194166
4369	$10	0	4	6	16.5	1,200	0.381343
15744	-$139	0	2	6	5.33	1,200	0.545068
7617	$255	0	6	6	9.41	1,300	0.114849
4977	-$22	0	4	7	6.25	1,200	0.248221
7031	$684	0	3	6	16.91	1,200	0.244292
22696	-$73	0	5	6	9.25	1,100	0.194179
30530	-$19	0			8.83	1,100	0.940498
18958	$1	0	6	4	4.5	1,200	0.871305
553	-$26	0	6	5	6.75	1,300	0.910569
24209	-$26	0	7	6	10.5	1,200	0.51739
9190	-$31	0			4.58	1,100	0.11901
9158	$79	0			9.25	1,200	0.370553
28208	-$29	0			0.16	1,200	0.888808

| [그림 15-5] 무작위로 정렬한 데이터

만일 표본을 추출할 때 성인 남녀 중 한 성별에서만 추출한다면 그 데이터는 모집단을 대표한다고 볼 수 없다. 그러므로 표본 추출 실험에서 표본을 무작위로 추출하는 일은 매우 중요하다. 카드게임에서 카드를 섞거나 로또를 추첨하는 일을 생각해보자. 카드도, 로또 숫자도 무작위로 섞어야 공정성이 높다고 판단하듯 표본도 무작위로 추출해야 모집단을 제대로 예측할 수 있다.

5. 첫 번째 시트의 모집단 중 100개의 표본을 뽑아서 두 번째 시트에 복사 후 붙여 넣는다. [그림 15-5]의 데이터에서 상위 100개의 데이터를 선택 지정하고, [Ctrl+C] → [두 번째 시트로 이동] → [A1 셀 선택] → [Ctrl+V]를 눌러 표본 100개를 생성한다.

6. 세 번째 시트에 표본 1,000개를 5와 동일한 방법으로 생성한다. 네 번째 시트에도 표본 10,000개를 5와 동일한 방법으로 생성한다.

7. 두 번째와 세 번째, 네 번째 시트에 있는 평균과 표준편차는 F열(Tenure-근속연수) 데이터의 통계량이다.

통계량 비교	평균	표준편차
Raw DATA(표본 31,634개)	10.16	8.45
무작취추출 표본 100개	9.81	8.94
무작취추출 표본 1,000개	10.67	8.95
무작취추출 표본 10,000개	10.16	8.50

[그림 15-6] 모집단의 모수와 표본에서 취합된 통계량의 비교

여기서, K3과 K4 셀의 IFERROR[9] 함수는 에러가 발생했을 때와 발생하지 않았을 때를 구분하여 각각 어떻게 실행할지 지정할 수 있기 때문에 에러 처리가 간편하다.

8. 각 시트에서 표본 개수에 따른 평균과 표준편차를 구한 뒤, 다섯 번째 시트로 이동하면 [그림 15-6]과 같은 표가 있다. 표를 보면 표본의 개수가 증가함에 따라서 모집단의 평균과 표준편차에 근사해진다는 특징을 확인할 수 있다.

---

9. 챕터 6 '엑셀 에러 처리와 VLOOKUP 활용 방안' 참고.

F9 버튼을 눌러 새로 표본을 뽑을 때마다 구체적인 값은 다르지만, 결국 표본 개수가 증가할수록 표본의 평균과 표준편차와 모집단의 평균과 표준편차와 유사해지는 흐름을 발견할 수 있다. 그러나 표본의 개수를 무작정 늘린다면 비용도 급격하게 증가할 것이다. 이제 다시 [그림 15-6]을 보자. 표본 개수가 1,000개 정도임에도 표본 평균과 표준편차가 모집단과 유사하다는 것을 알 수 있을 것이다. 일반적으로 사회현상을 조사할 때는 주로 표본 개수를 1,000개 내외로 설정해서 조사하는 경우가 많다. 다음으로 모집단을 예측하기에 적절한 표본의 개수를 구하는 방법을 알아보자.

Population Table을 활용한 표본 개수 의사결정

모집단	신뢰 수준		
	90%	95%	99%
100	74	80	88
500	176	218	286
1,000	215	278	400
10,000	264	370	623
100,000	270	383	660
1,000,000+	271	384	664

| [그림 16] Population Table

모집단을 예측하는데 필요한 적절한 표본 개수를 어떻게 결정할 수 있을까? 달콤 제과라는 기업에서 신제품 머핀을 개발한다고 하자. 머핀에 토핑

으로 올라갈 과일을 딸기와 블루베리 중에서 선택하기 위해 시식단 의견이 필요한 상황이다. 이때 적절한 시식단 규모는 몇 명일까? 선뜻 답하기 어려울 수도 있다. 수학 모델을 이용해 계산할 수도 있겠지만 지나치게 번거로운 일이다. 그래서 통계학에서는 계산을 편하게 할 수 있도록 [그림 16]처럼 Population Table을 활용하는 방식을 제공한다.

Population Table이라는 표를 해석해서 적절한 표본숫자를 결정하면 된다. 예를 들어, 모집단이 100명일 때, 신뢰 수준 95%로 의사 결정을 내리고 싶다면 표본은 80명이 필요하며, 신뢰 수준을 99%로 높이려면 표본 88명을 구해야 한다. 모집단이 10만 명이라면, 신뢰 수준 95%일 때 필요한 표본수는 383명, 99%일 때 660명이 필요하다. 모집단이 100만 명 이상일 경우 신뢰 수준 95%에는 384명, 99%에는 624명이 필요하다. 달콤 제과가 시식단 규모를 정하려면 먼저 목표 소비자층을 모집단으로 설정하고, 그 규모를 인구 통계학에 기반하여 추론해야 한다. 그리고 그에 따라 Population Table을 보고 필요한 표본 수를 결정하면 된다.

만약 모집단이 10,000명일 때 95% 신뢰 수준으로 서베이를 진행하려면 표본을 몇 명 확보해야 할까? 그리고 설문 요청은 몇 명에게 해야 할까? 필요한 표본숫자는 Population Table을 참고하여 간편하게 알아볼 수 있다. 모집단 10,000명에서 95% 신뢰 수준에 해당하는 표본 수는 370명이다. 그리고 서베이 응답률을 10%로 가정하면 총 3,700명에게 서베이 요청이 필요하다는 결론을 내릴 수 있다. 여기서 응답률이란, 서베이 요청을 받은 사람이 실제로 응답을 한 비율을 뜻하는데, 응답률은 설문의 길이나 환경, 보상 유무 등에 따라 편차가 크지만, 평균 10~15%로 가정하는 경우가 많다. 방금 살펴본 예시처럼, 응답률 예측 실험은 응답률을 주로 10%로 상정한다.

모집단이 5만 명인 경우처럼 Population Table에 없는 규모일 경우에도 당황할 필요 없다. 일일이 계산하지 않고 상위 항목을 사용하면 된다. 따라서 모집단 5만 명에 신뢰 수준 95%라면, Population Table에서 10만 명일 때 필요한 표본 숫자인 383명을 채택하면 된다.

하지만 표본을 도출할 때 Population Table의 숫자만 고려해서는 안 된다. 앞선 Pilgrim Bank 실습을 되짚어보면, 가장 처음 단계에서 3만 개의 데이터를 랜덤 함수로 섞는 과정을 거쳤다. 이를 랜덤 샘플링이라고 한다. 표본 추출에서 특히 주의해야 할 점이다. 랜덤 추출은 모집단의 특성을 반영하는 정확도와 관련되기 때문이다. 만일 표본 추출에 관찰자의 편견이 개입한다면, 그 표본으로는 모집단을 예측하기 어려워진다. 예를 들어, 서울 강남역에서 좌판을 깔고 표본 1,000개 확보를 목표로 서베이를 진행한다고 하자. 서베이를 진행하다 보니, 무시무시하고 덩치가 큰 남성은 혼이라도 날까 두려워 서베이 요청을 하지 못했다면 해당 데이터로는 모집단의 특성을 올바르게 파악해 내기 어려울 수도 있다. 이와 같은 경우 오프라인 서베이에서 관찰자 개입을 없애기 위해서 표본의 랜덤 샘플링을 만들기 위해서, 흔히 시계법이라는 방법을 사용하기도 한다. 시계법이란, 시계를 보고 정확히 1분이 지나면 고개를 들어 바로 앞에 있는 사람한테 서베이를 요청하는 방식이다. 이 방법을 사용하면 상대방이 누구인지에 관계없이 무작위로 설문을 요청할 수 있다. 이처럼 올바른 모집단 특성 예측을 위한 표본 마련에는 무작위 추출과 적절한 표본 규모 설계가 매우 중요하다.

CHAPTER

04

데이터 분석과 통계
- 추론 통계

— CHAPTER —
04
데이터 분석과 통계
- 추론 통계

논리적 추론과 피어슨 추론

데이터 기반 추론에는 대표적으로 논리적 추론과 피어슨 추론이 있다.

논리적 추론은 다음과 같다. A 상자에는 레몬 10개, B 상자에는 토마토 10개가 있다. 여기서 우리가 알 수 있는 사실은 다음과 같다.

- 상자에는 A 상자와 B 상자가 있다.
- A 상자에서 나오는 과일은 모두 레몬이다.
- B 상자에서 나오는 과일은 모두 토마토이다.

이때 어떤 물음표 상자에서 과일을 꺼냈더니 토마토가 나왔다면, 이 상자는 어떤 상자일까? 모두 토마토가 나오는 상자는 B 상자이므로 '물음표 상자는 B 상자다'라는 결론을 낼 수 있다. 이러한 추론이 바로 논리적 추론이다.

하지만 내용이 조금 수정된 상황에서의 문제를 살펴보자. 우리가 알 수 있는 사실이 다음과 같이 변경되었다.

- 상자에는 A 상자와 B 상자가 있다.
- A 상자에서 나오는 과일은 대체로 레몬이다.
- B 상자에서 나오는 과일은 대체로 토마토이다.

여전히 상자에는 A 상자와 B 상자가 있지만, 이번에는 A 상자에서 나오는 과일이 대체로 레몬이라고 한다. 상자에서 나온 과일이 레몬일 수도, 아닐 수도 있다는 뜻이다. 게다가, B 상자에서 나오는 과일은 대체로 토마토라고 한다. 마찬가지로 B 상자에서 나온 과일이 토마토일 수도, 아닐 수도 있다. 이때, 물음표 상자에서 토마토가 나왔다면 이 상자는 무슨 상자일까? 이전 문제처럼 논리적 추론을 진행하기 어려운 상황이다. 그래도 꿋꿋이 추론해 보자면, '물음표 상자는 대체로 B일 것이다'고 말할 수 있을 것이다. 하지만 자신감 있게 주장하기는 어렵다. 논리적인 추론이 불가능한 문제이기 때문이다. 그래서 '대체로'라는 단어로 근사치를 제시하는 방법을 택했다. 여기서 피어슨 추론 방식을 사용하면 어떻게 될까?

만일 물음표 상자가 A라고 한다면, A 상자에서 나오는 과일은 대체로 레몬이라는 사실에 따라서 물음표 상자에서는 대체로 레몬이 나와야 한다. 그런데 물음표 상자에서 나온 과일은 토마토다. 따라서 '대체로'라는 말은 모순이며, 결국 '물음표 상자는 대체로 B일 것이다'라는 결론이 나온다. 피어슨 추론은 여기서 '대체로'라는 말을 없앤다. 하지만 '대체로'가 없어지면 이 주장의 신뢰도가 하락할 가능성이 존재하게 된다. 피어슨 추론은 '대체로'라는 단어 대신에 이를 P값, 즉 틀릴 확률로 표현한다.

피어슨 추론 방식에서 P값을 어떻게 활용하는지 살펴보자. 우리가 알 수 있는 사실을 다음과 같이 표현하였다.

- 상자에는 A 상자와 B 상자가 있다.
- A 상자에는 레몬이 9개, 토마토가 1개 들어 있다.
- B 상자에는 토마토가 9개, 레몬이 1개 들어 있다.

두 상자는 A 상자 또는 B 상자이고 A 상자에서 나오는 과일은 레몬이다. 이때 A 상자에 레몬이 9개, 토마토가 1개 들어 있다면 여기서 나온 과일이 레몬이 아닐 확률, 즉 틀릴 확률은 10%이다. 그리고 B 상자에 토마토 9개와 레몬 1개가 들어 있다면, 상자에서 나온 과일이 토마토가 아닐 확률, 즉 틀릴 확률은 10%이다. 여기서 물음표 상자에서 나온 과일이 토마토일 경우 어떤 결론을 내릴 수 있을까? 먼저 물음표 상자가 A라고 가정하자. 이 경우 'A 상자에서 나온 과일은 레몬이다'라는 사실에 따라 물음표 상자에서는 레몬이 나와야 하고, 그 경우의 틀릴 확률은 10%가 된다. 그런데 이 결론은 '물음표 상자에서 나온 과일은 토마토이다'라는 사실과 모순이다. 따라서 '물음표 상자는 B이다'가 최종 결론이 되며, 틀릴 확률은 10%가 된다. 피어슨 추론은 이러한 틀릴 확률을 P=0.1이라고 표현한다.

- 피어슨 추론으로 도출한 결론: '? 상자는 B다' (p=0.1)[10]

이러한 방식으로 표현했을 때의 장점은 주장의 선명성이 더욱 잘 부각되며, 틀릴 확률을 수치로 표현함으로써 주장이 틀렸을 경우에도 신뢰도를 유

---

10. 피어슨 추론에서 사실이 참이라고 주장할 때 사용하는 통상적 유의수준은 0.05 이하인 경우가 일반적이지만, 이 사례에서 p=0.1을 수용한 문장 표현은 피어슨 추론의 논리적 전개 방식을 설명하기 위한 목적으로 참으로 설정했다.

지할 수 있다는 점이다(거짓말을 한 것이 아니라는 점). 이처럼 주장의 신뢰도를 P값으로 표현하면 단순히 틀릴 확률을 강조하는 용도가 아닌 주장을 더 명확하게 부각하는 용도로도 사용 가능하다.

피어슨 추론을 정리해보자. 우선, 가설을 수립하고 가설이 틀릴 확률을 계산한다. 그리고 틀릴 확률에 따라 가설이 참이라고 주장한다. 이때 틀릴 확률은 %로 표시하며, 이를 P값, 혹은 유의 확률이라고 부른다. P값은 추론 통계에서 매우 중요한 수치이다.

유의성 검정 원리

피어슨 추론에서 P값을 활용하여 유의성을 검정하는 원리를 알아보자. 어떤 사람이 자신이 축구 경기를 시청하면 반드시 한국 팀이 진다는 징크스를 가지고 있다고 주장하고 있는데, 나는 이 징크스를 미신이라고 주장하고 싶다. 징크스가 미신이라는 주장을 검증하려면, 이상적인 상황에서 TV 시청과 축구 패배가 무관함을 밝혀야 한다. 즉, 한국 팀이 이길 때와 비길 때, 패할 때가 1:1:1이어야 한다.

예를 들어 경기를 9번 관찰한다면, 객관적인 확률로는 승무패가 모두 3번씩 나와야 한다. 그런데 만일 징크스가 참이라면 어떻게 될까? 한국 팀이 적어도 3회보다 많이 패배할 것이다. 이를 염두에 두고 실제로 표본 9경기의 결과 데이터를 수집했는데 승무패가 2:5:2가 나왔다. 여기서 징크스가 참이라고 가정한다면, 표본 상황은 그저 매우 특별한 경우일 수도 있다. 이것을 어떻게 판단할 수 있을까?

이 상황에서 유의 확률은 무엇일까? 이런 데이터에서 보편적으로 인정할 수 있는 상황은 승무패는 차이가 없다(1:1:1)라는 주장일 것이다. 이러한 보편적인 상황에도 불구하고 무언가 극단적인 결과가 실제로 관측될 가능성을 유의 확률이라고 하며, 다른 말로는 P값(P-Value)이라고도 한다. 다른 말로는, 하필이면 관찰한 표본이 사실상 발생하기 힘든 우연한 상황일 가능성으로 아주 특이한 상황일 가능성을 말한다. 표본의 데이터를 취합한 후, 지인에게 당신이 축구 경기를 보더라도 승무패는 차이가 없다고 주장했지만, 그 주장이 틀릴 가능성이 바로 유의 확률이다.

유의 확률과 함께 이해해야 하는 개념인 유의 수준에 대해 알아보자. 유의 수준은 α로 표현하며, 1종 오류의 최대허용 한계이다. 1종 오류란, 위 사례에서 사실 친구가 축구경기를 본다고 하더라도 한국팀의 승무패는 차이가 없는데(내 주장이 맞는데), 내 주장이 틀렸다고 잘못 판단하는 오류를 의미한다. 즉, 표본의 데이터를 취합해서 내린 결론이 틀렸을 때 감당할 수 있는 한계를 유의 수준이라고 한다. 사회 과학 분야에서는 유의 수준 0.05(5%)를 기준으로 의사결정을 많이 하고, 일반적인 상황에서도 보편적으로 활용한다. 그렇지만 의학과 정밀과학 분야에서는 보통 1%인 0.01을 유의 수준으로 채택한다. 이와 같이 데이터 분석의 상황이나 목적 또는 다양한 산업 표준에 따라서 유의 수준을 다양하게 설정할 수 있다. 그러면 유의 수준을 설정하는 기준은 무엇일까? 특별한 기준은 없으며 통상적으로는 0.05를 주로 사용하고, 정밀성이 필요한 경우에는 0.01이나 그보다 더 작은 유의 수준을 채택할 수도 있다.

데이터 분석에서는 표본 데이터를 취합해서 도출한 유의 확률과 유의 수준을 비교하는 방식으로 주장을 검증할 수 있다. 유의 확률 P가 유의 수준 α보다 크다면, 한국팀의 승무패는 차이가 없다는 보편적 현상을 결론으로 채택할 확률이 크다고 볼 수 있으며, 반대로 P값이 유의 수준보다 작으면 표본 데이터를 취합한 결과 데이터가 보편적 현상으로 해석하기 힘든 이상한 상황으로, 여기서는 친구가 축구 경기를 본다면 대한민국 축구팀이 무조건 진다는 친구 주장이 맞을 가능성이 크다고 해석할 수 있게 된다.

이런 방식으로 유의 확률과 유의 수준을 비교해서 데이터 취합 결과에서 결론을 도출하는 것을 좀더 쉽게 이해하기 위해서, 귀무가설과 대립가설이라는 표현에 대해서 알아보자. 귀무가설이란 보편적으로 알려진 기존 사실을 주장으로 표현하는 것("모집단의 특성에 대해서 옳다고 제안하는 잠정적 주장")을 말하는데, 다른 말로는 0가설 또는 무효화 가설이라고 한다. 'A와 B는 차이가 없다', 'A와 B는 관계가 없다', 'A는 B에 영향을 주지 않는다'는 방식으로 귀무가설을 주로 표현한다. 예를 들어, 중학교 3학년 학생의 평균키는 170.5cm라는 주장을 통계적으로 검정하려고 한다면, 이에 대한 귀무가설은 "중학교 3학년 학생의 평균키는 170.5cm와 같다. (또는 차이가 없다)"가 될 것이다.

반대로 대립가설은 귀무가설이 거짓이라면 대안적으로 참이 되는 가설을 말한다. '모집단의 모수는 OO과 다르다'고 표현하거나 "모집단의 모수는 OO과 차이가 있다'는 방식으로 대립가설을 주로 표현한다. 예를 들어, 중학교 3학년 학생의 평균 키는 170.5cm 라는 주장에 대한 대립가설은 "중학교 3학년 학생의 평균 키는 170.5cm와 다르다. (또는 차이가 있다)"가 될 것이다.

아래 서울시 실업정책 수립 사례에서 귀무가설과 대립가설을 수립하는 부분을 연습해보자.

"서울시의 실업률은 5%이다. 서울시장은 이 수치를 낮추기 위해서 실업률을 낮추는데 도움이 되는 프로그램을 도입했다. 한 시민 집단이 이 정책 실행 결과 실업률이 실제로 낮아졌는지 확인해보기 위해서 임의로 시민 표본을 뽑아서 실업자 비율을 알아보았다."

서울시 실업 정책을 검증하기 위한 가설을 어떻게 수립할 수 있을까? 이 정책 검증을 위한 가설 수립은 다음과 같다.

- 귀무가설 : 실업자의 비율은 5%와 같다.

- 대립가설 : 실업자의 비율은 5%보다 작다 – 차이가 없다고 표현할 수도 있지만, 실업률이 실제로 낮아졌는지를 검증하는 것이 목적이므로 5%보다 작다는 것을 검증의 목표로 수립한다.

그렇다면 이러한 귀무가설과 대립가설을 데이터 분석에서는 어떻게 활용할까? EDA를 거치며 데이터를 살펴보는 과정에서 주장하고 싶은 가설이 생긴다. 이를 바탕으로 귀무가설과 대립가설을 정리하고, 다음으로 가설 검정을 시작한다. 가설 검정을 위해 데이터를 확보하고 통계량을 구해야 하는데, 이때 중심 극한 이론에 따라 표본을 30개 이상 구해야 유의성 검정이 가능하다. 이후 통계 프로그램을 사용해서 확보한 데이터로부터 유의 확률 P값을 계산한다. 그리고 P값에 유의 수준을 적용한다. 통상 사회 과학 분야는 유의 수준 0.05를 사용하고, 의학계는 0.01을 사용한다. 보통 0.05를 사용하는 경우가 많으므로 P가 0.05보다 크면 귀무가설을 채택한다. 반대로 P가 0.05보다 작으면 대립가설을 채택한다. 이렇게 귀무가설과 대립가설을 세우고 P값과 유의 수준을 비교하여 가설에 대한 결론을 선택하는 과정이 유의성 검정의 기본 원리이다.

다시, 유의성 검정 기본 원리를 간단히 정리해 보자. 데이터에서 증명하고자 하는 내용을 도출하여 가설로 세운다. 이 가설이 맞는지 판단하기 위해 통계량을 구한다. 유의성 검정으로 통계량에서 해당 가설이 틀릴 확률을 파악한다. 즉, P값이 유의 수준 0.05보다 큰지 작은지 여부로 가설의 채택 여부를 결정하는 과정이 바로 유의성 검정 원리라고 이해하면 된다.

주요 유의 확률 계산 도구 소개

확보한 데이터 통계량에서 틀릴 확률인 P값만 계산하고 나면 다양한 통계 추론이 가능하다. 그렇다면 가장 중요한 P값 계산은 어떻게 할까? 손으로 직접 계산할 수도 있겠지만, 사실상 데이터 양이 많으면 불가능에 가깝다. 그래서 P값을 대신 계산해 주는 다양한 통계 프로그램을 사용한다. 통계 프로그램을 통계 패키지 소프트웨어라고도 부르며, 보편적인 유의성 검정을 위한 P값 계산에 활용한다.

통계 프로그램에는 SPSS나 Matlab, E-Views, R, Python, 엑셀, KESS 등 여러 가지가 있다. 먼저 SPSS는 코딩을 몰라도 사용할 수 있는 GUI 방식이며, 사회 과학 분야에서 많이 활용한다. 그리고 전문 데이터 분석 도구인 R과 Python은 기본 통계 분석과 다양한 데이터를 광범위하게 처리하는 복잡한 고급 분석까지도 지원하는 도구이다. 단점은 둘 다 코딩 능력이 필요하다. 엑셀과 KESS는 입문자에게 추천하고자 하는 분석 도구이다. 특히 엑셀에는 누구나 쉽게 사용 가능하도록 통계 기능 및 데이터 분석 도구인 통계 분석 패키지가 들어 있다. 여기에 엑셀 애드인 프로그램인 KESS를 활용하면 내장 패키지보다 더 편리하게 데이터를 분석할 수 있다. 이 책으로 엑셀과 KESS 활용법을 배워보자.

먼저 엑셀에 내장된 데이터 분석 도구를 활성화하는 방법을 알아보자.

1. [파일] → [옵션] → [리본 사용자 지정 메뉴] → [우측 개발 도구에 체크]하면 엑셀 메뉴에 개발 도구가 활성화된다.

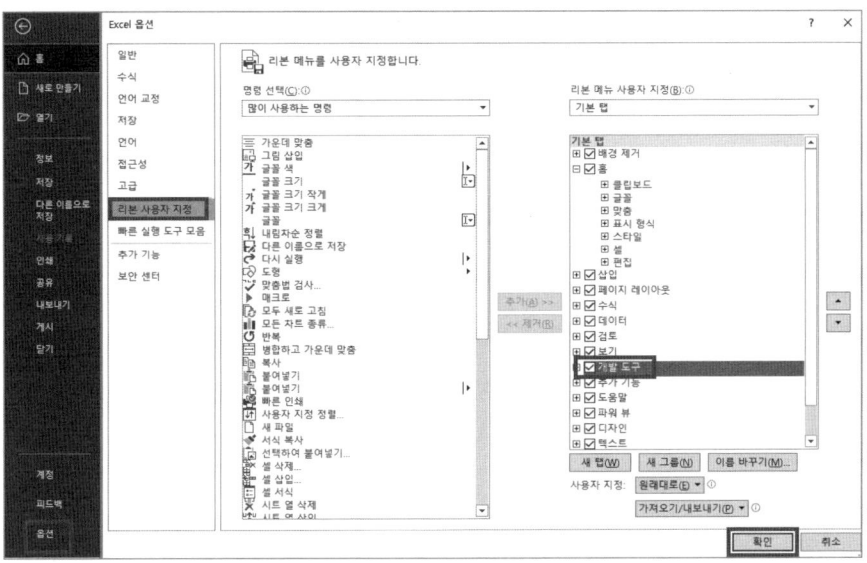

| [그림 17-1] 엑셀 내장 데이터 분석 도구 활성화하기 1

2. [개발 도구] → [추가 기능] → [분석 도구 체크] → [확인]을 클릭한다.

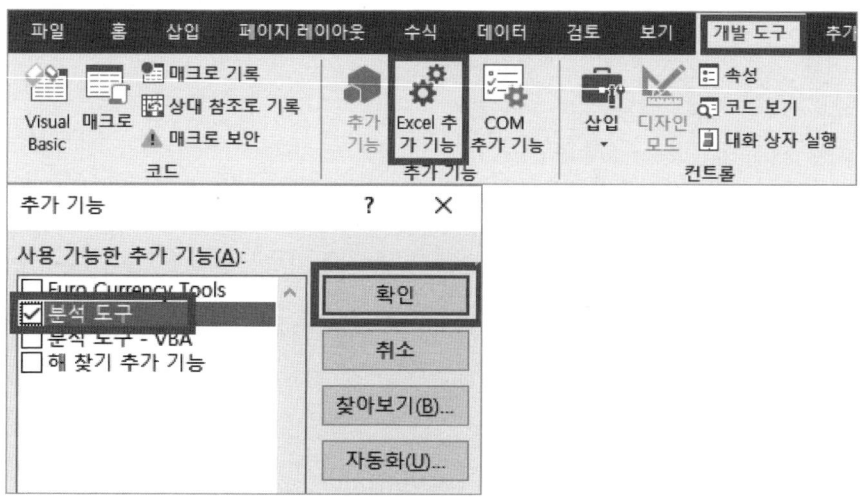

| [그림 17-2] 엑셀 내장 데이터 분석 도구 활성화하기 2

[확인]을 클릭하고 [데이터] → [데이터 분석] 메뉴를 선택하면 엑셀에서 데이터 분석 메뉴 선택을 할 수 있게 된다.

| [그림 17-3] 엑셀 내장 데이터 분석 도구 활성화하기 3

엑셀 내장 데이터 분석 도구를 활성화했으니, 여기에 유의 확률을 계산할 수 있도록 KESS를 추가로 설치해보자. KESS는 서울대학교 통계학과와 숙명여자대학교 통계학과에서 엑셀 VBA를 기반으로 개발한 무료 소프트웨어이다. 엑셀만 사용할 때보다 훨씬 쉽게 통계 분석을 할 수 있으며, 누구나 무료로 사용 가능하다. KESS는 엑셀 버전에 맞추어 설치해야 한다. 엑셀 2010은 KESS 2010, 엑셀 2013은 KESS 2013과 같은 형식으로 사용할 수 있고 정확한 버전 확인과 다운로드는 KESS 홈페이지에서 가능하다. 원

도우만 지원하며, 맥은 지원하지 않는다.

유의성 검정 도구 KESS 설치

아래 절차에 따라서 유의성 검정 도구로 활용할 엑셀 애드인 KESS를 설치한다.

1. KESS 홈페이지(https://stat.snu.ac.kr/time/kess_main.html)에 접속한다.

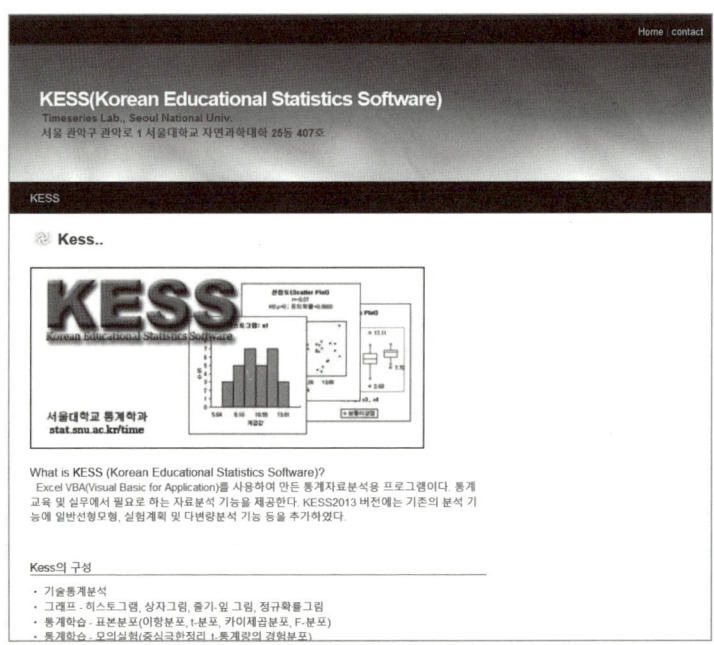

[그림 18-1] KESS 홈페이지

(※ 상기 웹 페이지가 유효하지 않을 경우, https://www.masocampus.com/KESS.zip 에 접속하여 해당 파일을 활용 바랍니다.)

2. 아래로 스크롤을 내려 [Latest KESS download]에서 사용 중인 엑셀 버전에 맞는 KESS를 다운로드 한다. 이 책은 엑셀 2016을 기준으로 진행하므로 KESS 2017을 설치한다.

Latest KESS download
- Office 2010 환경에서 Kess를 사용하려면 Kess2010을 선택
  Kess2010
- Office 2013 환경에서 Kess를 사용하려면 Kess2013을 선택
  Kess2013
- Office 2016 환경에서 Kess를 사용하려면 Kess2017을 선택
  Kess2017
- 최신 버전의 Kess를 사용하려면 Kess2018을 선택
  Kess2018

| [그림 18-2] KESS 다운로드

3. 다운로드한 파일을 압축 해제한다.

4. KESS를 실행한다. 실행 방법은 다음 챕터에서 다룬다.

목적에 맞는 유의성 검정

유의성 검정 도구는 데이터 분석 과정에서 언제 어디에 활용할 수 있을까? 유의성 검정 도구는 우리가 현실 세계에서 마주하는 비즈니스 문제를 해결할 때 적용한다. 가령 A 쇼핑에서 뉴스레터 제목이 A 안과 B 안 중 무엇일 때 사람들이 더 많이 열어보는지 확인하려 한다고 하자. A 안을 제목으로 3만 명의 회원에게 이메일 뉴스레터를 발송한다면 과연 몇 명이 열어 볼까? 다음으로, A 쇼핑은 모바일 애플리케이션 초기 화면에 배치할 정보를 '오늘 많이 팔린 상품'과 '특가 세일 상품' 중 하나로 결정하려고 한다. 무작위로 사용자 500명을 두 그룹으로 나누어 서로 다른 초기 화면을 보여준 결과, '오늘 많이 팔린 상품'일 때 장바구니에 물건을 담는 비율이 더 높았다고 한다. 이 결과를 전체 사용자에게 적용하면 매출이 얼마나 늘어날까? 마지막으로, A 쇼핑은 모바일 애플리케이션 로딩 시간이 매출액에 미치는 영향을 파악하기 위해 영수증 1,000건을 회귀분석했다고 한다. 로딩 시간이 0.1초 늘어날 때 매출은 얼마만큼 감소할까? 이처럼 우리가 현실에서 접하는 다양한 비즈니스 문제를 해결할 때 유의성 검정 도구를 활용할 수 있다.

KESS를 실행해 보자.

[그림 2-14] KESS 실행하기 1

1. [KESS.XLAM]을 실행한다. 매크로 포함 여부를 묻는 창이 나타난다. [매크로 포함]을 클릭한다.

| [그림 19-2] KESS 실행하기 2

2. [추가 기능] → [통계 분석]을 클릭한다. 혹시 엑셀을 실행했는데 [추가 기능]이 나오지 않는다면 엑셀을 실행한 다음에 KESS를 실행해야 한다.

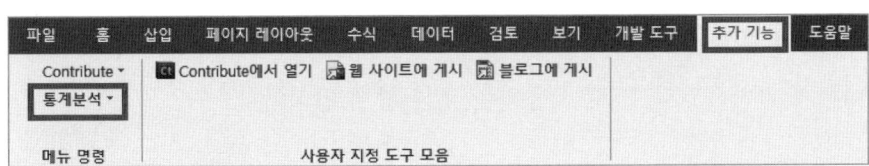

| [그림 19-3] KESS 실행하기 3

통계 분석을 누르면 다양한 검정 방법들이 나온다. 언제, 무엇을 선택해야 할까? 이제 막 데이터 분석에 입문한 단계에서는 적절한 검정 방법을 선택하기가 상당히 어렵다.

유의성 검정에는 세 가지 기본 모형이 있다. 예시를 통해 적절한 검정 방법을 어떻게 선택하는지 알아보자. 먼저, 성별에 따른 주류 선호도를 판단하려면 문자와 문자 데이터 간 관련성을 검증하는 카이제곱검정을 선택한다. 그리고 성별에 따른 음주 선호도를 1부터 5까지 숫자로 나타낸 후 차이가 있는지 알아보려면 문자와 숫자 데이터 간 관련성을 검증하는 T-검정을 사용한다. 마지막으로, 음주 선호도와 음주 빈도에 어떤 관계가 있는지 알아보려면 숫자와 숫자 데이터 간 관련성을 검증하는 회귀분석을 사용한다. 만일 문자와 문자, 문자와 숫자, 숫자와 숫자 이외의 새로운 검정 방법이 나온다면 마치 사전에서 모르는 단어를 찾아보듯이 통계 책을 참고하면 된다.

카이제곱검정이란?

카이제곱검정은 문자와 문자 데이터, 즉 범주형 변수 간의 관련성을 검증하는 방법이다. 카이제곱검정의 창시자는 피어슨 통계의 칼 피어슨(Karl Pearson)이다. 이 검정 방법은 수집한 자료의 빈도가 이론상 기대 빈도와 통계적으로 다른지 판단하고자 할 때 사용하는 추론 통계 방식이다.

카이제곱검정 방법은 다음과 같다.

1. 각 범주의 데이터를 취합한다. (관찰값을 구한다)

2. 각 범주에 대한 기댓값을 구한다.

3. 범주별 카이제곱 을 구한다.

4. 구한 값을 합하여 전체 카이제곱[11]값을 구한다.

5. 카이제곱의 자유도(Degree of Freedom)를 구한다.

6. 이를 유의 수준에 해당하는 카이제곱 값과 비교하여 결론을 도출한다.

실무 사례를 통해서 카이제곱검정을 자세히 이해해보자.

카이제곱검정 : 월마트(Walmart) 영수증

미국 월마트(Walmart)가 카이제곱검정을 활용해서 의미있는 분석 성과를 만들어낸 사례를 실습해 보자. 월마트는 고객이 어떤 상품을 함께 구매하는지 알아내고자 했다. 매장에 상품을 진열할 때 고객이 동시에 구매할 가능성이 높은 상품을 가까이 두면 고객의 편의성도 높이고, 마트의 매출도 높일 수 있기 때문이다. 그래서 월마트는 수많은 고객의 구매 영수증을 분석하였다. 당신은 월마트의 데이터 분석 업무를 맡았고, 구매 영수증 1,000장을 분석해야 한다. 어떻게 해야 의미 있는 인사이트를 도출할 수 있을까?

먼저, 탐색적 데이터 분석을 거쳐 '맥주 구매와 기저귀 구매 사이에는 관련성이 없다'라는 귀무가설을 도출했다. 이제 이 귀무가설을 기각할지, 아

---

11. $\frac{(관측값 - 기댓값)^2}{기댓값}$

니면 채택할지를 판단해야 한다. 판단을 위해 카이제곱검정을 실시한 결과, 유의 확률 P값이 0.005가 나왔다. 유의 수준 0.5를 기준으로 의사 결정을 내리면, P값이 유의 수준보다 작으므로 귀무가설을 기각한다. 따라서 '맥주 구매와 기저귀 구매 사이에는 관련성이 있다'라는 대립가설을 채택하고, 맥주와 기저귀를 근접하게 배치하여 매출을 증가시키면 된다.

이 과정을 카이제곱검정 실습으로 직접 해결해보자. 실습을 진행할 파일은 실습 폴더의 [실습03_통계 분석 실무] → [01 카이제곱검정_월마트 영수증.xlsx]이다.

1. 파일을 실행하면 [그림 20-1]처럼 구매 여부에 대한 세 가지 문자 데이터가 존재한다.

영수증 번호	맥주(구매함/구매안함)	기저귀(구매/구매안함)	방향제(구매함/구매안함)
1	맥주_구매	기저귀_구매함	방향제_구매함
2	맥주_구매	기저귀_구매함	방향제_구매함
3	맥주_구매	기저귀_구매함	방향제_구매함
4	맥주_구매	기저귀_구매안함	방향제_구매안함
5	맥주_구매	기저귀_구매함	방향제_구매안함
6	맥주_구매	기저귀_구매함	방향제_구매함
7	맥주_구매	기저귀_구매안함	방향제_구매함
8	맥주_구매	기저귀_구매안함	방향제_구매안함
9	맥주_구매	기저귀_구매함	방향제_구매함
10	맥주_구매	기저귀_구매안함	방향제_구매안함
11	맥주_구매	기저귀_구매함	방향제_구매함

[그림 20-1] 세 가지 문자 데이터

[그림 20-1]의 데이터로 '맥주 구매와 기저귀 구매의 연관성', '맥주 구매와 방향제 구매의 연관성'을 분석할 예정이다.

2. KESS를 실행[12]한다.

3. 기댓값을 구하기 위해 [그림 20-1] 데이터에 대한 집계표를 만들 피벗 테이블을 생성한다. 이번 실습은 새로운 워크시트에 피벗 테이블을 생성하고자 하므로 [기존 워크시트]가 아닌 [새 워크시트] → [확인]을 클릭한다.

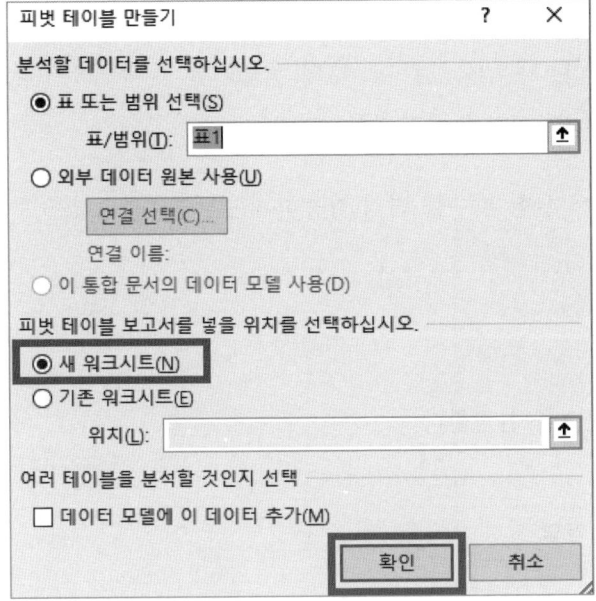

| [그림 20-2] 피벗 테이블을 새 워크시트에서 만들기

---

12. 챕터 4 '목적에 맞는 유의성 검정' 참고.

4. 새로 만든 시트의 이름을 '피벗_카이제곱검정'으로 변경하고, 원래 데이터 시트의 맨 뒤로 옮긴다. 시트명은 화면 하단에 있으며, 이름을 더블클릭하면 수정할 수 있다. 시트명을 드래그하면 위치를 조정할 수 있다.

| 영수증 Data | 피벗_카이검정

| [그림 20-3] 시트 이름 수정 및 시트 위치 이동

5. 맥주 구매와 기저귀 구매 사이의 관련성을 확인하기 위해 우측 피벗 테이블 필드에서 '맥주'를 행으로, '기저귀'를 열과 값으로 드래그하여 놓는다.

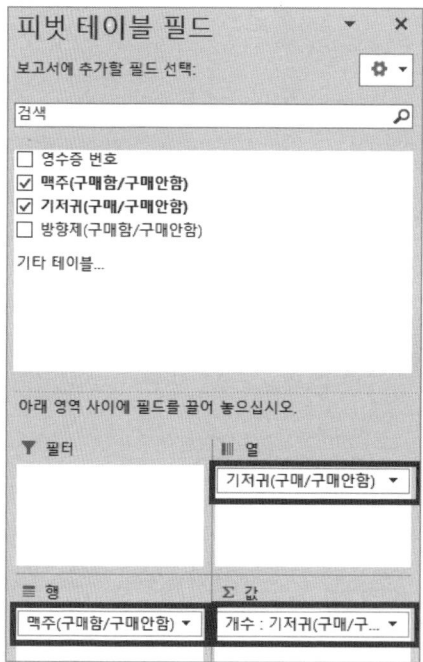

| [그림 20-4] 원하는 형태의 피벗 테이블 만들기

6. 아래 [그림 20-5]처럼 피벗 테이블이 생성되면, 피벗 차트를 만들어[13] 시각화한다.

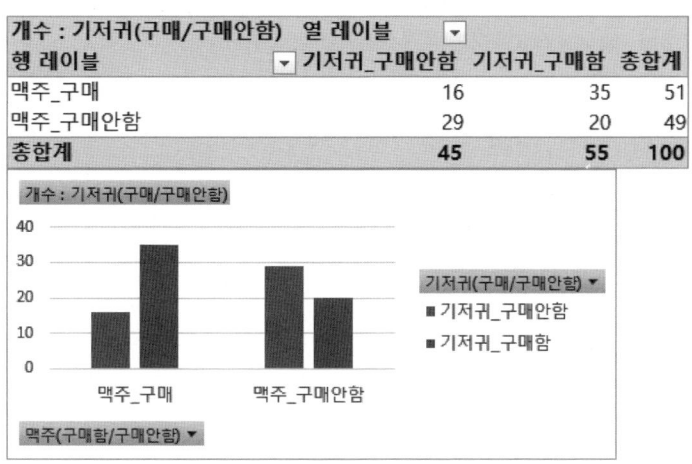

| [그림 20-5] 맥주 구매와 기저귀 구매에 대한 피벗 테이블과 피벗 차트

7. [그림 20-5]으로부터 '맥주 구매와 기저귀 구매는 관련성이 없다'와 '맥주 구매와 기저귀 구매는 관련성이 있다'라는 두 가지 가설을 도출한다. 앞서 중심 극한 정리에 의하면 표본이 30개 이상으로 충분히 클 때 표본으로 모집단을 추론할 수 있다고 설명했다. 여기에 한 발 더 나아가서 두 가지 가설 중 어떤 가설이 모집단에 적용되는지 카이제곱검정을 통해 검증할 것이다.

---

13. 챕터 3 '기술 통계' 참고.

8. KESS는 데이터 값을 항상 A1 셀을 기준으로 맞추어야 사용 가능하다. 그러므로 새로운 시트를 만들어 피벗 테이블의 집계표를 새로 만든 시트의 A1 셀에 붙여 넣는다. 시트 목록 우측의 [+]를 누르면 새로운 시트를 만들 수 있다. 새로운 시트의 이름을 '유의성검정RawData'로 수정한다.

[그림 20-6] 유의성검정 RawData

9. [추가 기능] → [통계분석] → [범주형 자료분석] → [분할표] → [확인]을 누르면 [그림 20-8]처럼 카이제곱검정 실시 결과가 나온다.

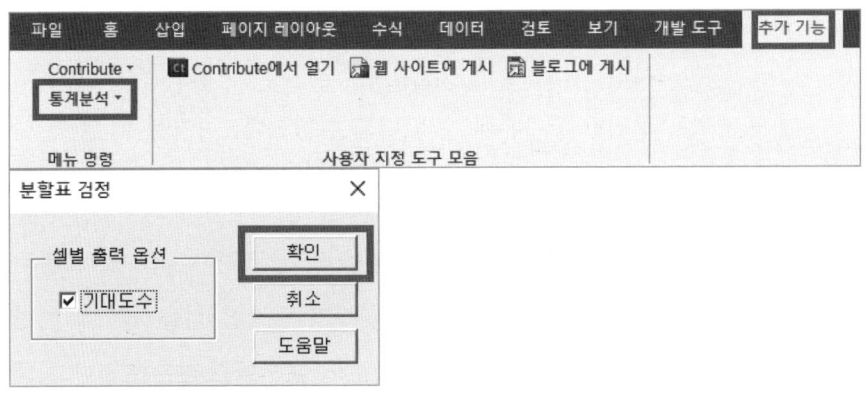

[그림 20-7] 카이제곱검정 실행

○ 분할표 검정(분할표)

	기저귀_구매안함	기저귀_구매함	계
맥주_구매함			
관측도수	16	35	51
기대도수	22.95	28.05	
맥주_구매안함			
관측도수	29	20	49
기대도수	22.05	26.95	
계	45	55	100

카이제곱 통계량 : 7.8096
유의확률 : 0.00520

| [그림 20-8] 맥주 구매와 기저귀 구매의 관련성에 대한 카이제곱검정 실시 결과

10. [그림 20-8]을 보면 유의 확률 P를 확인할 수 있다. 유의 수준은 통상적으로 사용하는 0.05를 기준으로 한다. P가 유의 수준 0.05보다 크면 귀무가설인 '맥주 구매와 기저귀 구매는 관련성이 없다'를 채택하고, 0.05보다 작으면 대립가설인 '맥주 구매와 기저귀 구매는 관련성이 있다'를 채택한다. [그림 20-8]에서 P는 0.005로, 유의 수준보다 작으므로 대립가설을 채택한다.

11. 대립가설을 채택했으므로 맥주와 기저귀의 매장에서의 위치를 바로 옆에 배치한다. 이후 맥주와 기저귀의 월 판매량을 비교하여 카이제곱 검정이 매출 향상에 기여했는지 판단한다.

12. 동일한 방법으로 맥주 구매와 방향제 구매는 관련성이 있는지, 혹은

없는지를 판단한다.

○ 분할표 검정(분할표)

	방향제_구매안함	방향제_구매함	계
맥주_구매함			
관측도수	33	18	51
기대도수	35.7	15.3	
맥주_구매안함			
관측도수	37	12	49
기대도수	34.3	14.7	
계	70	30	100

카이제곱 통계량 : 1.3891

유의확률 : 0.23855

[그림 20-9] 맥주 구매와 방향제 구매의 관련성에 대한 카이제곱검정 실시 결과

13. P가 0.238로 유의 수준 0.05보다 크므로 귀무가설을 채택하고, '맥주 구매와 방향제 구매는 관련성이 없다'라는 결론을 내릴 수 있다.

T검정이란?

문자와 숫자 데이터 간 관련성을 검증하는 T-검정을 알아보자. T-검정을 최초로 연구한 사람은 윌리엄 실리 고셋(William Sealy Gosset)으로, 필명 Student 로 유명한 인물이다. 윌리엄 고셋은 기네스(Guinness) 맥주 회사에서 맥주의 맛과 향을 유지하면서 동시에 생산량을 늘릴 수 있는 가장 적절한 홉의 비

율을 도출해내는 데이터 분석 업무를 맡았다. 하지만 회사에서 연구에 필요한 맥주를 충분히 제공하지 않았는데, 부족한 맥주의 양에 대해서 고셋은 추론 통계 방식을 고안하여 문제를 해결했다. 이 성과를 바탕으로 고셋은 논문을 내려고 했지만, 회사 규정상 사내 연구 결과를 외부로 발표하는 것이 쉽지 않았다. 따라서, 고셋은 Student라는 가명으로 학술지에 논문을 발표했다. T-검정이라는 이름도 바로 이 가명에서 유래했다.

T-검정은 두 집단 간에 평균의 차이가 있는지, 있다면 통계적으로 유의한 차이인지를 분석하는 검증 방법이다. T-검정을 활용하는 간단한 사례로는 강남권과 비강남권 학생들의 성적 차이를 비교하는 경우가 있다. 실무 사례를 통해서 더 자세하게 알아보자.

T검정: 이메일 모금 실험

T-검정은 남녀 간 음주 선호도 차이나 지역별 성적 차이, 청년층과 노년층의 임금 차이 등 문자 데이터와 숫자 데이터 간 관련성을 검증할 때 활용한다. 검정 순서는 다른 검정 방법과 유사하다. 먼저 '관측된 값은 차이가 없다'는 귀무가설과 '관측된 값은 차이가 있다'는 대립가설을 세운다. 가설을 검증하기 위한 통계량을 확보하고 P값을 계산한다. 마지막으로 계산한 P값에 따라서 귀무가설과 대립가설 중 하나를 채택한다.

차이점은 P값을 계산하는 과정에서 두 집단이 등분산인지 이분산인지 판단하는 등분산 검정을 진행해야 한다는 점이다. 각 유형은 적용하는 수학 공식이 달라 유의 확률 계산 결과가 다르게 나온다. 등분산은 두 표본집단의 분산이 같은 경우이며, 이분산은 두 표본집단의 분산이 다른 경우이다. 가령, '남녀 성별에 따른 주종 선호도'는 집단 간 차이가 크지 않으므로 등분산일 가능성이 높고, '소득 수준에 따른 평균 지출 규모'는 저소득층과 고소득층이라는 집단 자체의 특성상 지출 규모의 차이가 매우 클 가능성이 높아서 이분산으로 분류될 가능성이 높다.

2008년 미국 대통령 선거 당시, 오바마 캠프는 선거 자금 마련을 위해 이메일 모금 캠페인을 진행했다. 이 캠페인은 치밀한 전략 하에 훌륭한 모금 성과를 낸 사례로 유명하다. 수많은 사람에게 이메일을 전송하기 전에, 오바마 캠프는 작은 실험을 진행했다. 먼저 표본 집단을 뽑고 임의로 섞어 A와 B 집단으로 나누었다. 그리고 A 그룹에게는 "Hey"라는 제목으로, B 그룹에게는 "Change"라는 제목으로 이메일을 보냈다. 오바마 캠프는 두 집단의 이메일 오픈율과 클릭률, 최종 기부액을 측정하여 더 나은 성과를 보인 제목을 채택하여 캠페인 성과를 극대화했다.

위 사례를 직접 엑셀에서 T-검정을 사용하여 실습해보자. 실습을 진행할 파일은 실습 폴더의 [실습03_통계 분석 실무] → [02 T검정_이메일모금.xlsx]이다.

1. 실습 파일과 KESS를 실행한다.

2. 첫 번째 시트에 있는 데이터를 바탕으로 새 워크시트에 피벗 테이블과 피벗 차트를 만든다. 새 워크시트의 이름은 '피벗_평균모금액'으로 수정한다. 피벗 테이블 필드에서 '이메일 제목'을 행으로, '기부금'을

값으로 놓으면 피벗 테이블에 기부금의 합계가 표시된다. 합계를 평균으로 수정하기 위해 [피벗 테이블의 합계 데이터를 오른클릭] → [값 요약 기준] → [평균]을 선택한다. 그러면 [그림 21-2]처럼 합계가 평균으로 바뀌고, 이메일 제목에 따른 모금액의 차이를 눈으로 확인할 수 있다.

| [그림 21-1] 시트 이름 수정하기

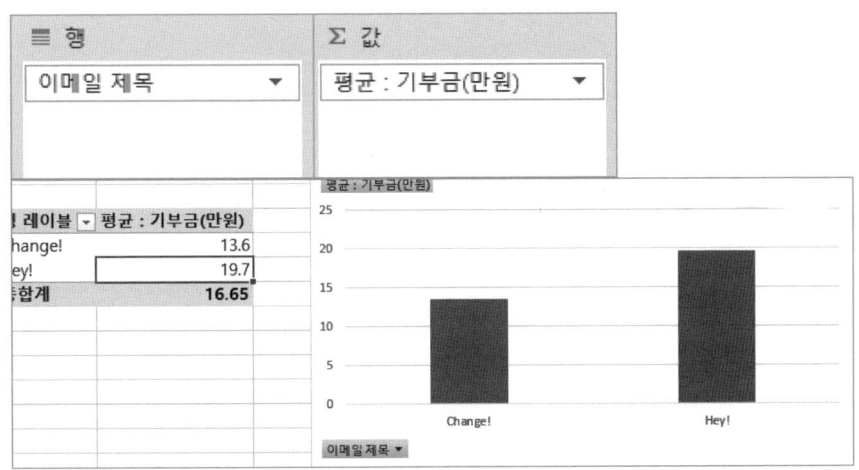

| [그림 21-2] 이메일 제목과 모금액 간 관련성에 대한 피벗 테이블과 피벗 차트

3. 2에서 발견한 차이가 의미 있는 차이인지 판단하기 위해 '이메일 제목과 모금액은 관련성이 없다'는 귀무가설과 '이메일 제목과 모금액은 관련성이 있다'는 대립가설을 세워 검증한다.

4. 다시 '01_이메일모금액' 시트의 원본 데이터로 이동한다.

5. [추가 기능] → [통계분석] → [t-검정] → [이표본 검정] → [고급입력] → [이메일 제목을 분류변수로 화살표를 눌러서 설정] → [기부금을 분석변수로 화살표를 눌러서 설정] → [확인]을 누르면 [그림 21-4]과 같이 T-검정 결과가 나타난다.

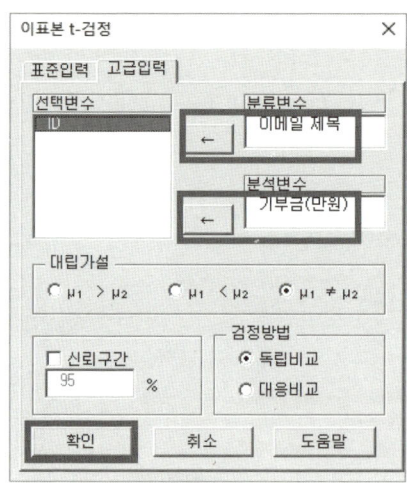

| [그림 21-3] T-검정 실행

○ 이표본 검정 (독립비교)

변수명	개수	평균	표준편차
Hey!	50	19.7	5.8388
Change!	50	13.6	5.6279

등분산 검정

자유도	F값	유의확률
(49 , 49)	1.0764	0.7978

"H0: 두 표본의 분산들이 서로 같다."를 유의수준 $\mu\alpha=0.05$ 에서 기각할 수 없다.
※유의확률이 유의수준보다 큰 경우에는 등분산 결과를 사용하는 것이 좋다.
$H : \mu_1 = \mu_2$ vs. $K : \mu_1 \neq \mu_2$ (μ_1 : Hey!, μ_2 : Change!)

분산	t-통계량	자유도	유의확률
등분산	5.3188	98	0
이분산	5.3188	97.8677	0

| [그림 21-4] T-검정 결과

6. 등분산 검정을 먼저 진행한다. [그림 21-4] 중앙에 등분산 검정 결과와 유의 확률이 있다. 등분산 검정을 위해 '두 집단의 분산은 차이가 없다'는 귀무가설과 '두 집단의 분산은 차이가 있다'는 대립가설을 세운다. 이때 유의 확률 P가 0.7978로, 유의 수준 0.05보다 크므로 귀무가설을 채택하여 두 집단은 등분산이라는 결론을 도출한다.

7. 등분산이므로 [그림 21-4] 하단에 있는 등분산의 유의 확률을 확인한다. 본 실습에서는 등분산일 때와 이분산일 때의 유의 확률이 같지만, 다른 경우도 많다. 등분산일 때 유의 확률이 0이므로 유의 수준 0.05보다 작아 대립가설을 채택한다. '이메일 제목과 모금액은 관련성이 있다'라는 결론을 도출했으므로, 이메일 제목을 "Hey"로 보내야 더 많은 모금액을 모을 수 있다.

회귀분석이란?

숫자와 숫자 데이터 간 관련성을 분석하는 회귀분석은 영국의 인류학자인 프랜시스 갈톤(Francis Galton)이 한 논문[14]에서 평균으로의 회귀 현상(Regression toward the Mean)을 설명하며 최초로 연구했다. 논문 내용을 간단하게 살펴보자.

---

14. 「Anthropological Miscellanea」 – The Journal of the Anthropological Institute of Great Britain and Ireland Vol. 2 (1873)

보통 엄마와 아빠의 키가 크다면 자녀의 키는 더 커지리라고 생각하기 쉽다. 그렇게 키가 커진 자녀가 다른 키가 커진 배우자를 만난다면 그보다 더 큰 자녀를 낳게 되고, 이 패턴이 반복된다면 2000년 후 인류는 어마어마한 거인이 되어야 한다. 하지만 실제로는 그렇지 않다. 반대로 키가 작은 사람들끼리 자녀를 낳는다고 해서 인류의 키가 점점 줄어들지도 않는다. 프랜시스 갈톤이 수많은 영국인의 가계도를 분석한 결과, 유전을 거듭할수록 평균 신장으로 회귀하는 현상을 발견했다. 즉, 부모의 키가 극단적으로 크거나 작아도 자손의 키는 결국 평균으로 회귀한다는 뜻이다.

이처럼 회귀분석은 숫자와 숫자로 이루어진 변수 사이에서 나타나는 경향성을 설명한다. 변수 사이에 있을 법한 관계를 바탕으로 세운 여러 가설을 회귀 모형이라고 한다. 그리고 회귀 모형을 기반으로 데이터의 영향, 가설 실험, 인과 관계 모델링 등 통계적 예측에 회귀식을 적용할 수 있다. 실습을 통해서 회귀분석을 알아보도록 하자.

회귀분석: 케냐 구호사업

이번 실습 사례는 회귀분석으로 케냐 구호 사업에서 엄청난 성과를 거둔 프로젝트이다. 2019년 MIT 공대의 아비지트 바네르지(Abhijit Banerjee)와 에스더 듀플로(Esther Duflo), 하버드대 경제학과의 마이클 크레머(Michael Kremer)가 공동으로 케냐 학생들의 학교 출석률을 높이기 위한 연구를 진행하였으며, 국제 빈곤 완화를 위한 실험적인 접근을 한 공로를 인정받아 노벨 경제학상을 수상하였다.

이들은 먼저 케냐 아동의 출석률에 영향을 미치는 다양한 요인을 무작위 대조 실험으로 분석하여 가장 효과적인 수단이 무엇인지 탐색하였다. 하지만 책 보내기, 재미있는 교구 활용하기, 선생님 1인당 학생 수 감소, 칭찬 스티커 활용 등 여러 가지를 실험해도 눈에 띄게 출석률에 높은 영향을 끼치는 요소를 발견하지 못했다. 그런데 단 한 가지, 기생충 감염 치료가 결석률을 25%나 줄이는 현상을 발견했다. 기생충 치료로 출석 일수가 14일이 증가했고, 치료 지원금 100달러당 전교생 출석일 수의 합계가 10년이 증가했다. 출석 일당 5센트(약 11원)로 전무후무한 영향 요인을 발견한 것이다. 그리고 프로젝트에 참가한 아동을 10년간 추적 조사한 결과, 평균 20% 이상 높은 소득의 일자리를 얻었고, 이로 인한 세수 증대로 구호사업을 공동체가 스스로 충당할 수 있게 되었다. 이 구호사업에서 사용한 회귀식은 [그림 22-1]과 같다.

$$Y_i = \beta_0 + \beta_1 X_i + \varepsilon_i$$

| [그림 22-1] 케냐 구호사업의 회귀식

위의 문제를 직접 엑셀로 회귀분석을 진행하며 실습해보자. 실습을 진행할 파일은 실습 폴더의 [실습03_통계 분석 실무] → [03 회귀분석_아프리카 구호사업.xlsx]이다.

1. 실습 파일과 KESS를 실행한다.

2. 기생충 치료횟수가 출석일수에 영향을 끼치는지 보기 위해 그래프를

만든다. B와 C열을 선택하고 [삽입] → [추천 차트] → [모든 차트] → [분산형] → [확인]을 눌러 분산형 차트를 생성한다. [그림 22-3]과 같이 차트가 생성된 것을 확인할 수 있다.

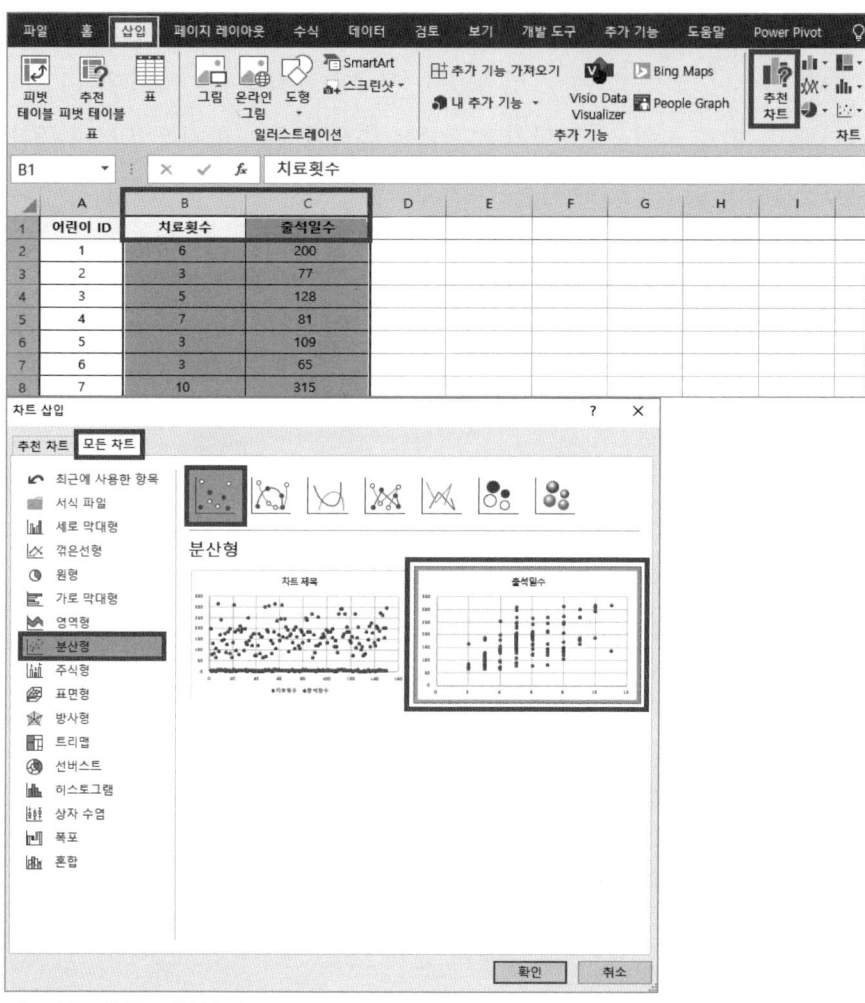

| [그림 22-2] 차트 생성하기

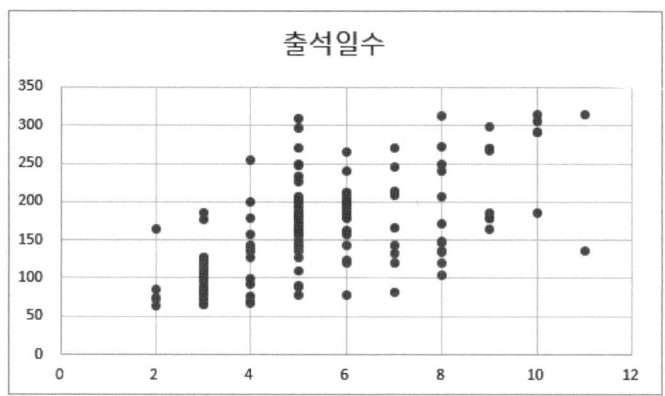

| [그림 22-3] 생성된 차트

3. 관련성을 더 쉽게 파악할 수 있도록 [차트 내의 데이터(점) 오른클릭] → [추세선 추가]를 클릭하면 [그림 22-4]와 같이 추세선을 확인할 수 있다.

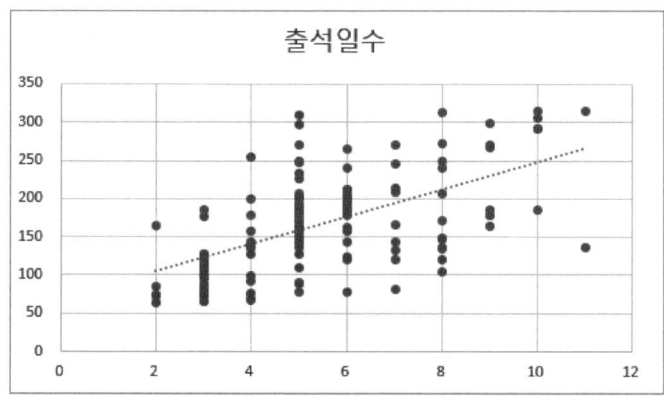

| [그림 22-4] 추세선을 추가한 차트

4. 추세선을 클릭하고 우측 [추세선 서식] → ['그래프 모양' 아이콘 클릭] → [절편 체크] → [수식을 차트에 표시] → [R-제곱 값을 차트에 표시에 체크]를 하면 [그림 22-5]과 같이 추세선을 더 자세하게 볼 수 있다.

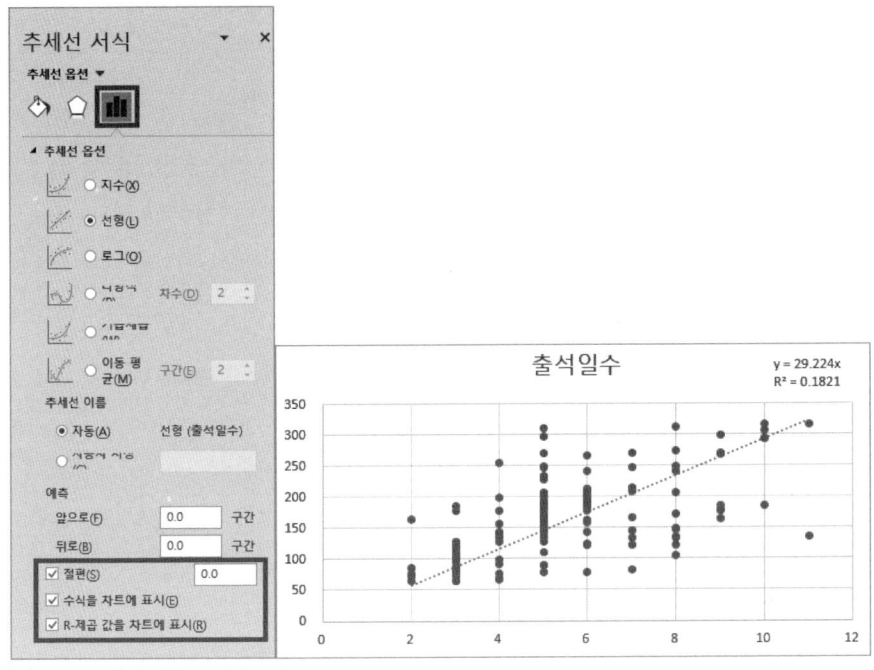

| [그림 22-5] 추세선 자세히 보기

5. 차트를 관찰하면, 치료횟수와 출석일수 사이에 어떠한 관련성이 있어 보인다. 이를 통계적으로 알아보기 위해 가설을 세운다.

귀무가설 : 치료횟수와 출석일수는 관련성이 없다.

대립가설 : 치료횟수와 출석일수는 관련성이 있다.

6. P값을 구하기 위해 회귀분석을 실시한다. [B, C열 선택] → [추가 기능] → [통계분석] → [회귀분석] → [회귀분석] → ['출석일수'를 종속변수로 화살표 눌러서 이동] → ['치료횟수'를 독립변수로 화살표 눌러서 이동] → [확인]을 누르면 회귀분석 결과가 나온다.

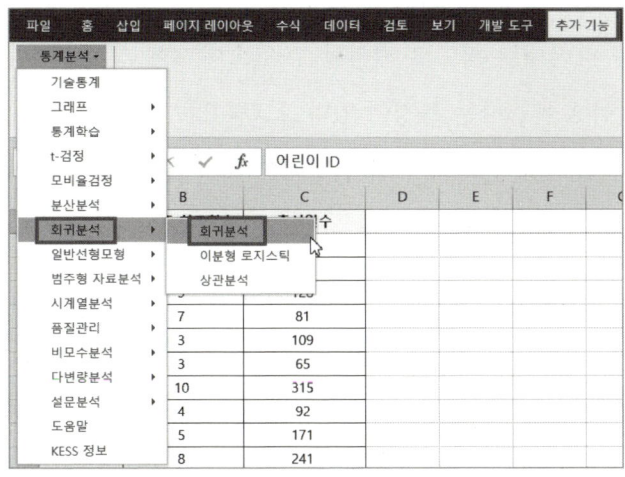

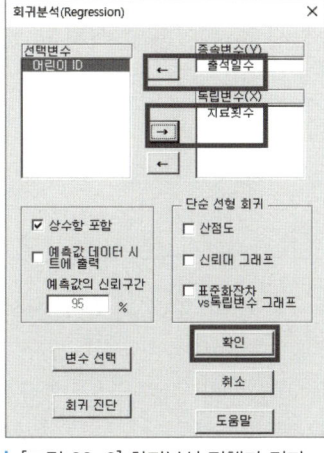

○ 분산분석표

요인	제곱합	자유도	평균제곱	F 값	유의확률
회귀	195004.1689	1	195004.1689	76.802	< 0.0001
잔차	375780.3911	148	2539.0567		
계	570784.5600	149			

Root MSE   50.3891
결정계수   0.3416
수정결정계수   0.3372

○ 모수 추정

변수명	추정값	표준오차	t-통계량	유의확률
절편	70.30170	11.73761	5.989	< 0.0001
치료횟수	17.81843	2.03322	8.764	< 0.0001

| [그림 22–6] 회귀분석 진행과 결과

[그림 22-6] 회귀분석 진행과 결과

7. [그림 22-6]에서 중요한 값들을 살펴보자. 결정계수는 R^2으로, 0.3416이다. 결정계수는 0과 1사이의 값을 가지며, 결정계수는 회귀 모형의 설명력을 나타낸다. 즉 회귀 모형이 전체 데이터를 얼마나 설명할 수 있는지를 나타내는 척도로 해석할 수 있으며, 1에 가까울수록 데이터들이 추세선에 몰린다는 특징이 있다. [그림 22-6]에서 결정계수 0.3416은 실시한 회귀분석 모형의 설명력이 34% 정도 라는 의미이다.

모수 추정에서 절편은 기생충 치료횟수가 0일 때의 출석일수이다. 아무런 조치를 취하지 않았을 때도 학생들이 최소한 70일은 출석한다는 의미이다. 모수 추정에서 치료횟수는 치료 횟수가 1증가할 때마다 증가하는 출석일수를 나타낸다. 치료 횟수가 1증가할 때마다 출석일수는 17일만큼 증가한다는 의미이다. 만일 치료횟수가 1회라면 해당 학생은 87일을 출석하고, 2회라면 104일을 출석하리라 예측할 수 있다.

8. 치료횟수의 유의 확률 P값이 0.0001보다 작다. 이는 유의 수준 0.05보다 작은 값이므로 '치료횟수와 출석일수는 관련이 있다'는 대립가설을 채택한다.

CHAPTER

05

데이터 전처리

— CHAPTER —
05
데이터 전처리

데이터 전처리 입문

데이터 전처리는 데이터 분석에서 가장 많은 시간과 노력이 들어가는 단계다. 데이터 확보를 마치고 곧바로 본격 비즈니스 분석에 들어간다면 좋겠지만, 안타깝게도 많은 경우 데이터를 곧바로 분석할 수 없다.

롯데 홈쇼핑과 데이터 분석 도구를 제공하는 회사인 SAS(Statistical Analysis System)가 공동으로 2019년에 홈쇼핑 데이터로 매출을 예측하는 데이터 분석 대회를 개최했다. 우승 팀인 연세대학교 정보통계학과 팀에게 데이터 분석에서 가장 힘들었던 점을 물어보니, '언제 어떤 방송에서 어떤 상품을 누가 어느 정도 판매했는지 분석하려니 범주가 지나치게 크고 정형화되지 않았다'는 답변을 했다. 이를테면 동일한 건강 제품이 여러 대분류에 속하거나, 프로그램(최유라 쇼)과 프로모션(슈퍼위크)이 다름에도 불구하고 모두 프로그램명으로만 묶여 있는 식이다. 그리고 프로그램명도 슈퍼위크 최유라 쇼, 최유라 슈퍼위크, 슈퍼위크 특집-최유라 등 제각각이었다고 한다. 쇼호스트와 PD 정보가 누락된 결측치도 많았다. 심지어 한 방송에서 여러 상품을 판매할 경우 매출을 각각 적지 않고 해당 방송 총매출만 집계하거나, 주문

수량과 건수 없이 매출액만 기록한 판매 건도 많아 사실상 분석의 기준을 분류해내기 어려운 경우도 많았다고 한다.

데이터 전처리란 위와 같은 상황에서 비즈니스 분석이 가능하도록 데이터를 누락 없이 한 셀에 한 개만, 가능한 자세히, 같은 데이터는 같은 이름으로 처리할 수 있도록 다듬는 작업을 말한다. 실무에서 자주 접하는 데이터 전처리 케이스를 다양하게 살펴보고, 어떻게 마스터 데이터 셋을 만드는지 알아보자.

결측치 처리

실습을 진행할 파일은 실습 폴더의 [실습04_데이터 전처리 입문] → [01 데이터 편집과 변환.xlsx]이다.

1. 실습 파일을 실행한다. 첫 번째와 두 번째 시트를 사용하여 결측치 처리를 배워보자.

2. 첫 번째 '결측치 처리-국가별 매출' 시트의 데이터를 보면, 빈 셀이 있다. 이처럼 값이 없는 데이터를 결측치라고 한다. 결측치가 있으면 데이터 분석에서 오류가 발생할 가능성이 높다. 그러므로 이 사례에서는 결측치를 모두 0으로 채운다.

[B3 셀 선택] → [Ctrl+Shift+→눌러 첫 행 선택] → [Ctrl+Shift+↓눌러 모든 데이터 선택] → [홈] → [찾기 및 선택] → [이동 옵션] → [빈 셀에 체크] → [확인]을 클릭하면 주어진 데이터에서 빈 셀만 선택된다.

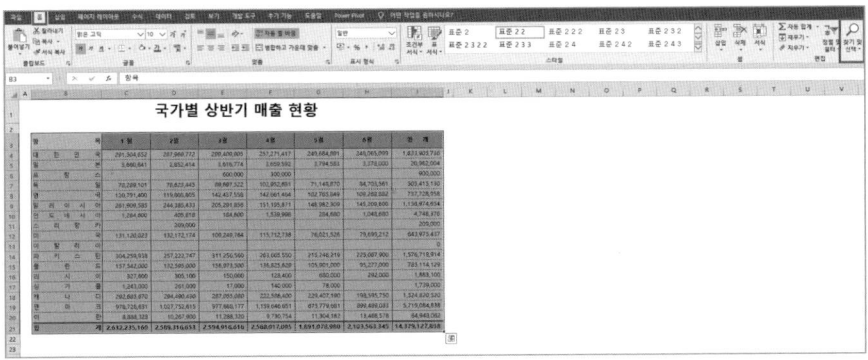

| [그림 23-1] [Ctrl+Shift+방향 키]로 블록 지정 후 찾기 및 선택

| [그림 23-2] 빈 셀만 선택하기(좌측)와 결과(우측)

3. [그림 23-2]와 같이 빈 셀만 선택한 상태에서 '0'을 입력한 다음 [Ctrl+Enter]를 누르면 선택된 모든 셀에 '0'이 입력된다. [Ctrl+Enter]는 선택된 여러 셀에 같은 데이터를 입력하는 단축키이다.

항목	1월	2월	3월	4월	5월	6월	합계
대한민국	291,504,652	287,969,772	299,409,905	257,271,417	249,684,891	248,065,099	1,633,905,736
일본	3,660,641	2,852,414	3,616,774	3,659,592	3,794,583	3,378,000	20,962,004
프랑스	0	0	600,000	300,000	0	0	900,000
독일	78,289,101	78,623,445	89,697,522	102,952,631	71,148,870	84,703,561	505,415,130
영국	120,791,400	119,803,805	142,437,558	142,661,464	102,765,849	109,268,882	737,728,958
말레이시아	261,909,585	244,385,433	205,291,856	151,195,871	148,982,309	145,209,600	1,156,974,654
인도네시아	1,284,600	405,818	184,600	1,539,998	284,680	1,048,680	4,748,376
스리랑카	0	209,000	0	0	0	0	209,000
미국	131,120,023	132,172,174	109,249,764	115,712,738	76,021,526	79,699,212	643,975,437
이탈리아	0	0	0	0	0	0	0
파키스탄	304,259,938	257,222,747	311,256,560	263,665,550	215,246,219	225,067,900	1,576,718,914
폴란드	157,542,000	132,595,000	156,973,500	136,825,629	105,901,000	95,277,000	785,114,129
러시아	327,600	305,100	150,000	128,400	680,000	292,000	1,883,100
싱가폴	1,243,000	261,000	17,000	140,000	78,000	0	1,739,000
캐나다	292,685,670	294,490,430	287,055,080	222,586,400	229,407,190	198,595,750	1,524,820,520
덴마크	978,728,631	1,027,752,615	977,688,177	1,159,646,651	675,779,681	899,489,083	5,719,084,838
이란	8,888,328	10,267,900	11,288,320	9,730,754	11,304,182	13,468,578	64,948,062
합계	2,632,235,169	2,589,316,653	2,594,916,616	2,568,017,095	1,891,078,980	2,103,563,345	14,379,127,858

| [그림 23-3] '0'으로 채워진 결과

4. 두 번째 '결측치 처리-사원명부' 시트를 보자. '부서' 열이 병합된 상태다. 엑셀에서 병합 셀은 병합된 여러 셀 중 오직 하나의 셀에만 데이터가 입력되었다고 인식한다. 개수가 한 번만 카운트되어 데이터 집계시에 오류가 발생할 수 있으므로 병합을 해제하고 빈 셀을 채워야 한다. [A3 셀 선택] → [Ctrl+Shift+↓ 눌러 '부서'열 전체 선택] → [홈] → [병합하고 가운데 맞춤]을 클릭하여 병합된 셀을 해제한다.

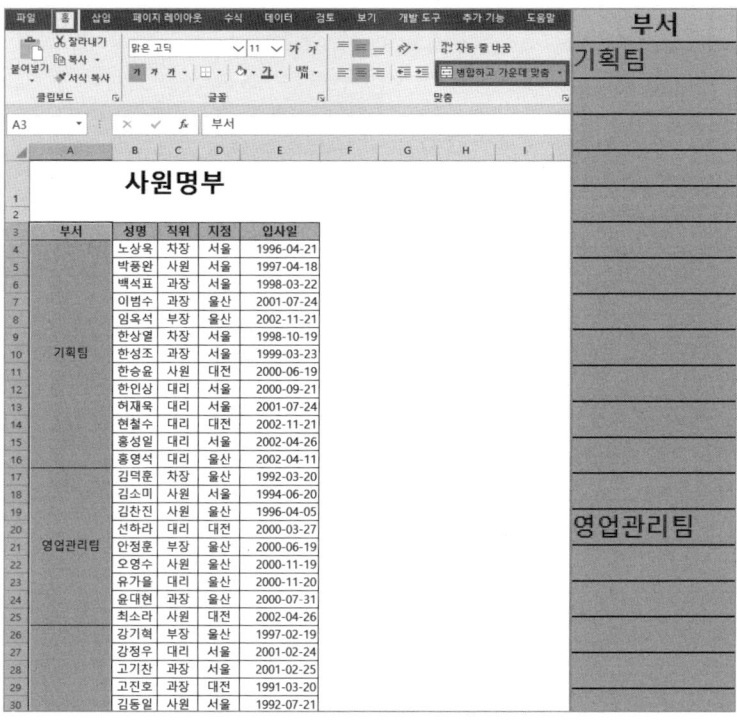

| [그림 23-4] 병합과 가운데 맞춤 해제하기

5. 2처럼 빈 셀만 선택한다. 빈 셀을 가장 위에 있는 값으로 채우기 위해 상대 참조를 이용한다. 빈 셀만 선택된 상태에서 ['=A4' 입력] → [Ctrl+Enter]를 누르면 각 셀이 바로 위의 셀을 참조하여 값을 채워 넣는다. 상대 참조는 모든 셀이 A4 셀을 참조하지 않고 A6 셀은 A5 셀을, A7 셀은 A6 셀을, A8 셀은 A9 셀을 참조하도록 한다. 만일 열에 상대 참조를 지정했다면 열이 하나씩 증가한다.

	A	B	C	D	E
3	부서	성명	직위	지점	입사일
4	기획팀	노상욱	차장	서울	1996-04-21
5	기획팀	박풍완	사워	서울	1997-04-18
6	기획팀	백석표	과장	서울	1998-03-22
7	기획팀	이범수	과장	울산	2001-07-24
8	기획팀	임옥석	부장	울산	2002-11-21
9	기획팀	한상열	차장	서울	1998-10-19
10	기획팀	한성조	과장	서울	1999-03-23
11	기획팀	한승윤	사원	대전	2000-06-19
12	기획팀	한인상	대리	서울	2000-09-21
13	기획팀	허재욱	대리	서울	2001-07-24
14	기획팀	현철수	대리	대전	2002-11-21
15	기획팀	홍성일	대리	서울	2002-04-26
16	기획팀	홍영석	대리	울산	2002-04-11
17	영업관리팀	김덕훈	차장	울산	1992-03-20
18	영업관리팀	김소미	사원	서울	1994-06-20
19	영업관리팀	김찬진	사원	울산	1996-04-05

| [그림 23-5] 상대 참조로 값 채워 넣기

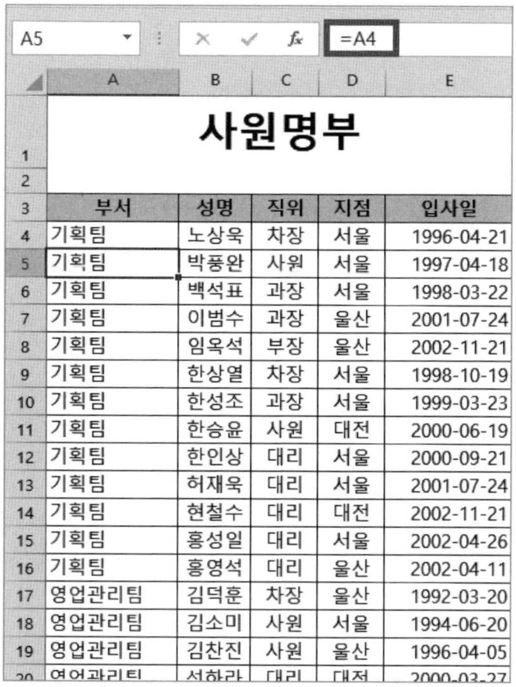

6. 상대 참조로 인해 정렬을 바꾸면 값이 바뀔 수 있다. 따라서 셀을 전부 참조가 아닌 값으로 바꿔야 한다. [A3 셀 선택] → [Ctrl+Shift+↓ 눌러 '부서' 열 전체 선택] → [Ctrl+C] → [홈] → [붙여넣기의 화살표] → [값 붙여넣기의 첫 번째 '값']을 클릭하면 셀이 참조가 아닌 현재 값으로 채워진다.

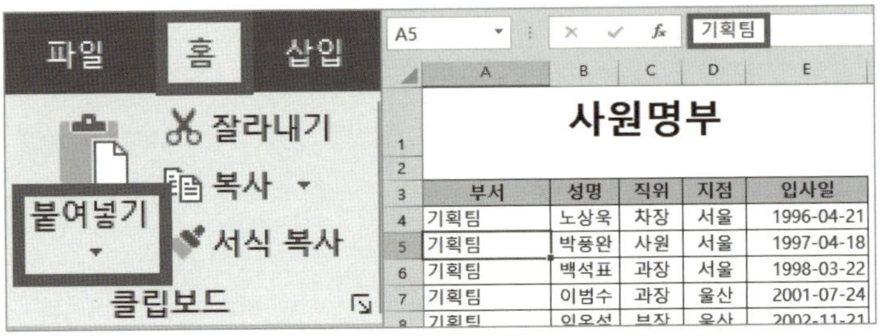

| [그림 23-6] 값으로 붙여넣기.

데이터 클렌징

이번 실습은 동일한 [01 데이터 편집과 변환.xlsx] 파일의 세 번째 시트를 사용한다.

1. '국가명'열의 데이터 중 '이란', '일본'과 같은 데이터는 글자 사이에 공백이 있다. 똑같은 '이란'이어도 '이란'과 '이 란'은 엑셀에서 서로 다른 데이터로 인식하기 때문에, 공백이 없는 데이터로 통일해야 한다. [B열 전체 선택] → [복사] → [C열 오른클릭] → [복사한 셀 삽입]을 클릭하여 비교할 열을 생성한다.

국가명	국가명
아랍에메레이트	아랍에메레이트
이 탈 리 아	이 탈 리 아
이 란	이 란
말 레 이 시 아	말 레 이 시 아
일 본	일 본
오스트레일리아	오스트레일리아
인 도	인 도
쿠 웨 이 트	쿠 웨 이 트
미 국	미 국

| [그림 24-1] 열 복사하여 새롭게 삽입하기

2. [C열 전체 선택] → [홈] → [찾기 및 선택] → [바꾸기] → [찾을 내용에 공백 입력] → [바꿀 내용에 아무것도 입력하지 않음] → [모두 바꾸기]를 클릭하여 공백을 전부 제거한다.

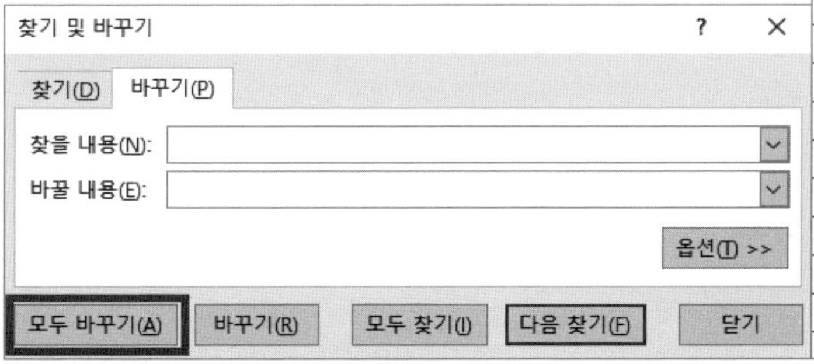

국가명
아랍에메레이트
이탈리아
이란
말레이시아
일본
오스트레일리아
인도
쿠웨이트
미국
태국
프랑스
스리랑카
필리핀
사우디아라비아
에스파니아
대한민국

| [그림 24-2] 공백 없애기 실행 화면과 없앤 결과

3. 공백을 없앤 데이터를 원래 데이터 모습처럼 공백이 있는 모습으로 만들기 위해 [C6 셀 선택] → [Ctrl+Shift+↓ 눌러 '국가명'열 전체 선택] → [Ctrl+1] → [맞춤] → [텍스트 맞춤] → [가로] → [균등 분할 (들여쓰기) 선택] → [들여쓰기 값을 '2'로 설정] → [확인]을 클릭한다.

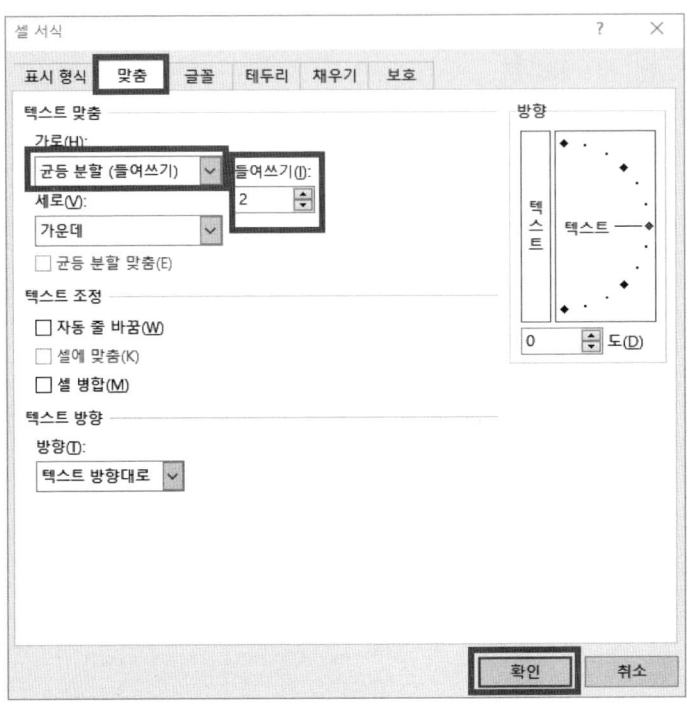

| [그림 24-3] 공백이 있는 것처럼 보이게 하기

4. C8 셀을 클릭하면 공백이 있는 것처럼 보이지만, 값은 공백이 없는 '이란'이다.

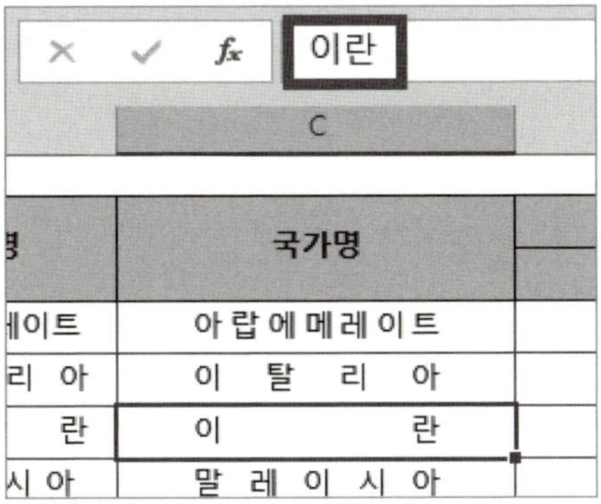

| [그림 24-4] 데이터 확인

띄어쓰기를 포함하는 데이터에서 띄어쓰기를 삭제하여 데이터를 쉽게 가공할 수 있도록 만들어 보았다. 이 과정을 데이터 클렌징이라고 한다.

금액 단위 변경

이번 실습은 [01 데이터 편집과 변환.xlsx]의 네 번째 시트를 사용한다.

데이터를 다룰 때, 원본 데이터 값은 절대 수정하지 않아야 한다. 원본 데이터 변형 없이 '금액단위변경' 시트에서 데이터를 알맞은 단위로 수정해 보자.

1. 주어진 데이터를 천원 단위로 변경해 보자. [D4 셀 선택] → [Ctrl+

Shift+↓ 눌러 D열 전체 선택] → [Ctrl+1(셀 서식)] → [표시 형식] → [사용자 지정] → [형식에 "#,##0,"입력] → [확인]을 클릭하면 원본 데이터에서 뒤의 세 자리 숫자가 사라져 천 원 단위로 변한다. 하지만 입력된 데이터는 그대로이다. 형식 창에서 ","는 3자리 숫자를 없앤다는 뜻이다. "#"은 표시할 자릿수를 의미한다.

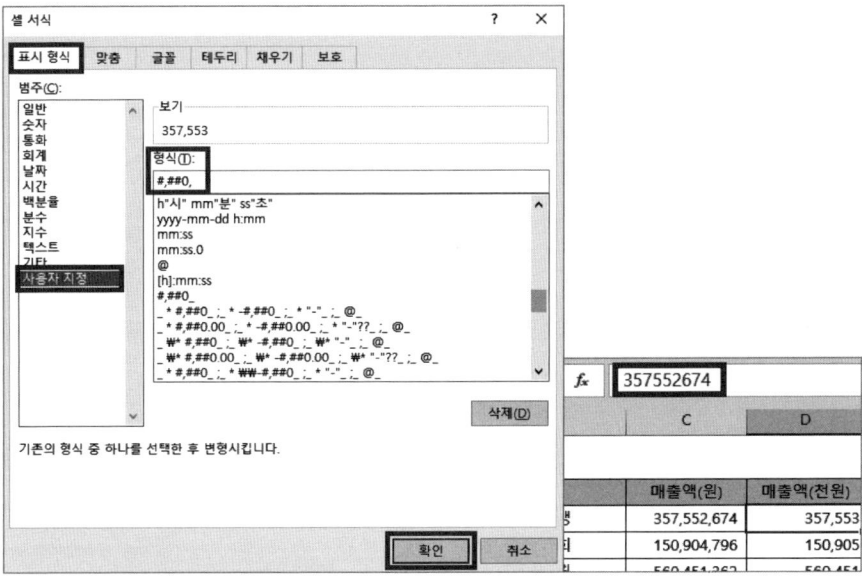

| [그림 25-1] 천원 단위로 바꾸기

2. 주어진 데이터를 백만 원 단위로 변경해 보자. [F4 셀 선택] → [Ctrl+Shift+↓ 눌러 F열 전체 선택] → [Ctrl+1] → [표시 형식] → [사용자 지정] → [형식에 "#,##0,,"입력] → [확인]을 클릭하면 원본 데이터에서 뒤의 여섯 자리 숫자가 사라져 백만 원 단위로 변한다. 입력된 데이터는 그대로이다.

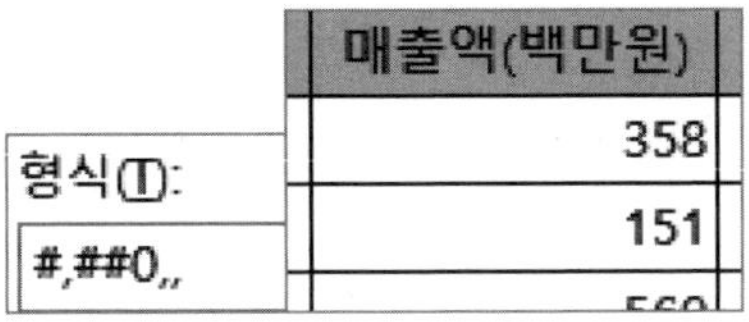

| [그림 25-2] 백만 원 단위로 바꾸기

3. 주어진 데이터를 만원 단위로 변경해 보자. [E4 셀 선택] → [Ctrl+Shift+↓ 눌러 E열 전체 선택] → [Ctrl+1] → [표시 형식] → [사용자 지정] → [형식에 #","##0"."#, 입력] → [확인]을 클릭하면 만 원 단위로 소수점 아래 한 자릿수까지만 나타난다.

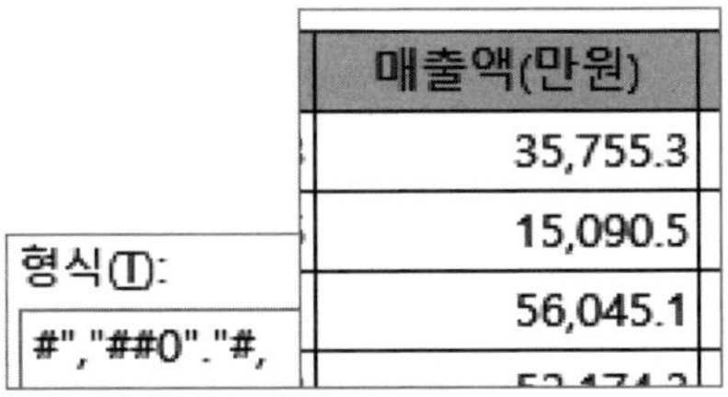

| [그림 25-3] 만원 단위로 바꾸기

4. 주어진 데이터를 억 원 단위로 변경해 보자. [G4 셀 선택] → [Ctrl+Shift+↓ 눌러 G열 전체선택] → [Ctrl+1] → [표시 형식] → [사용자 지정] → [형식에 #0"."##,, 입력] → [확인]을 클릭하면 억 원 단위로 소수점 아래 두 자릿수까지만 나타난다.

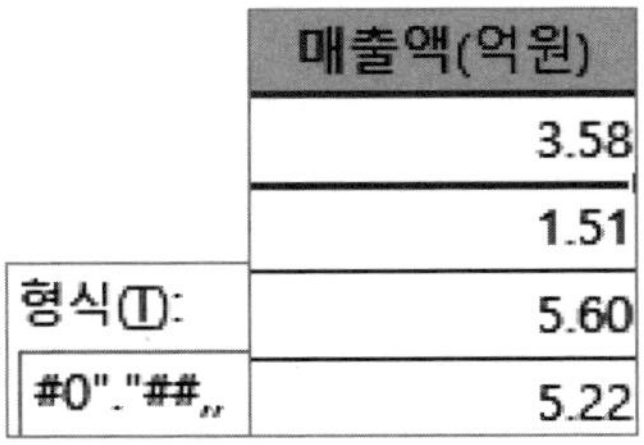

| [그림 25-4] 억 원 단위로 바꾸기

이처럼 #과 ,(콤마)와 .(소수점)을 이용하여 원본 숫자 데이터는 그대로 유지하면서 화면에 보이는 숫자에 대해서 다양한 단위 형식으로 표현할 수 있다.

텍스트 나누기 및 개체 삭제

이번 실습은 [01 데이터 편집과 변환.xlsx]의 다섯 번째 시트를 사용한다.

'텍스트나누기 및 개체 삭제 사례' 시트의 데이터를 보면 B열 하나에 입력된 속성이 두 가지이다. 데이터 분석에서 하나의 열에는 한 가지 속성만 입력해야 하므로 B열의 두 가지 속성을 분리하는 실습을 진행해 보자.

1. 데이터를 분리하여 새로운 열에 삽입하려면 [C열 오른클릭] → [삽입]을 클릭한다.

2. [B1 셀 선택] → [Ctrl+Shift+↓로 B열 전체선택] → [데이터] → [텍스트 나누기] → [구분 기호로 분리됨] → [다음] → [구분 기호에서 '기타'에 체크] → ["/" 입력] → [다음] → [열 데이터 서식에서 '일반' 선택] → [마침]을 클릭하면 기존 데이터를 변경할 것인지 묻는 대화상자가 나타난다. [확인]을 클릭하면 [그림 26-2]와 같은 결과를 볼 수 있다.

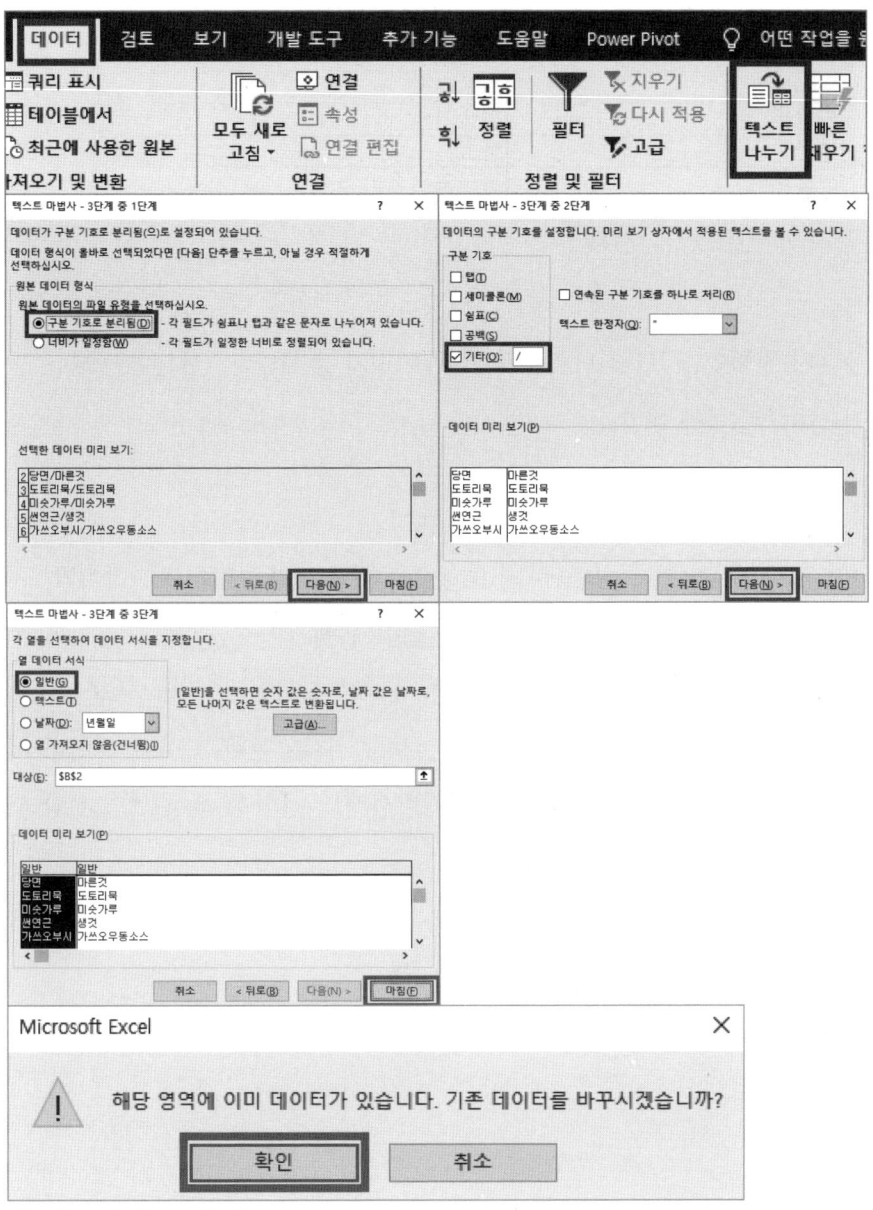

| [그림 26-1] 텍스트 나누기

식품명	상세식품명
당면	마른것
도토리묵	도토리묵
미숫가루	미숫가루
썬연근	생것
가쓰오부시	가쓰오우동소스
노드무	노드무

[그림 26-2] 텍스트 나누기 결과 1

'광고집행일자' 열에 날짜와 시간 데이터가 존재한다. 시간 데이터는 불필요하므로 없애 보자.

1. [E2 셀 선택] → [Ctrl+Shift+↓로 E열 전체선택] → [데이터] → [텍스트 나누기] → ['너비가 일정함'에 체크] → [다음] → [미리 보기에서 마우스로 선을 이동시켜 나누고자 하는 위치에 두고 '다음'] → [미리 보기에서 없애고자 하는 시간 부분 선택] → [열 데이터 서식에서 '열 가져오지 않음(건너뜀)' 선택] → [마침]을 누르면 시간 부분이 사라진다.

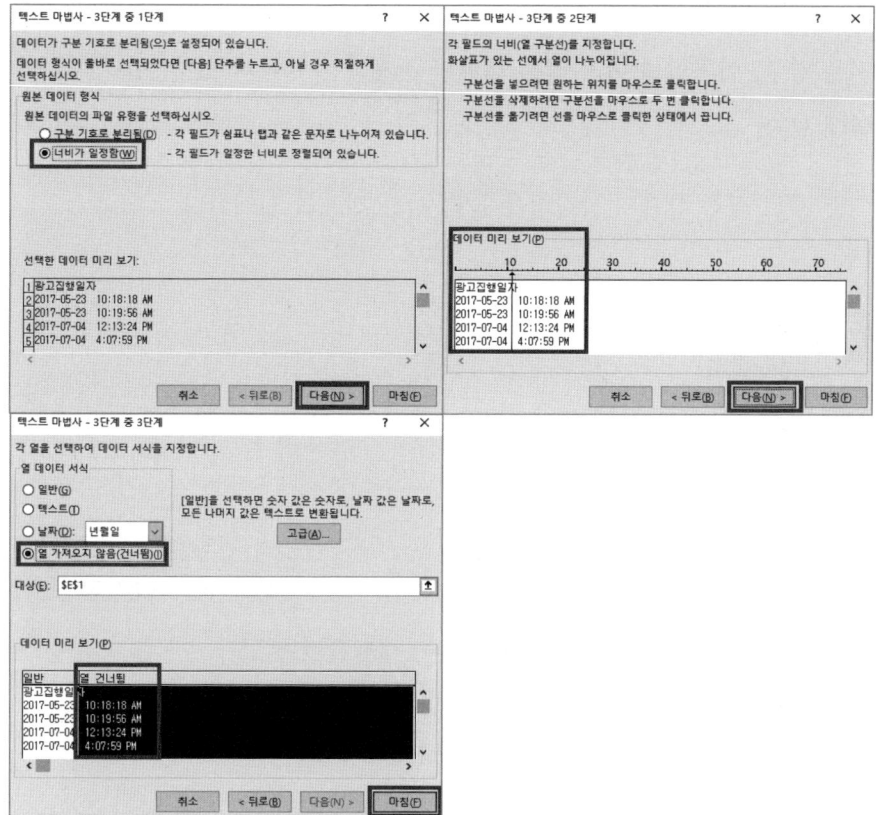

| [그림 26-3] 너비로 텍스트 나누기

광고집행일자
2017-05-23
2017-05-23
2017-07-04
2017-07-04
2017-07-04
2017-07-07

| [그림 26-4] 텍스트 나누기 결과

B4 셀을 클릭하면 셀이 아닌 개체가 존재한다. 인터넷에서 데이터를 가져올 경우, 이처럼 보이지 않는 개체가 존재하는 경우가 있다. 이 개체들을 없애 보자.

1. 시트 좌측 상단의 삼각형을 눌러 시트 전체를 선택한다.

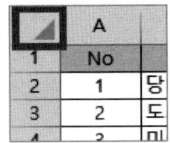

| [그림 26-5] 전체 셀 선택하기

2. [홈] → [찾기 및 선택] → [이동 옵션] → ['개체' 선택] → [확인]을 클릭하여 해당 시트에 존재하는 모든 개체를 선택한다.

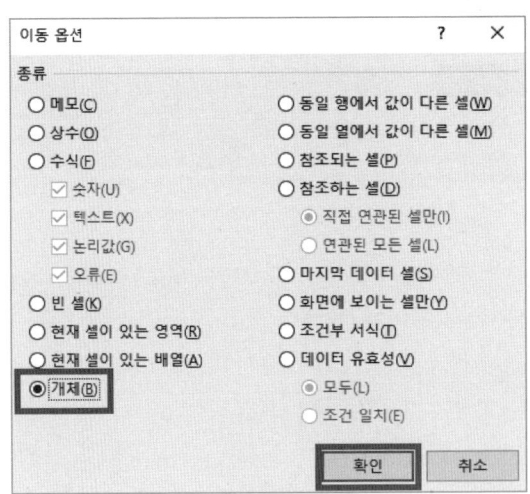

| [그림 26-5] 전체 셀 선택하기

3. 모든 개체를 선택했다면 [Delete] 키를 눌러서 삭제한다.

데이터 타입 오류 사례

이번 실습은 [01 데이터 편집과 변환.xlsx]의 여섯 번째 시트를 사용한다.

엑셀은 문자 데이터는 좌측 정렬, 숫자 데이터를 우측 정렬하는 규칙이 있다. 하지만 인터넷이나 외부에서 가져온 데이터를 엑셀에서 읽을 때 숫자를 문자로 잘못 인식하는 경우가 종종 발생한다. '데이터타입 오류 사례' 시트에서 잘못된 데이터 타입을 올바르게 수정해 보자.

1. '사업자등록번호' 열과 '자본금' 열은 좌측 정렬 상태이고, [홈] → [쉼표 스타일]이 적용되지 않기 때문에 문자 데이터로 설정되어 있음을 알 수 있다.

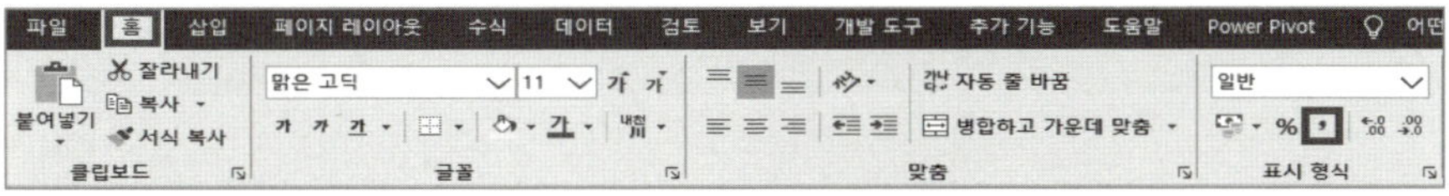

| [그림 27-1] 쉼표 스타일

[B2 셀 선택] → [Ctrl+Shift+↓로 B열 전체 선택] → [데이터] → [텍스트 나누기] → ['구분 기호로 분리됨' 선택] → [다음] → ['구분 기호'에서 아무것도 선택하지 않음] → [다음] → ['열 데이터 서식'에서 '일반' 선택] → [마침]을 누르면 숫자 데이터로 변경된다. 데이터 타입을 숫자로 변경한 후에는 [홈] → [쉼표 스타일]을 적용할 수 있다. 텍스트 나누기를 진행하면 엑셀이 자동으로 데이터 형식을 파악한다.

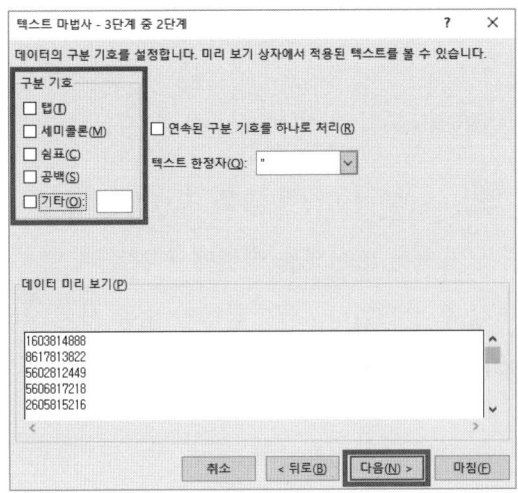

| [그림 27-2] 데이터 타입 변경하기

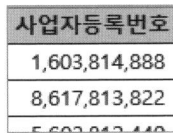

| [그림 27-3] 숫자 데이터로 변경한 결과

2. 대개 사업자등록번호는 '000-00-00000' 형식이므로 B열을 이 형식으로 변경한다. [B열 데이터 전체 선택] → [Ctrl+1] → [표시 형식] → [사용자 지정] → [형식에 '000-00-00000' 입력] → [확인]을 누르면 원본 데이터를 유지한 채 형식만 사업자등록번호로 변경된다.

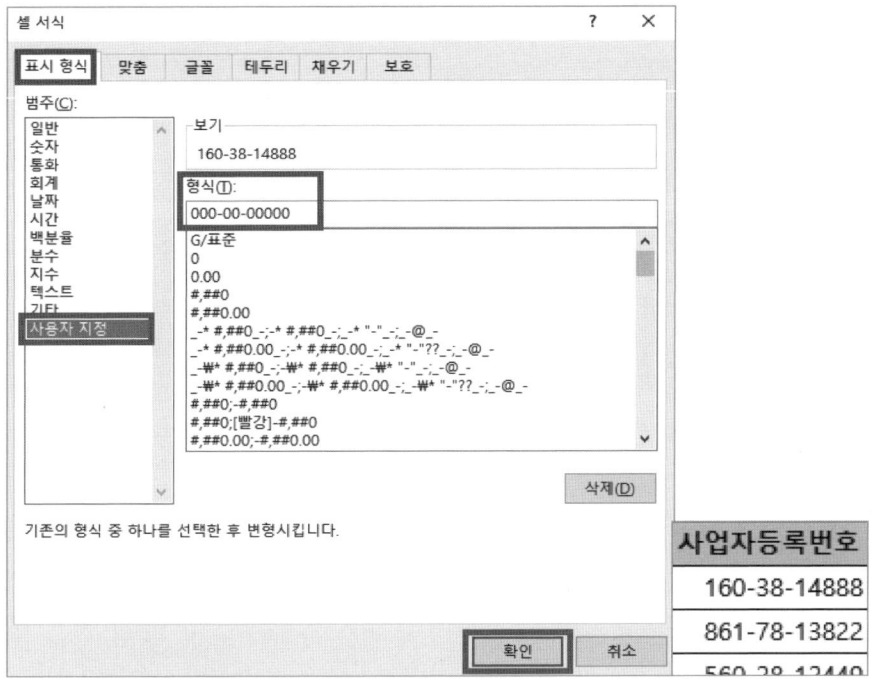

| [그림 27-4] 사업자등록번호 형식으로 변경하기(좌측)와 결과(우측)

3. F열도 1과 마찬가지로 숫자 데이터 형식으로 변경한 다음, [홈] → [쉼표 스타일]을 적용한다.

데이터 전처리 종합사례 01

이번 실습은 [01 데이터 편집과 변환.xlsx]의 일곱 번째 시트를 사용한다. 앞서 실습한 내용을 종합한 데이터 전처리를 해보도록 하겠다.

'데이터 클린징-종합사례01' 시트를 보면 불필요한 데이터가 존재한다. 소계와 같은 집계 형식의 데이터는 데이터 전처리 후 원하는 형식으로 쉽게 구할 수 있기 때문에 전처리 과정에서는 소거한다.

1. 데이터 분석 단계에서 마스터 데이터를 기반으로 소계에 해당하는 값은 다양한 형식으로 필요시에 쉽게 도출해낼 수 있으므로 소계는 불필요한 데이터로 생각할 수 있다. 소계 행을 삭제해 보자. '통화' 열을 블록 지정한다. 이때 중간중간 결측치가 있으므로 [Ctrl+Shift+방향키]로 한 번에 블록 지정을 할 수 없다. F열 전체를 선택하고 빈 셀만 선택해도 F1, F2 셀이 같이 선택된다. 그러므로 F1, F2 셀에 임의의 값을 집어넣은 상태에서 [홈] → [찾기 및 선택] → [이동 옵션] →[빈 셀] → [확인]을 눌러 '통화' 열의 빈 셀만 선택한다.

| [그림 28-1] 빈 셀에 값 채우기

2. 빈 셀만 선택한 후 [선택된 빈 셀 오른클릭] → [삭제] → [행 전체] → [확인]을 클릭하여 행 전체를 삭제한다.

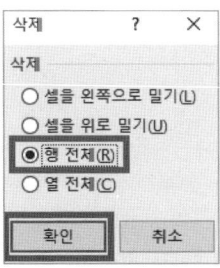
| [그림 28-2] 행 삭제

3. 원하는 행을 삭제하였으므로 F1, F2 셀에 임의로 입력했던 값을 지운다.

4. '송장번호', '선적일', '도착일' 열의 데이터들이 병합되어 있으므로 '데이터 전처리: 결측치 처리' 챕터에서 배운 방식으로 전처리 한다.

송장번호	선적일	도착일
276-71-110840	2016.03.08	2016.06.05
276-71-110840	2016.03.08	2016.06.05
276-71-110840	2016.03.08	2016.06.05
276-71-110840	2016.03.08	2016.06.05
FET1-475-000332	2016.03.31	2016.07.08
FET1-475-000332	2016.03.31	2016.07.08
FET1-475-000373	2016.04.14	2016.07.13
FET1-475-000419	2016.04.25	2016.07.25
276-71-113590	2016.05.03	2016.07.31
FET1-475-000605	2016.06.09	2016.09.07
FET1-475-000605	2016.06.09	2016.09.07
FET1-475-000605	2016.06.09	2016.09.07
FET1-475-000605	2016.06.09	2016.09.07
276-71-115710	2016.06.24	2016.09.21

| [그림 28-3] 결측치 처리 결과

데이터 전처리 종합사례 02

이번 실습은 [01 데이터 편집과 변환.xlsx]의 여덟 번째 시트를 사용한다. 앞서 실습한 내용을 종합한 데이터 전처리를 해보도록 하겠다.

'데이터 클린징-종합사례02' 시트는 '신청 소모품' 열에 여러 속성의 데이터가 존재한다. 하나의 열에 하나의 속성만 들어가도록 변경하자.

1. G3부터 L3 셀에 각 속성을 하나씩 입력하여 필드명을 만든다.

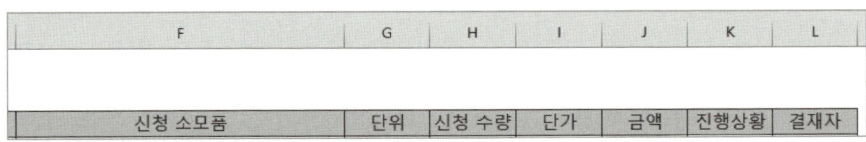
| [그림 29-1] 필드명 만들기

2. '텍스트 나누기 및 개체 삭제'에서 배운 내용을 활용하여 ':'를 기준으로 텍스트를 나누고, 앞쪽에 있는 속성을 지운다.

신청 소모품
삼성토너
개
2
90000
180000
승인
도원준
USB 메모리
개

| [그림 29-2] 텍스트 나누기 결과

3. 참조를 이용하여 첫 번째 데이터의 속성 값을 각 속성에 해당하는 열로 가져온다.

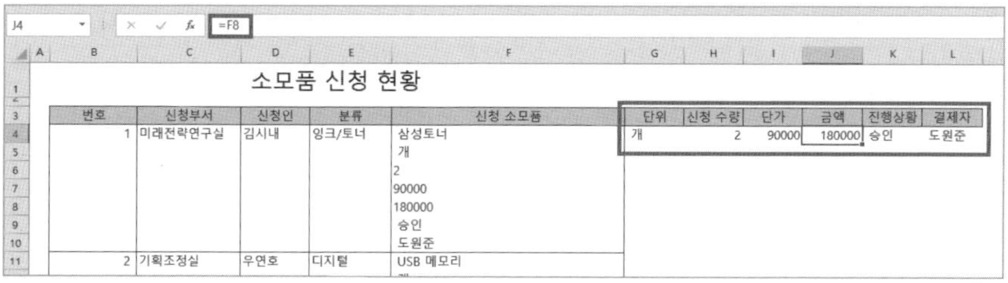

| [그림 29-3] 해당 속성으로 값 옮기기

4. 옮긴 행만 블록 지정하고 블록의 우측 하단 검은 십자가(채우기 핸들)를 이용하면 [그림 29-4]처럼 값이 이상하게 채워진다. [그림 29-5] 처럼 아래의 빈칸까지 블록을 지정한 다음에 채우기 핸들을 사용하면 올바르게 데이터를 채울 수 있다. 아래 빈칸까지 형식 그대로 옮겨야 하기 때문이다.

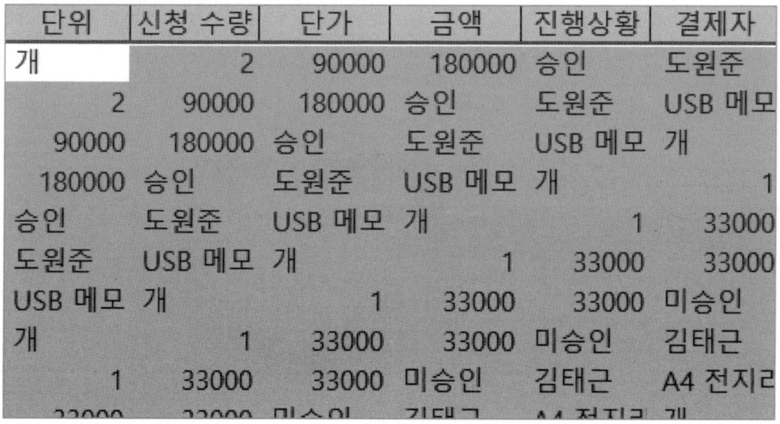

| [그림 29-4] 잘못 입력된 경우

단위	신청 수량	단가	금액	진행상황	결제자
개	2	90000	180000	승인	도원준
개	1	33000	33000	미승인	김태근

| [그림 29-5] 블록 지정(좌측)과 채우기 핸들 결과(우측)

5. 값이 참조로 지정된 상태이므로 '데이터 전처리: 결측치 처리' 챕터에서 배운 방법을 사용하여 값으로 변경한다.

6. E열을 선택하고 '데이터 전처리: 종합 사례 01' 챕터에서 배운 방법으로 빈 셀이 속한 행을 지운다.

7. 데이터를 클릭하고 [Ctrl+A]를 눌러서 데이터 전체를 선택한다. [홈] → [테두리] → [모든 테두리]를 클릭하여 모든 셀에 테두리를 만들어 최종 마스터 데이터 셋을 완성한다.

| [그림 29-6] 모든 테두리 설정

소모품 신청 현황

번호	신청부서	신청인	분류	신청 소모품	단위	신청 수량	단가	금액	진행상황	결재자
1	미래전략연구실	김시내	잉크/토너	삼성토너	개	2	90000	180000	승인	도원준
2	기획조정실	우연호	디지털	USB 메모리	개	1	33000	33000	미승인	김태근
3	전산정보팀	오아란	복사용지	A4 전지라벨	개	3	32000	96000	승인	이정후
4	총무팀	김한도	사무용품	유성매직(흑색)	개	12	500	6000	승인	이정후
5	경영컨설팅팀	김한서	복사용지	보호라벨	개	2	90000	180000	승인	강희동
6	인사팀	이하린	사무용품	컷터날	개	2	9000	18000	미승인	도원준
7	경영기획팀	류태규	잉크/토너	재생용토너 B317-010420	개	2	38000	76000	승인	김근태
8	경영감사팀	강미경	복사용지	A4 복사지(500매)	박스	2	20000	40000	승인	김민준
9	CS경영팀	김민호	잉크/토너	HP잉크(빨강) 88	개	1	30000	30000	승인	도원준
10	총무팀	오민석	사무용품	스탬프 패드	개	10	3000	30000	승인	도원준

| [그림 29-7] 완성한 마스터 데이터 셋

CHAPTER

06

데이터 분석 도구 활용

CHAPTER 06

데이터 분석 도구 활용

엑셀 데이터 관리 유형 이해: 테이블, 크로스탭, 템플릿

엑셀에서 데이터를 관리하는 유형은 크게 세 가지 형식으로 구분된다. 첫 번째는 테이블, 두 번째는 크로스탭, 세 번째는 템플릿이다.

먼저, 테이블은 엑셀 데이터 분석에서 가장 중요한 데이터 형태이다. 테이블이 어떤 구조인지 살펴보자. 우선 열 머리글 또는 필드명이라 부르는 헤더가 있다. 우리가 보통 데이터라고 지칭하는 것이 헤더이다. 예를 들어, 지역, 매출 일자, 성명, 시 등이 하나의 데이터이자 필드명에 해당한다. 그리고 각 필드명에 속한 값을 필드라고 한다. 각 필드값을 한 개씩 모두 갖고 있는 데이터 유형을 레코드, 또는 행이라고 한다. 다른 말로는 표본 데이터라고도 한다. 정리하자면, 테이블은 크게 열과 행으로 이루어진다.

필드명	지역	매출일자	성명	시	구	도로명	기타주소	단가	수량	매출액
	대전	2018-01-15	유가을	대전광역시	중구	계룡로	923	5750	75	431,250
	대전	2018-01-17	안정훈	대전광역시	중구	수침로	102	7510	52	390,520
	대전	2018-01-19	최소라	대전광역시	동구	대학로50번길	53	9340	36	336,240
레코드	대전	2018-03-12	박민재	서울특별시	동작구	보라매로	70	5440	82	446,080
	대전	2018-04-05	윤대현	서울시	용산구	청파로112		7520	100	752,000
	대전	2018-04-05	최소라	대전광역시	유성구	엑스포로123번길	46-15	7100	29	205,900
	대전	2018-05-11	박찬기	대전광역시	유성구	엑스포로123번길	26-30	9970	15	149,550
	대전	2018-05-19	유가을	대전광역시	중구	계백로1615번길	34	5320	35	186,200
					필드					

| [그림 30-1] 테이블

테이블 가장 위 첫 행은 머리글이며, 열에는 단일 정보만 입력해야 한다. 또한 병합 셀은 반드시 분할해야 한다. 테이블은 데이터 기록과 보관에 적합한 형태이기 때문에 데이터베이스에서 가장 많이 활용한다. 엑셀에서도 데이터를 테이블 형태로 가공하는 전처리 과정을 거쳐야 다양한 데이터 분석 기능을 문제없이 사용할 수 있다. 엑셀 2007 이후 버전부터는 테이블 형태를 Raw Data라고 표현한다. Raw Data는 '표'로 등록해야 효과적인 관리와 활용이 가능하다. 테이블 데이터를 표로 등록하는 방법도 이번 챕에서 함께 알아볼 것이다.

엑셀에서 활용 가능한 두 번째 유형은 크로스탭이다. 크로스탭은 데이터를 요약하여 표시하는 집계표이다. 데이터 테이블을 바탕으로 작성한 피벗 테이블이 대표적인 예시이다.

분류	국가	1월	2월	3월	4월	5월	6월	7월	8월	9월	10월	11월	12월
가전	미국	49,071	34,172	79,685	70,680	23,965	29,839	18,337	98,900	65,661	34,816	97,867	90,584
	캐나다	81,276	24,379	29,156	98,163	33,000	62,408	101,891	22,486	51,198	41,251	26,734	35,760
	일본	63,962	46,859	47,962	53,189	35,797	26,038	28,291	18,341	81,075	69,200	43,623	45,834
	중국	36,539	75,882	45,220	87,228	70,983	52,668	96,031	104,676	40,317	28,151	33,410	31,351
	영국	93,520	30,231	73,852	51,792	78,614	20,495	86,490	98,966	34,880	43,928	66,377	62,424
	호주	82,541	66,739	30,018	28,752	49,810	67,828	24,179	50,763	93,432	24,521	49,997	50,985
소계		406,909	278,263	305,893	389,804	292,169	259,275	355,219	394,132	366,562	241,866	318,008	316,936

| [그림 30-2] 크로스탭

[그림 30-2]의 원본 데이터는 각 국가별 일일 매출 정보이며, 이 원본 데이터를 월별로 집계하여 크로스탭으로 요약하였다. 월별 대신 분기별로 요약할 수도 있다. 이처럼 크로스탭은 원본 테이블을 원하는 관점으로 다양하게 요약할 수 있다. 반대로, 크로스탭 데이터에서 추가 분석을 하기 위해 테이블 형태로 데이터를 변환하려고 한다면 주로 파워쿼리라는 기능을 사용한다.

세 번째 데이터 관리 유형은 템플릿이다.

견 적 서

견적일 : 2020년 02월 05일		사업자번호	264-81-13054		
수　신 : AAA 주식회사	공	상　호	머니매그넷㈜	대 표	김진
참　조 : 박종서 팀장님	급	주　소	서울시 강남구 테헤란로 242, 9층		
연락처 : 02-2020-4100	자	업　태	인터넷포탈	업 종	인터넷정보제공
이메일 : template@abc.co.kr		전　화	02-6080-2022		

Actionable Contents, **Maso Campus**

품목명	시간	단가	제안가	합계	비고
2020.02.05. (수) 구글 애널리틱스 특강	4	600,000	500,000	2,000,000	강의시간 X 제안가
수강생 노트북 대여 (20명)	4	15,000	15,000	300,000	수강생인원 X 제안가
포켓 와이파이 대여 (10개)	1일	10,000	10,000	100,000	1대 X 제안가

| [그림 30-3] 템플릿

템플릿은 [그림 30-3]의 견적서처럼 데이터 분석 목적보다는 보고를 목적으로 하는 형식을 의미한다. 데이터를 보기 좋게 표로 정리한 모습을 가리키며 서식 또는 양식이라고도 부른다. 사람마다 깔끔한 서식에 대한 기준이 다르기 때문에 템플릿에 특별하게 정해진 양식은 없다. 템플릿으로 크로스탭을 만들기는 어렵기 때문에, 보통 원본 테이블에서 크로스탭을 먼저 만들고, 두 데이터 형식을 가공하여 최종 보고서에 사용할 템플릿을 만드는 방식으로 활용한다.

엑셀 데이터 관리 유형 이해하기

앞서 설명한 테이블, 크로스탭, 템플릿을 실제 파일을 보며 알아보자. 실습을 진행할 파일은 실습 폴더의 [실습05_데이터 전처리 입문]폴더 내의 파일들이다.

1. [01 데이터 테이블.xlsx] 파일을 실행한다.

| [그림 31-1] 테이블 형태의 데이터 유형

[그림 31-1]은 테이블 데이터이다. 하나의 속성을 열이라고 하고, 속성의 집합을 행 또는 레코드라고 한다. 쉽게 말해, 세로줄이 열이고 가로줄이 행이다. 이처럼 각 열마다 여러 레코드를 가지는 데이터 유형을 테이블이라고 한다.

테이블에서, 하나의 열에는 반드시 하나의 속성만 있어야 한다. 실습 파일의 두 번째 시트(유의사항_머리글)를 보면, 첫 행에 셀이 병합되어 하나의 열 안에 여러 속성이 존재한다. 이러한 경우 원활한 데이터 분석이 어렵다.

6. 데이터 분석 도구 활용

2. [02 테이블과 크로스탭.xlsx] 파일을 실행한다. 첫 번째 시트는 테이블 형태이고 두 번째 시트는 크로스탭 형태이다. 두 번째 시트의 크로스탭은 제품 분류에 따른 월별 매출액을 확인할 수 있도록 데이터를 요약한 형태이다.

행 레이블	1월	2월	3월	
Furniture	1,747,840	388,170	4,265,413	1
Office Supplies	22,593,403	1,255,828	3,736,248	
Technology	565,010	143,910	1,141,030	
총합계	24,906,253	1,787,908	9,142,691	1

| [그림 31-2] 크로스탭 형태의 데이터 유형

3. [03 템플릿 유형.xlsx] 파일을 실행한다. 템플릿은 다른 말로 서식, 보고서라고 한다. 템플릿은 데이터 요약과 집계보다는 의사 결정을 위한 보고서 제공을 목적으로 한다. [그림 31-3]과 같은 견적서가 템플릿에 해당한다.

견 적 서

견적일 : 2020년 02월 05일		사업자번호	264-81-13054		
수　신 : AAA 주식회사	공	상　호	머니매그넷㈜	대 표	김진
참　조 : 박종서 팀장님	급	주　소	서울시 강남구 테헤란로 242, 9층		
연락처 : 02-2020-4100	자	업　태	인터넷포탈	업 종	인터넷정보제공
이메일 : template@abc.co.kr		전　화	02-6080-2022		

Actionable Contents, **Maso Campus**

품목명	시간	단가	제안가	합계	비고
2020.02.05. (수) 구글 애널리틱스 특강	4	600,000	500,000	2,000,000	강의시간 X 제안가
수강생 노트북 대여 (20명)	4	15,000	15,000	300,000	수강생인원 X 제안가
포켓 와이파이 대여 (10개)	1일	10,000	10,000	100,000	1대 X 제안가

| [그림 31-3] 템플릿 형태의 데이터 유형

이처럼 엑셀에는 테이블과 크로스탭, 템플릿이라는 세 유형이 있고, 모든 데이터는 가장 먼저 테이블 형태로 만들어 두어야 한다.

4. 데이터 분석을 시작하려고 할 때 테이블 형태가 아닌 잘못 정리된 형태를 살펴보도록 하자. [04 잘못 구성된 데이터 테이블.xlsm] 파일을 실행한다.

5. 첫 번째 시트인 '잘못 구성된 데이터 테이블'을 보면 생산 내역 속성 안에 250~285까지의 여러 속성이 존재한다. 이러한 형태는 테이블보다 템플릿에 가깝다.

직원 정보	열1	열2	생산 내역(단위 : mm)	열3	열4	열5	열6	열7	열8	열9	총계
No	사번	성명	250	255	260	265	270	275	280	285	
1	MM0001	이은지		1	1					1	3
2	MM0002	김민수						1	1	1	3
3	MM0003	홍지영			1			1			2
4	MM0004	노은영			1		1		1	1	4
5	MM0005	홍동균	1		1						2
6	MM0006	김찬우			1	1	1	1		1	5
7	MM0007	김민준			1	1	1				3
8	MM0008	한이슬	1		1	1				1	4
9	MM0009	네세영				1	1	1	1	1	5
10	MM0010	최보람			1	1	1	1	1		5

| [그림 31-4] 잘못 입력된 데이터 테이블

이 데이터를 분석하려면 먼저 올바른 테이블 형태로 만드는 데이터 전처리 과정을 거쳐야 한다.

6. 두 번째 시트인 '올바른 테이블 형식'을 보면 첫 번째 시트의 데이터를 테이블 형태로 만들어 놓았다. 본 데이터는 엑셀에서 제공하는 파워쿼리[15]를 이용하여 전처리를 마친 결과물이다. 이렇게 완성한 테이블 데이터는 크로스탭 형태로 가공할 수 있으며, 대표적인 방법으로 피벗 테이블[16]을 사용한다.

엑셀 Core 기능 표 등록 및 활용 방안

실습을 진행할 파일은 실습 폴더의 [실습06_엑셀 Core 기능 활용] → [01 엑셀표 설정 이유.xlsx]이다.

1. 실습 파일을 실행한다.

2. 주어진 데이터로 피벗 테이블을 만들어 보자. 먼저 피벗 테이블의 시트 이름을 '피벗_제품분류_매출집계'로 바꾼다. 그리고 '제품_분류'를 행으로, '매출액'을 값으로 끌어 놓는다.

---

15. 이 책에서는 다루지 않으며 이 책 다음으로 준비중인 데이터 분석 도서에서 다룰 예정이다.
16. '챕터 3, 4' 참고.

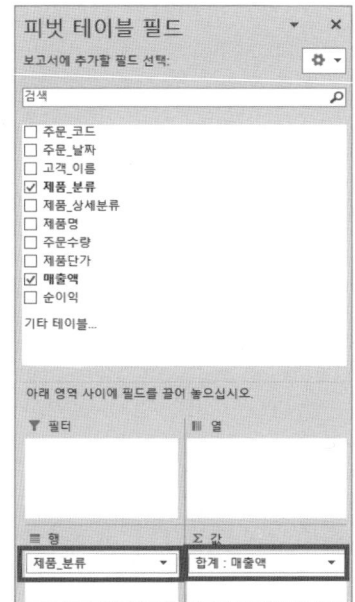

| [그림 32-1] 피벗 테이블

3. 첫 번째 시트로 돌아가서 제품_분류 아래에 'Furniture'라는 새로운 데이터를 추가하고, 매출액 아래에 '1,000,000'라는 새로운 데이터를 추가한다.

주문_코드	주문_날짜	고객_이름	제품_분류	제품_상세분류	제품명	주문수량	제품단가	매출액	순이익
CR-2015-566346	2014-05-07	Katherine Ducich	Technology	Phones	Apple iPhone 5C	2	159,984	255,974	11,998
YR-2016-137942	2016-05-24	Eugene Hildebrand	Office Supplies	Supplies	Acme Hot Forged Carbon Steel Scissors with Nickel-Plated Handles, 3 7/8" Cut, 8"L	5	69,500	347,500	20,155
HQ-2016-187948	2016-05-09	Cynthia Voltz	Office Supplies	Paper	Xerox 1911	2	76,640	122,624	26,824
XU-2015-429313	2015-07-11	Clytie Kelty	Office Supplies	Binders	3M Organizer Strips	4	6,480	7,776	-4,752
VK-2017-154891	2017-11-17	Greg Guthrie	Office Supplies	Binders	Cardinal Slant-D Ring Binder, Heavy Gauge Vinyl	2	13,904	22,246	4,518
WU-2015-889946	2017-10-13	Sarah Foster	Office Supplies	Appliances	Staple holder	7	60,690	424,830	16,386
KU-2017-634759	2014-05-20	Tamara Dahlen	Office Supplies	Paper	Easy-staple paper	2	24,560	49,120	11,543
OW-2017-965488	2017-11-26	Tonja Turnell	Furniture	Tables	KI Adjustable-Height Table	3	257,940	773,820	67,064
EF-2017-395652	2015-10-31	Jill Fjeld	Office Supplies	Appliances	1.7 Cubic Foot Compact "Cube" Office Refrigerators	3	499,584	1,199,002	43,713
			Furniture					1,000,000	

| [그림 32-2] 새로운 데이터 추가 1

6. 데이터 분석 도구 활용 167

4. 피벗 테이블을 오른클릭하고 [새로 고침]을 누르면, 아무런 변화가 없다.

5. 첫 번째 시트의 데이터를 표로 만들어보자. 3에서 추가했던 데이터는 지운다. 데이터를 선택하고 [Ctrl+A]를 눌러 전체를 선택한다. [삽입] → [표] → [확인]을 누르면 선택한 데이터가 표로 변환된다. 혹은 데이터를 선택하고 [홈] → [표 서식]에서 변환할 수도 있다.

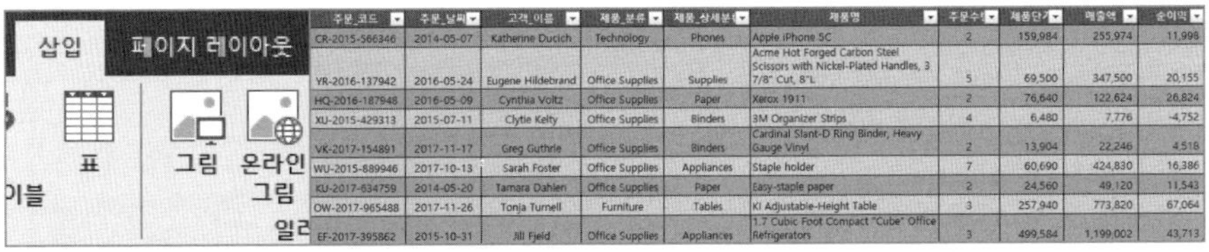

[그림 32-3] 표 만들기

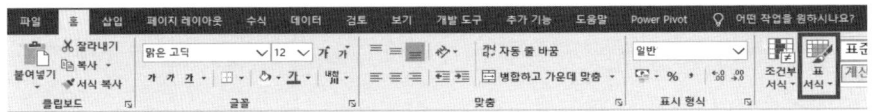

[그림 32-4] 표 서식

6. [표 클릭] → [표 도구] → [디자인] → [표 이름을 '제품분류매출'로 변경]한다.

[그림 32-5] 표 이름 설정

7. 새롭게 설정한 표에서 2와 동일한 방법으로 피벗 테이블을 생성한다. 피벗 테이블이 위치한 새로운 시트의 이름은 '피벗2_제품분류_매출집계'로 설정한다.

8. 3과 동일한 방법으로 새로운 데이터를 추가하면 자동으로 새로운 열이 생긴다. 이처럼 표로 등록하면 열과 행을 자동으로 생성할 수 있다.

주문_코드	주문_날짜	고객_이름	제품_분류	제품_상세분류	제품명	주문수량	제품단가	매출액	순이익
CR-2015-566346	2014-05-07	Katherine Ducich	Technology	Phones	Apple iPhone 5C	2	159,984	255,974	11,998
YR-2016-137942	2016-05-24	Eugene Hildebrand	Office Supplies	Supplies	Acme Hot Forged Carbon Steel Scissors with Nickel-Plated Handles, 3 7/8" Cut, 8"L	5	69,500	347,500	20,155
HQ-2016-187948	2016-05-09	Cynthia Voltz	Office Supplies	Paper	Xerox 1911	2	76,640	122,624	26,824
XU-2015-429313	2015-07-11	Clytie Kelty	Office Supplies	Binders	3M Organizer Strips	4	6,480	7,776	-4,752
VK-2017-154891	2017-11-17	Greg Guthrie	Office Supplies	Binders	Cardinal Slant-D Ring Binder, Heavy Gauge Vinyl	2	13,904	22,246	4,518
WU-2015-889946	2017-10-13	Sarah Foster	Office Supplies	Appliances	Staple holder	7	60,690	424,830	16,386
KU-2017-634759	2014-05-20	Tamara Dahlen	Office Supplies	Paper	Easy-staple paper	2	24,560	49,120	11,543
OW-2017-965488	2017-11-26	Tonja Turnell	Furniture	Tables	KI Adjustable-Height Table	3	257,940	773,820	67,064
EF-2017-395862	2015-10-31	Jill Fjeld	Office Supplies	Appliances	1.7 Cubic Foot Compact "Cube" Office Refrigerators	3	499,584	1,199,002	43,713
			Furniture					1,000,000	

| [그림 32-6] 새로운 데이터 추가 2

9. 4와 동일한 방법으로 피벗 테이블을 새로고침하면, 방금 추가한 데이터가 피벗 테이블에 반영되었음을 확인할 수 있다.

행 레이블	합계 : 매출액
Furniture	1,773,820
Office Supplies	2,173,098
Technology	255,974
총합계	4,202,892

| [그림 32-7] 새로운 데이터를 반영한 피벗 테이블

10. 표를 해제하려면 [표 선택] → [표 도구] → [디자인] → [범위로 변환] → [예]를 클릭한다. 데이터를 선택했을 때 [표 도구] → [디자인] 메뉴가 나타나지 않으면 표가 정상적으로 해제된 상태이다.

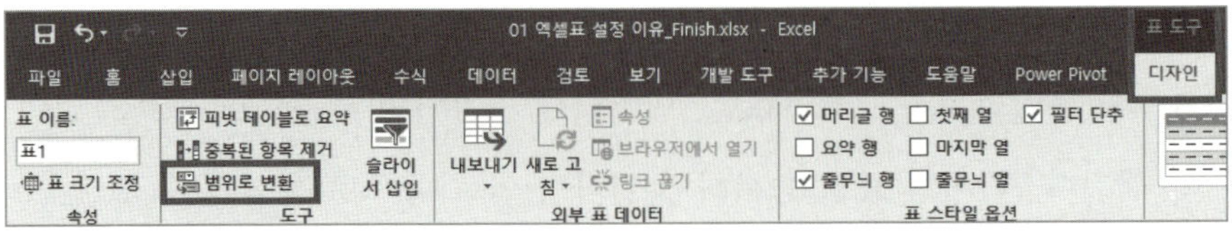

| [그림 32-8] 표 해제하기

데이터 테이블과 표의 가장 큰 차이는 원본 데이터에 데이터가 새로 추가되는 경우에 이미 생성한 피벗 테이블에 추후 추가된 원본 데이터가 피벗 테이블 집계값에 자동으로 반영되는지 여부에 있다. 따라서, 테이블 데이터를 먼저 표로 등록한 후에 피벗 테이블을 활용한 집계표를 만드는 방법을 추천한다.

엑셀 Core 기능 이름 정의 및 활용 방안

엑셀의 핵심 기능인 이름을 정의하고 활용하는 방법을 알아보자. 실습을 진행할 파일은 실습 폴더의 [실습06_엑셀 Core 기능 활용] → [02 이름정의 이름활용.xlsx]이다.

1. 실습 파일을 실행한다.

2. 정가는 단가에 수량을 곱한 값이므로, 주어진 데이터 테이블에서 [E6 셀 선택] → ['=C6*D6' 입력] → [셀 우측하단에 마우스 올려놓아 채우기 핸들을 활성화하여 더블클릭]하여 정가를 구한다. 이때 바로 아래 작은 네모로 '자동 채우기' 옵션이 나타나는데 클릭하여 '서식 없이 채우기'를 누르면 서식을 제외하고 수식만 채울 수 있다.

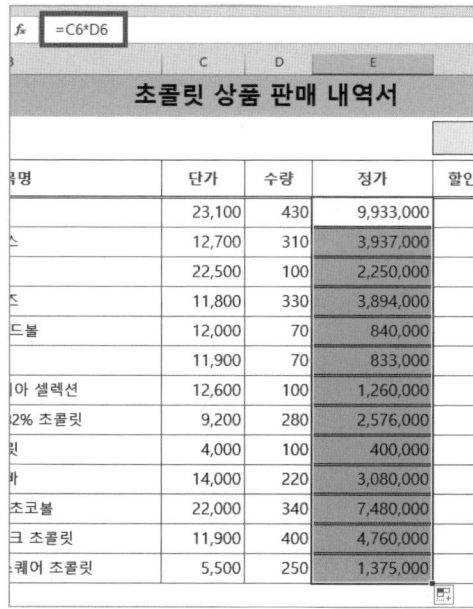

| [그림 33-1] 정가 채우기와 '자동 채우기'옵션

정가에 해당하는 범위를 블록으로 지정한 다음, '=C6*D6'을 입력하고 [Ctrl+Enter]를 눌러서 채울 수도 있다.

3. 할인가는 정가에 (1-할인율)을 곱한 값이므로, [F6 셀 선택] → ['=E6*(1-$G$3)' 입력] → [채우기 핸들 더블클릭]로 할인가($기호)를 채운다. '$'기호는 '앵커(닻)'라고 하며 절대 참조를 이용할 때 사용한다. $를 붙이면 채우기 핸들로 다른 셀에 같은 수식을 적용할 때 동일한 G3 셀을 참조한다. $가 붙지 않으면 상대적인 순서를 계산하여 G4, G5, G6 셀을 이어서 참조한다. $가 붙은 참조를 절대 참조, 붙지 않은 참조를 상대 참조라고 한다. $는 수식 입력 줄에서 절대 참조를 넣으려는 범위에 커서를 두고 [F4] 키를 눌러 입력한다.

| [그림 33-2] 상대 참조(좌측)와 절대 참조(우측)

4. G3 셀이 어떤 셀인지 육안으로 한 번에 파악하기는 힘들다. 이때 해당 범위에 이름을 정의하면 더욱 쉽고 빠르게 이해할 수 있다. [G3 셀 선택] → [수식 입력 줄 좌측 끝의 셀 이름을 클릭하고 '할인율'이라고 입력]하면 G3 셀을 이제부터는 할인율이라는 이름으로 정의해서 활용할 수 있게 된다.

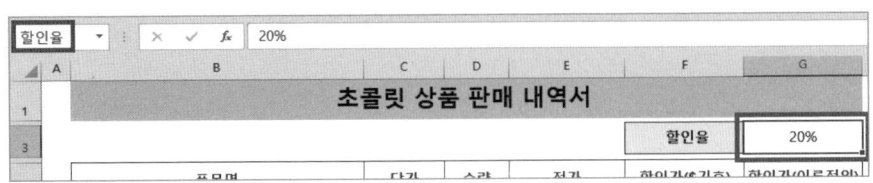

| [그림 33-3] 이름 정의

5. 방금 정의한 '할인율'을 이용하여 할인가를 다시 구해보자. [G6 셀 선택] → ['E6*(1-할인율)'입력] → [채우기 핸들 더블클릭]

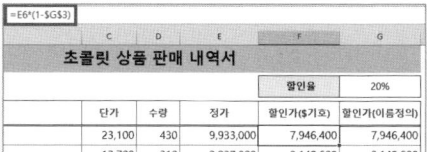

| [그림 33-4] 이름 정의를 하기 전(좌측)과 이름을 정의한 후(우측)

[그림 33-4]에서 알 수 있듯이, 정의한 이름을 수식에 사용해도 G3 셀 절대 참조와 결과가 같다.

6. 다르게 적용해보기 위해 [I1]셀에 '할인율2'를, [J1]셀에 30%를 입력한다.

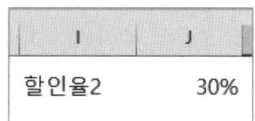

| [그림 33-5] 할인율2 입력

7. 두 번째 '내역서_이름적용' 시트로 이동하여 '할인판매 금액'을 구한다. [E4 셀 선택] → ['=C4*D4*(1-'절대 참조와 이름참조'!J1)'입력] → [채우기 핸들 더블클릭]

6. 데이터 분석 도구 활용   173

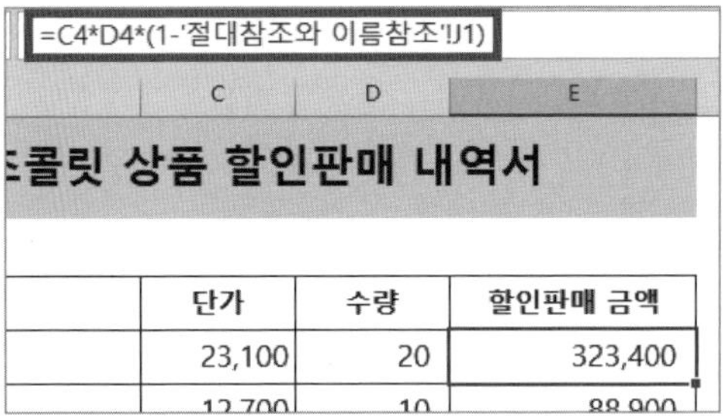

| [그림 33-6] 이름 참조 적용 전 1

'절대 참조와 이름참조'!J1은 수식을 입력할 때 첫 번째 시트로 이동하여 해당 셀을 클릭하면 자동으로 입력된다. 작은따옴표 안에 시트명이 있고, 느낌표로 시트명과 셀을 구분하는 표현법이다. 시트명에 공백이 있다면 작은따옴표가 자동으로 입력되지만, 공백이 없는 시트명이라면 작은따옴표가 들어가지 않는다. 이처럼 복잡한 규칙으로 인해 오류가 발생할 가능성이 있으므로 이름을 정의하여 참조하는 방식이 바람직하다.

8. 4에서 만든 '할인율'을 이용하여 '할인판매 금액'을 다시 구한다. [E4 셀 선택] → ['=C4*D4*(1-할인율)'입력] → [채우기 핸들 더블클릭]

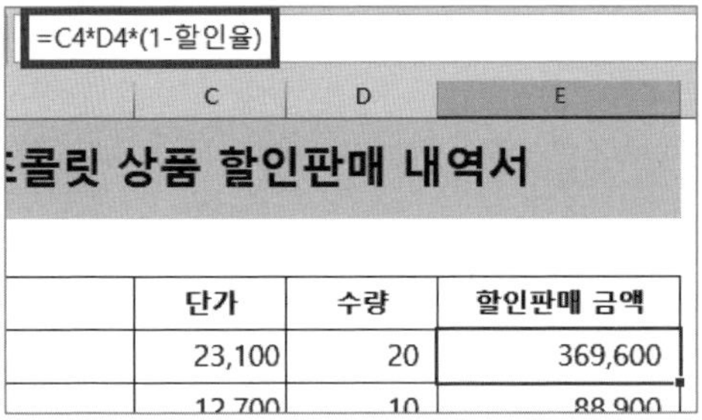

| [그림 33-7] 이름 참조 적용 후 1

[그림 33-7]에서 보이듯, 이름을 정의하면 같은 파일 내 모든 시트에서 사용이 가능하다.

9. 네 번째 '집계표_이름적용' 시트에서 '총비용', '클릭당비용', '광고효율', '이익'을 집계해 보자. 세 번째 '광고비집행내역_이름범위' 시트에 해당 데이터 값이 존재한다. SUM 함수를 이용하여 7과 동일한 방식으로 '합계' 값을 채운다.

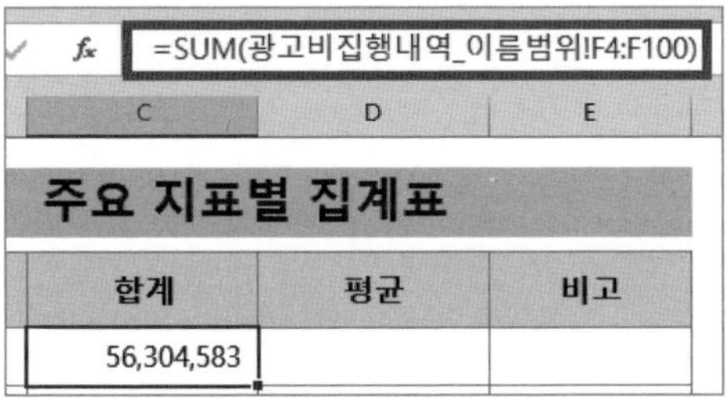

| [그림 33-8] 이름 참조 적용 전 2

[그림 33-8]을 보면, 시트명에 공백이 없기 때문에 작은따옴표가 입력되지 않았다.

10. 세 번째 시트에서 '총비용', '클릭당비용', '광고효율', '이익'을 전부 [Ctrl+Shift+방향 키]를 눌러 범위로 지정하고, [수식] → [선택 영역에서 만들기] → [첫 행] → [확인]을 눌러서 각각 첫 행을 이름으로 정의한다.

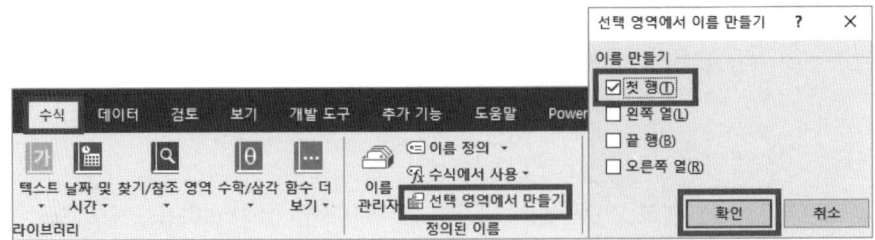

| [그림 33-9] 선택 영역에서 이름 만들기

수식 입력 줄 좌측, 이름 정의 상자 아래에 있는 화살표를 누르면 해당 파일에서 정의한 이름을 모두 볼 수 있다.

11. 네 번째 시트로 돌아와서, 9에서 구한 값을 10에서 정의한 이름을 이용하여 다시 구해 보자.

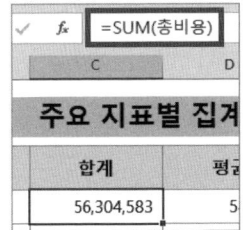

| [그림 33-10] 이름 참조 적용 후 2

12. 다른 집계값도 동일한 방식으로 정의한 이름을 이용하여 구한다.

13. [수식] → [이름 관리자]로 들어가면 정의한 이름을 편집하거나 삭제할 수 있다.

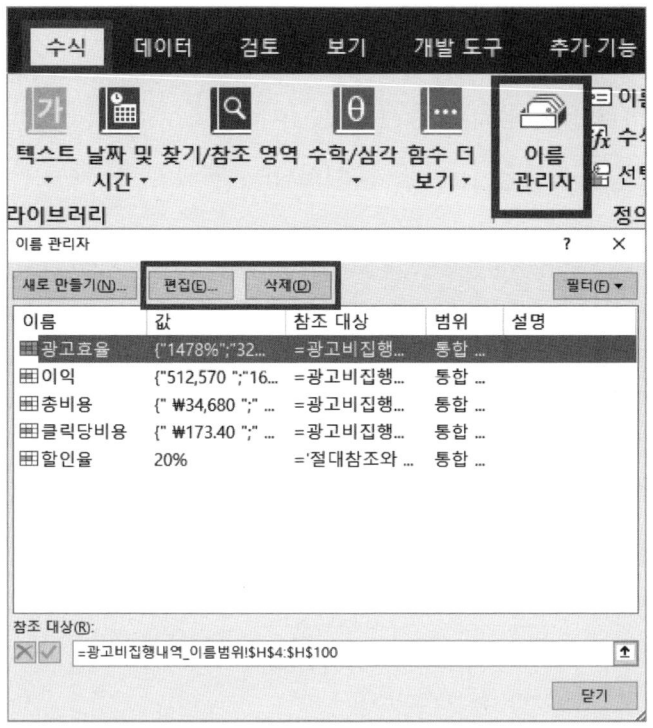

| [그림 33-11] 이름 관리자

엑셀 에러 처리와 VLOOKUP 활용 방안

또 다른 엑셀 핵심 기능인 에러 처리와 VLOOKUP 함수를 사용하는 법을 알아보자. 실습을 진행할 파일은 실습 폴더의 [실습06_엑셀 Core 기능 활용] → [03 엑셀 에러 처리와 vlookup 활용.xlsx]이다.

1. 실습 파일을 실행한다.

2. '증감률'은 '증감'을 이전 달 매출로 나눈 값이므로 [F4 셀 선택] → ['=E4/C4' 입력] → [채우기 핸들 더블클릭]으로 증감률을 구한다.

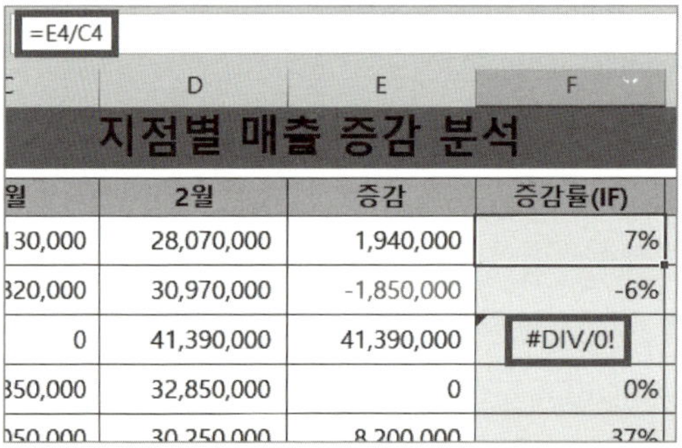

| [그림 34-1] 증감률

3. [그림 34-1]에서 발생한 에러는 분모가 0이어서 생기는 에러이다. 이 에러를 처리하기 위해 IF 함수를 사용해 보자. [F4 셀 선택] → ['=IF(C4=0,0,E4/C4)' 입력] → [채우기 핸들 더블클릭]한다. 이는 IF(C4=0,0,E4/C4)는 C4 셀의 값이 0일 때 0을 출력하고, 0이 아닐

때 E4/C4를 출력하라는 의미이다.

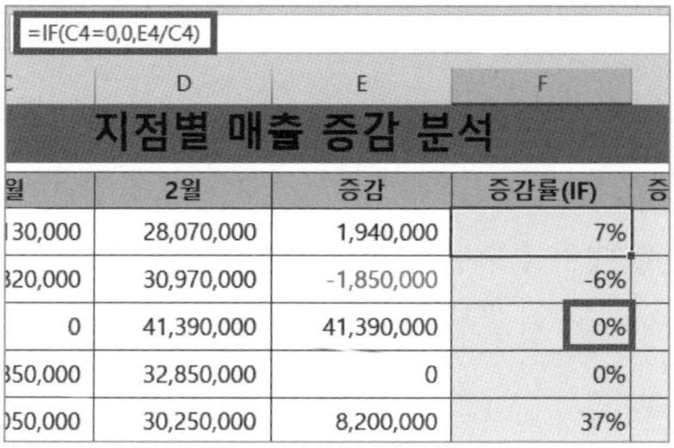

=IF(C4=0,0,E4/C4)

지점별 매출 증감 분석

월	2월	증감	증감률(IF)
130,000	28,070,000	1,940,000	7%
320,000	30,970,000	-1,850,000	-6%
0	41,390,000	41,390,000	0%
350,000	32,850,000	0	0%
050,000	30,250,000	8,200,000	37%

| [그림 34-2] IF 함수 적용

[그림 34-2]를 보면, IF 함수를 사용한 에러 처리 결과를 확인할 수 있다.

4. 하지만 IF 함수는 한 번에 한 가지 조건만 확인한다는 단점이 있다. 실제 에러 종류는 다양하므로 IF 함수보다 IFERROR 함수를 이용하는 것이 모든 에러를 전부 처리할 수 있는 장점과 원하는 비즈니스 로직에 집중하고 에러 처리를 엑셀에게 위임한다는 장점을 갖는다. [G4 셀 선택] → ['=IFERROR(E4/C4,0)'입력] → [채우기 핸들 더블클릭]한다.

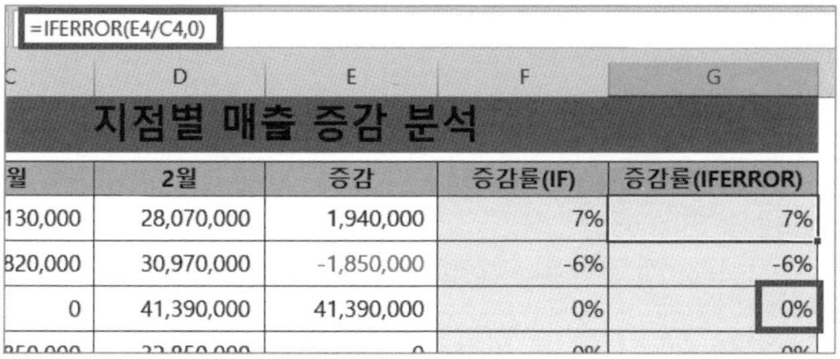

=IFERROR(E4/C4,0)

지점별 매출 증감 분석

월	2월	증감	증감률(IF)	증감률(IFERROR)
130,000	28,070,000	1,940,000	7%	7%
320,000	30,970,000	-1,850,000	-6%	-6%
0	41,390,000	41,390,000	0%	0%

| [그림 34-3] IFERROR 함수 적용

IFERROR(E4/C4,0)는 에러가 발생하지 않았을 때 E4/C4를 출력하고, 어떤 종류든지 에러가 발생하면 0을 출력하라는 의미이다.

5. 두 번째 'VLOOKUP 활용 데이터 취합' 시트를 보면, '선적 단가' 정보가 다른 테이블에도 존재한다. 두 테이블 모두 '선적 등급'이 있으므로, '선적 등급'을 매개로 '선적 단가'에 대한 정보를 VLOOKUP 함수를 이용하여 가져오려 한다. [E2 셀 선택] → ['=VLOOKUP(D2,$M$3:$O$7,2,0)' 입력] → [채우기 핸들 더블클릭]

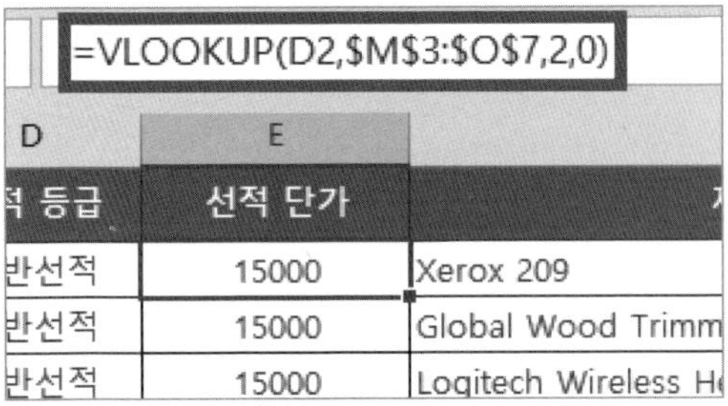

| [그림 34-4] VLOOKUP 함수 적용

VLOOKUP(D2,$M$3:$O$7,2,0)는 D2 셀의 값을 $M$3:$O$7에서 찾아 범위 내의 두 번째 열에 있는 값을 정확히 가져온다는 의미이다. 찾으려는 범위에서 좌측부터 첫 번째 열이다.

6. $M$3:$O$7를 블록으로 지정하고 조금 전에 배운 이름 정의 방법으로 '선적단가표'라는 이름을 정의한다. 그리고 5에서 입력한 VLOOKUP 함수를 [그림 34-5]와 같이 [E2 셀 선택] → [=VLOOKUP(D2,선적단

가표,2,0)] → [채우기 핸들 더블클릭]으로 수정한다.

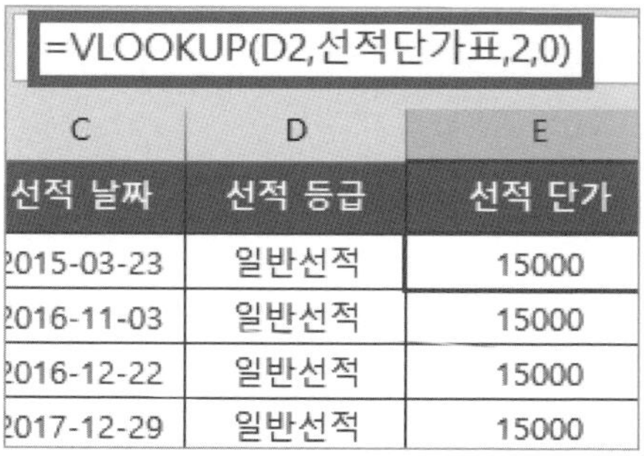

| [그림 34-5] 이름 적용 후 VLOOKUP 함수

7. '선적 등급'에 값이 없어 에러가 발생할 경우를 대비하여 IFERROR 함수를 사용한다. [그림 34-6]과 같이 [E2 셀 선택] → [=IFERROR (VLOOKUP(D2,선적단가표,2,0),"")] → [채우기 핸들 더블클릭]으로 수정한다.

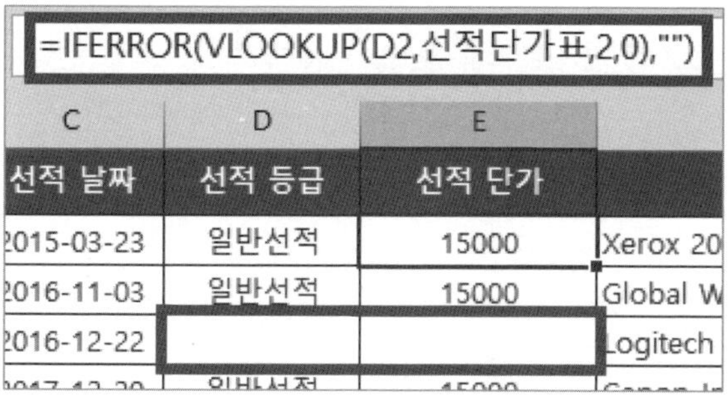

| [그림 34-6] IFERROR 함수 적용하기

[그림 34-6]처럼 '선적 등급'에 값이 없어 에러가 발생하면 공백을 출력한다. 다시 '선적 등급'에 값을 채우면 '선적 단가'에 값이 채워진다.

혼합 참조 이해와 민감도 분석 적용 방안

엑셀 참조의 세 가지 유형인 절대 참조와 상대 참조, 혼합 참조를 알아보자. 실습을 진행할 파일은 실습 폴더의 [실습06_엑셀 Core 기능 활용] → [04 혼합 참조와 민감도 분석.xlsx]이다.

1. 실습 파일을 실행한다.

2. 데이터에서 해당 제품의 단가와 이익률 변화에 따른 이익 정도를 알아보려고 한다. 이러한 분석을 민감도 분석(Sensitivity Analysis)이라고 한다.

3. [D4 셀 선택] → ['=C4*D3' 입력] → [채우기 핸들을 우측으로 드래그하여 우측에도 똑같이 적용] → [채우기 핸들 더블클릭으로 모두 적용] 하게 되면 에러가 발생한다. 그리고 각 셀에 원하는 범위대로 수식이 적용되지 않는다. 이는 [그림 35-1]처럼 $ 없이 상대 참조로 지정했기 때문이다.

	C	D	E	F	G
	원가 대비 이익율				
	이익율 단가	2.5%	5.0%	7.5%	10.0%
	13,760	344	17	1	0
	13,833	4,758,552	81,847,094	105,582,752	13,620,175
	17,187	#########	#########	#########	#########
	16,970	#########	#########	#########	#########
	15,529	#########	#########	#########	#########

[그림 35-1] 상대 참조를 이용한 값 채우기

상대 참조일 때 채우기 핸들로 열을 채우면 참조할 셀의 알파벳(열)이 하나씩 증가하고, 행을 채우면 숫자(행)가 하나씩 증가한다. [그림 35-1]에서 셀을 클릭하여 데이터를 확인해 보면 쉽게 이해할 수 있다. 그러나 현재 보려는 값은 단가 13,760원을 고정시킨, 이익률의 변화에 따른 이익과, 이익률 2.5%를 고정시킨 단가의 변화에 따른 이익이다. 따라서 행과 열 중 하나만 고정하는 혼합 참조를 사용해야 한다.

4. 알파벳(열) 앞에 $를 붙이면 열을 고정할 수 있고, 숫자(행) 앞에 $를 붙이면 행을 고정할 수 있다. 그러므로 [D4 셀 선택] → ['=$C4*D$3' 입력] → [채우기 핸들을 우측으로 드래그하여 우측에도 똑같이 적용] → [채우기 핸들 더블클릭으로 모두 적용]하면 원하는 값으로 채울 수 있다. 절대 참조 지정과 마찬가지로 [F4] 키를 두 번 누르면 행 고정, 세 번 누르면 열 고정을 할 수 있다.

이익율	2.5%	5.0%	7.5%	10.0%	12.5%
13,760	344	688	1,032	1,376	1,720
13,833	346	692	1,037	1,383	1,729
17,187	430	859	1,289	1,719	2,148
16,970	424	849	1,273	1,697	2,121
15,529	388	776	1,165	1,553	1,941

| [그림 35-2] 혼합 참조 적용하기

각 셀을 클릭하여 수식을 확인하면 쉽게 이해할 수 있다.

채우기 핸들이나 복사, 붙여넣기를 사용할 때 상대 참조를 지정하면 아래로는 행이, 오른쪽으로는 열이 모두 하나씩 증가하고, 절대 참조를 이용하면 열과 행이 모두 고정된다. 혼합 참조는 열만 고정하거나 행만 고정할 수 있다.

소매점 판매 데이터를 활용한 비즈니스 분석 입문

앞서 실습한 내용들을 종합하여 데이터 테이블 기반의 마스터 데이터셋을 구축하고, 이를 요약하는 크로스탭을 만들어 비즈니스 분석에 입문해 보도록 하자. 실습을 진행할 파일은 실습 폴더의 [실습06_엑셀 Core 기능 활용] → [05 소매점 판매 데이터.xlsx]이다.

1. 실습 파일을 실행한다.

2. 두 번째 '칼로리' 시트에서 데이터를 블록으로 지정하여 '상품칼로리'로 이름을 정의한다.

3. 두 번째 시트의 칼로리를 VLOOKUP 함수를 이용하여 첫 번째 시트로 가져온다. [E1 셀에 '칼로리' 입력] → ['=VLOOKUP([@상품명],상품칼로리,2,0)' 입력]하면 표 지정으로 인해 자동으로 열이 생성되고 값

도 채워진다.

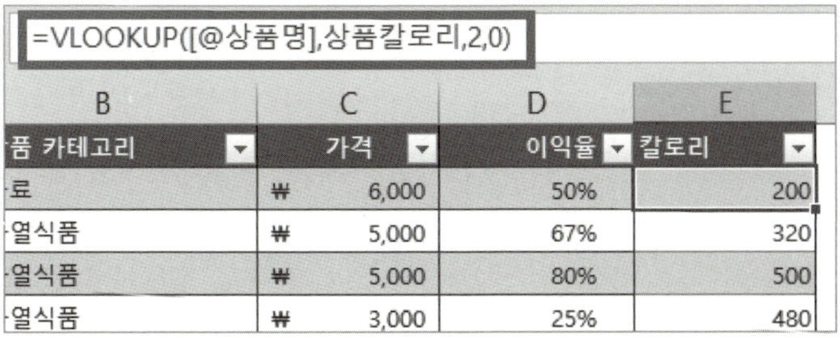

[그림 36-1] '칼로리' 구하기

4. 해당 데이터로 피벗 테이블을 새 워크시트에 만든다.[17] 새 시트의 이름은 '피벗_집계값'으로 수정한다. 만일 피벗 테이블 필드를 실수로 닫았다면, 피벗 테이블을 오른클릭하고 '필드 목록 표시'를 클릭하여 다시 열 수 있다.

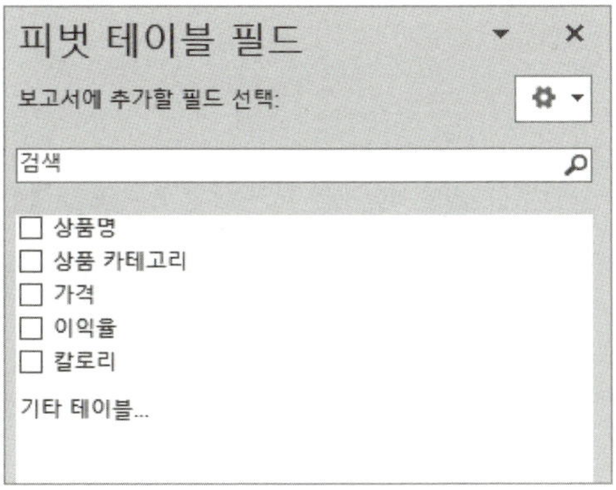

[그림 36-2] 피벗 테이블 필드

---

17. 챕터 3 '기술통계' 참고.

5. [그림 36-2]에서, '이익' 열을 만들지 않아 피벗 테이블 필드에서 찾을 수 없다. 따라서 '이익' 열을 추가해 주어야 한다. 원래 시트로 돌아가서 [E열 오른클릭] → [삽입]으로 왼쪽에 열을 추가한다. E1 셀을 '이익'으로 수정한다. [E2 셀 클릭] → ['=[@가격]*[@이익률]' 입력] → [Ctrl+1] → [표시 형식] → [숫자] → [천 단위 구분 기호(,) 사용에 체크] → [확인]을 누르면 숫자 형태로 보기 좋게 나타난다. 수식을 입력할 때 해당 셀을 클릭하면 범위를 지정할 수 있다.

[그림 36-3] '이익' 구하기

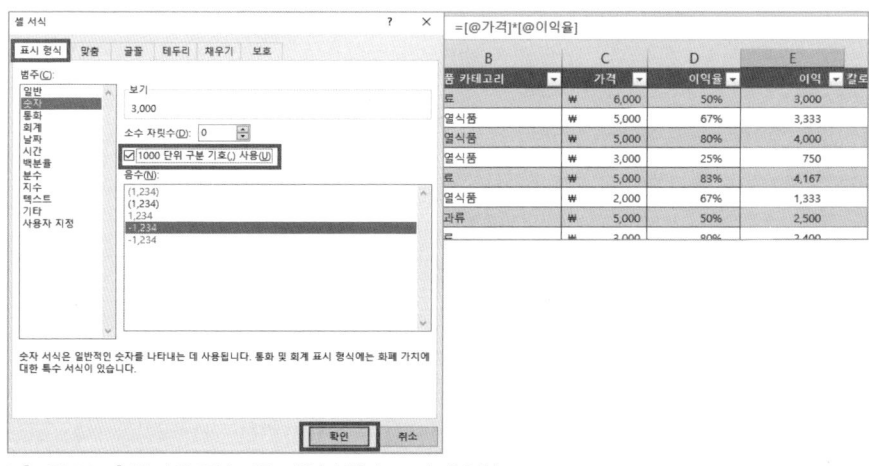

[그림 36-4] 천 단위 구분 기호 사용(좌측)과 그 결과(우측)

6. 4에서 만든 피벗 테이블로 돌아와 [피벗 테이블 오른클릭] → [새로 고침]을 하면 새롭게 만든 '이익' 속성이 피벗 테이블 필드에도 보인다.

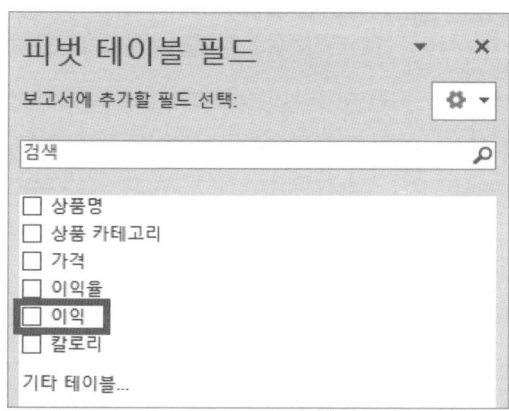

| [그림 36-5] 이익을 추가한 피벗 테이블 필드

7. '상품명'을 행으로, '가격'과 '이익'을 값으로 드래그하여 만든 피벗 테이블에서 B열과 C열을 선택한 후, [Ctrl+1]을 눌러서 천 단위 구분 기호 사용에 체크한다.

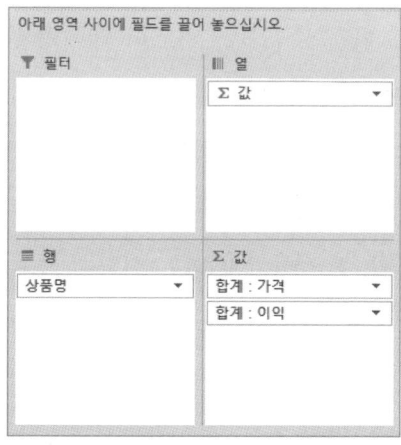

행 레이블	합계 : 가격	합계 : 이익
나초	75,000	37,500
맥주	120,000	60,000
생수	65,000	54,167
아이스캔디	65,000	54,167
아이스크림 샌드위치	50,000	33,333
젤리	42,000	21,000
초코 아이스크림콘	55,000	27,500
초콜릿바	39,000	29,250
탄산음료	39,000	31,200
팝콘	80,000	64,000
피자	51,000	12,750
핫도그	30,000	20,000
햄버거	80,000	53,333
허브캔디	39,000	19,500
총합계	830,000	517,700

| [그림 36-6] 피벗 테이블 만들기(좌측)와 천 단위 구분 기호 사용(우측)

8. '상품 카테고리'를 행으로 가져가서 '상품명' 위로 옮기면, 피벗 테이블에서 카테고리별 상품을 볼 수 있다. '상품명' 아래로 옮겨도 되지만, 상품 카테고리가 상품명을 포함하기 때문에 이번 실습에서는 위에 두었다.

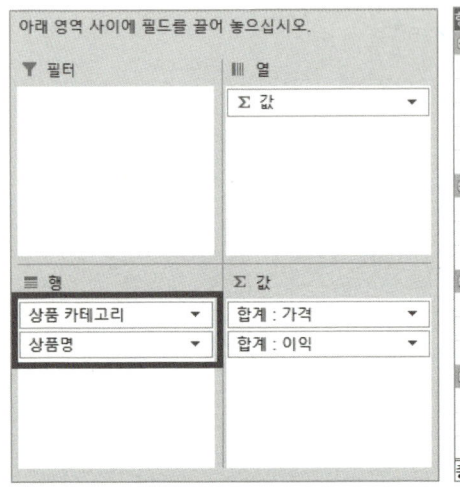

| [그림 36-7] '상품 카테고리'별 '상품명' 확인하기

이러한 방식으로 다양한 크로스탭을 만들 수 있다. 마스터 데이터셋을 만든 이후에는 다양한 집계값을 만들어 가면서 비즈니스 인사이트를 도출해내야 한다. 각자 필요에 따라 원하는 방식대로 크로스탭을 만드는 방식으로 데이터 요약을 진행해나가면 된다. 이러한 과정을 탐색적 데이터 분석(EDA)이라고 표현하며, 요약하고자 하는 시작점 등이 막막하다면 '7 비즈니스 데이터 분석 실무' 챕터를 참조해서 분석 모델을 적용해보는 것으로 실무 데이터 분석을 시작해볼 수 있을 것이다.

주요 데이터 분석 도구 장단점 정리

데이터 분석 도구별 장단점을 정리해 보자. [그림 37]은 2016년부터 2018년 사이 데이터 분석 직업군에서 주로 사용하는 데이터 분석 도구를 설문조사로 알아본 결과이다. 가장 많이 사용한 분석 도구는 파이썬이며, 두 번째가 R, 세 번째가 SQL, 네 번째가 엑셀이다.

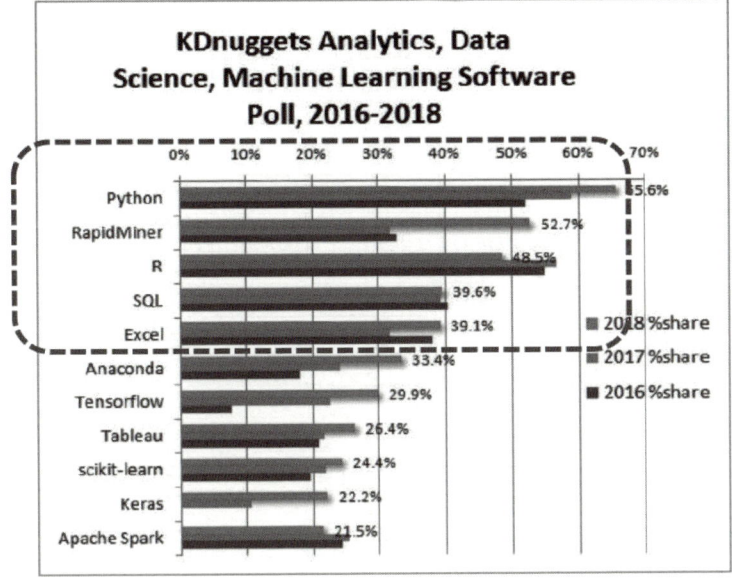

출처: https://www.kdnuggets.com/2018/05/poll-tools-analytics-data-science-machine-learning-results.html

| [그림 37] 데이터 분석 도구

[그림 37]에 등장하는 도구는 각각 언제 사용해야 할까? 주로 데이터 전처리와 데이터 분석, 데이터 시각화 부분에서 분석 도구를 많이 사용한다. 특히 데이터 전처리와 데이터 분석에 엑셀이나 SAS, R, 파이썬을 많이 활용하며, 데이터 시각화 단계에서는 Tableau나 Power BI, Data Studio 등을 사용한다.

분석 도구별 장단점을 알아보자. 앞서 데이터 사이언스 프로세스를 요리에 비유하여 설명했다.[18] 이번에는 데이터 분석 도구를 요리 기구에 비유하려 한다.

전자레인지는 시간 설정만으로 알아서 음식을 완성하는 조작이 간편한 도구다. 분석 도구 중에도 전자레인지처럼 누구라도 간편하게 활용할 수 있는 도구가 바로 엑셀이다. 엑셀은 정형화된 규칙에 따라 데이터를 빠르게 분석할 때 매우 유용하고, 데이터 분석 직무에서 많이 사용한다. 특히 유의미한 비즈니스 인사이트를 도출하고, 의사 결정에 활용하기에 적합하다.

다른 요리 도구인 오븐도 있다. 전자레인지를 소유한 집은 많지만 오븐은 흔하지 않다. 오븐은 특별한 목적을 위한 요리 도구이기 때문이다. SPSS와 SAS가 오븐과 비슷하다. SPSS와 SAS는 비교적 많은 양의 데이터를 다양한 통계적 기법으로 분석하는 종합 패키지 프로그램이기 때문에 통계나 코딩에 대한 지식이 적어도 편리하게 데이터 분석 작업 과정에서 활용 가능하다. 주로 통계 분석가가 활용한다.

다음으로, 전문 레스토랑과 패스트푸드점으로 표현할 수 있는데, 대량의 데이터를 다각도로 분석할 수 있도록 지원하는 프로그래밍 언어인 R과 파이썬이 이에 해당한다. 둘 다 분석을 목적으로 사용 가능하지만 R은 통계 기반, 파이썬은 개발 기반이라는 차이가 있다.

R은 코딩 지식이 적어도 분석 및 시각화가 가능하다는 장점이 있지만, 외부 인프라와의 연동이 어렵다. 그래서 인테리어가 잘 갖춰진 고급 레스토랑

---

18. 챕터 2 '1차 자료와 설문 조사 방식(Survey)' 참고.

안에서 식사하는 경우에 비유할 수 있다. 일반적으로 고급 레스토랑에서 식사하는 경우에 해당 장소 내에서 식사를 모두 마치는 것이 일반적이며 테이크아웃을 목적으로 고급 레스토랑을 이용하는 것은 일반적이지 않다.

파이썬은 R에 비해 필요한 코드를 모두 입력해야 하는 관점에서 분석 효율이 다소 떨어지지만, 외부와 연동하기 쉽고, 간편히 모듈을 교체할 수 있다는 장점을 가진다. 고급 레스토랑보다 식당의 인테리어 등은 효율적이지만 식당 내부에서 식사하는 것도 가능하며, 필요하다면 매우 효율적으로 음식을 테이크아웃해서 원하는 외부 공간에서 식사도 가능한 효율 높은 시스템이라고 할 수 있다.

결국 R과 파이썬 중 어떤 도구가 우위에 있다기보다는, 영역에 따라서 더 유용한 도구가 달라진다고 생각할 수 있다. 두 도구 모두 데이터 사이언티스트 직군에서 많이 활용한다. 이처럼 다양한 비즈니스 인사이트를 도출하거나 미래 예측, 머신러닝 등 다양한 고급 분석을 돕는 도구가 R과 파이썬이다.

CHAPTER

07

비즈니스 데이터 분석 실무

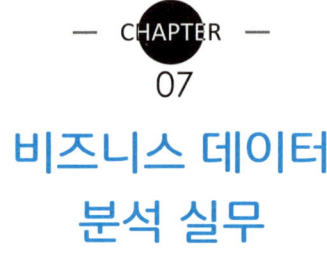

CHAPTER 07
비즈니스 데이터 분석 실무

주요 KPI의 이해

데이터를 정의한 다음 데이터를 확보하고, 데이터 전처리 작업을 거쳐 마스터 데이터 셋을 만들었다. 그리고 적절한 분석 도구까지 선택했으니, 다음은 비즈니스 분석 단계이다. 비즈니스 분석의 첫 단계는 KPI(Key Performance Indicators)를 선정하는 일이다. KPI란 성과 달성 여부를 파악하고자 하는 핵심 지표(Key Metrics)를 의미한다. 핵심 지표를 바탕으로 회사 부서별 성과나 사업 진행 사항 전반을 파악하고 이해할 수 있으며, 사업 건전성을 판단하는 요소로 사용하기도 한다. 대표적인 핵심 지표로는 총합(총매출은 어떻게 되는가?)이나 평균(평균 이익률은 어떻게 되는가?), 수치값(우리 부서가 처리한 전체 주문 건수는 어떻게 되는가?), 비율(브랜드별 매출 기여도는 어떻게 되는가?), 최댓값(도시별 최대 매출은?), 최솟값(제품별 최소 매출은?) 등이 있다. 이처럼 핵심 지표는 주로 매출과 관련이 깊다. 그런데, 매출과 직접 연관이 없는 부서는 어떻게 파악하고 평가할까? 이러한 경우, 적절한 분석 모델이 필요하다. 여러 분석 모델 중 BSC 프레임워크를 활용하여 의사 결정을 위한 주요 KPI를 도출하는 법을 익혀보자.

BSC 프레임워크 기반 분석 목표 KPI 도출 전략

이번 분석 사례는 실습 폴더의 [실습07_KPI 도출 및 분석] → [BSC 프레임워크를 활용한 목표 KPI 도출.xlsx]를 사용한다.

O 전략지도 (Strategy Map) 및 목표 성과지표 (KPIs) 도출

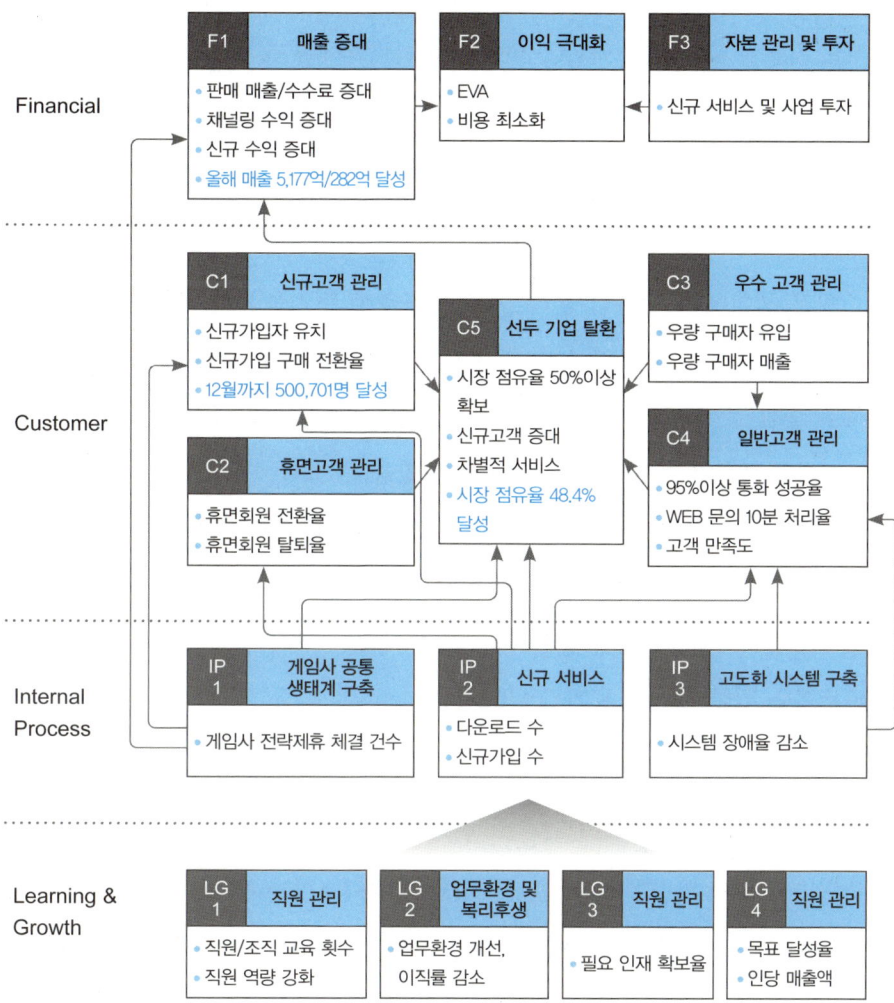

| [그림 38] BSC 프레임워크를 활용한 목표 KPI 도출

비즈니스 분석에서 첫 번째 단계는 분석 목표를 설정하고, 공감대를 형성하는 일이다. 데이터 기반 성과 관리 혹은 데이터 분석 기반의 의사 결정을 처음 도입한다면 이 단계가 매우 중요하다. 수많은 데이터 중에서 비즈니스 공감대를 일으키는 분석 목표를 어떻게 설정할 수 있을까? BSC(Balanced Score Card) 프레임워크를 기반으로 알아보자.

BSC 프레임워크는 데이터 분석에서 영역별 의사결정을 내리고자 하는 주요 지표를 도출하는 역할을 한다. BSC는 회사를 크게 4개 영역으로 구분한다. 재무 중심(Finance), 고객 중심(Customer), 회사 내부 프로세스 중심(Internal Process), 직원 중심(Learning & Growth)으로 분류하며, 이렇게 도출해낸 각 영역 관점으로 데이터를 바라본다.

이전 챕터에서 데이터 분석은 보통 매출과 이익을 중심으로 진행한다고 설명했다. 하지만 매출과 이익은 BSC 프레임워크가 분류한 네 가지 영역 중 재무 중심 분석에만 해당한다. 그런데, 부서나 직무에 따라서는 매출과 이익이라는 KPI가 적합하지 않은 경우가 있을 수 있다. 이를테면 마케팅 부서라면 신규가입자 유치나, 시장 점유율 35% 확대, 우수고객 만족도, 휴면회원 매출 전환율과 같이 고객 영역에서의 성과 달성 여부를 판단할 수 있는 KPI가 필요하다. 이처럼 같은 회사라 하더라도 부서나 구성원 단위마다 성과분석을 위한 관련된 KPI가 다르다.

회사 내부 프로세스와 직원 중심 영역에 해당하는 주요 KPI 도출에 대한 사례 역시 살펴보자. 롯데 그룹의 오프라인 역량과 네이버의 오프라인 역량 우위를 어떻게 판단할 수 있을까? 만약 강남역 4거리에 신규 매장을 계약했다고 하고, 롯데 그룹 차원에서 신규 매장을 일주일 이내에 오픈하는 목표를 세웠다고 하자. 오프라인 역량이 충분한 롯데 그룹이라면 이러한 목표 달성이 가능할 수도 있을 것이다. 그런데, 동일한 목표를 네이버에 적용해보면 어떨까? 쉽지 않을 수도 있다. 반대로 신규 모바일앱 서비스를 기획하고, 상용화까지 걸리는 시간을 측정한다면, 네이버의 리드 타임(상용 서비스 출시 완료까지 소요시간)이 더 빠를 수 있을 것이다. 이러한 숫자들을 활용해서 회사 내부 프로세스의 강점/약점 등을 파악할 수 있는 KPI로 설정해낼 수 있는 것이다. 이러한 요소는 전략제휴 체결건수, 시스템 장애 감소 등 다양하게 설정 가능하다. 직원 중심 KPI는 결국 직원의 인당 생산성이 가장 핵심적인 요소가 되며, 직원/조직 교육 횟수, 이직률, 목표 달성율과 같은 요소들을 KPI로 설정할 수 있다.

이처럼 각 사업 단위에 알맞은 목표 KPI를 설정하고 적합한 데이터를 확보한 후, 목표 KPI에 따라 데이터를 분석하여 다양한 인사이트를 도출해서 의미 있는 성과를 만들어 내는 비즈니스 분석 단계를 진행해야 한다. 이번 챕터에서 본격적으로 이러한 의미 있는 비즈니스 인사이트를 도출해 낼 수 있는 분석 역량을 효과적으로 확보해보자.

분석 대상 데이터 이해하기

비즈니스 분석을 진행할 파일은 실습 폴더의 [실습07_KPI 도출 및 분석] → [분석대상 Sales 마스터 데이터 이해하기.xlsx]이다.

데이터를 분석하려면 취합한 데이터를 올바르게 이해하는 단계부터 시작하는 것이 좋다. 만일 분석해야 하는 데이터가 직접 만든 1차 자료라면 데이터 이해도가 매우 높겠지만, 현실에서는 이미 존재하는 2차 자료를 사용하는 경우가 더 많다. 이 경우 반드시 데이터를 이해하는 과정을 먼저 진행할 것을 추천한다. 데이터 이해 과정에 대해서 살펴보도록 하자.

	A	B	C	D	E	F	G	H	I
1	Order Number	Order Date	Order Year	Order Quantity	Sales	Cost of Sales	Profit	Sales Channel	Product Name
2	CR-2015-566346	2018-03-11	2018	9	9,585,524	10,606	964,144	오프라인매장	Contoso SLR Camera M143 Grey
3	YR-2016-137942	2017-02-23	2017	4	186,247	435,733	15,364,267	오프라인매장	Contoso 512MB MP3 Player E51 Blue
4	HQ-2016-187948	2017-01-11	2017	9	2,051,015	317,329	280,171	오프라인매장	Contoso DVD 9-Inch Player Portable M300 Silver
5	XU-2015-429313	2019-02-13	2019	18	66,197	189,042	6,146,958	오프라인매장	NT Bluetooth Stereo Headphones ES2 Pink
6	VK-2017-154891	2018-01-17	2018	9	48,071	200,540	664,086	온라인채널	Contoso SLR Camera M143 Grey
7	WU-2015-889946	2019-04-06	2019	24	2,033,161	7,544,236	1,475,764	온라인채널	SV Car Video TFT7 M7000 Silver
8	KU-2017-634759	2019-08-27	2019	10	29,044,970	8,820,712	5,579,288	온라인채널	Adventure Works Laptop15 M1501 Red
9	OW-2017-965488	2017-09-15	2017	5	6,290,882	524,274	4,950,726	온라인채널	Fabrikam Social Videographer 1/2" 3mm E300 White
10	EF-2017-395862	2017-12-29	2017	13	35,255,571	79,329	6,499,671	온라인채널	The Phone Company Smart phones Unlocked International M800 Gold
11	KO-2015-383297	2018-07-21	2018	30	27,177,388	1,895,053	884,053	온라인채널	The Phone Company PDA Phone 3.5 inches M320 Silver

| [그림 39] 이해가 필요한 데이터

실습 파일을 실행하면 [그림 39]와 같은 데이터가 보인다. 데이터는 열과 행으로 이루어지며, 문자 혹은 숫자로 정의되어 있다. 그렇다면 이 자료에서 분석 대상 데이터란 도대체 무엇을 의미할까? 다시 질문하면, 분석 대상 데이터는 '열'을 의미하는 것일까, '행'을 의미하는 것일까? 한번 곰곰이 생각해보자.

데이터 구성의 기본은 '문자' 또는 '숫자'인데, 이 자료에서 이러한 분석 대상 데이터를 이루고 있는 구성 요소는 바로 '열'이며, 행은 이러한 데이터의 집합으로 분석 대상에 해당하는 '표본'으로 생각할 수 있다.

먼저 전체 데이터 구조를 살펴보자. [A1 셀 선택] → [Ctrl+오른쪽 방향 키]를 누르면 데이터의 끝 열로, [Ctrl+아래 방향 키]를 누르면 끝 행으로 이동한다. 다시 [Ctrl+왼쪽 방향 키], [Ctrl+위 방향 키]를 누르면 원래대로 돌아온다. 이처럼 가장 끝으로 이동하며 열 데이터와 행 번호 등을 확인하며 데이터 규모를 파악해보자.

데이터 공급자가 제공 대상 데이터를 완벽히 이해하고 각 데이터가 무엇을 의미하는지에 대한 설명 내용을 제공하는 것이 가장 바람직하다. 만일 데이터 분석을 의뢰 받았는데 제공 데이터에 대한 설명이 없다면 데이터 공급자에게 당연히 물어봐야 한다. 그런데, 어떤 경우에는 데이터 공급자 역시 해당 데이터에 대한 의미를 잘 이해하지 못하고, 과거부터 관행적으로 수집하던 데이터라고만 설명하는 경우 역시 빈번하게 발생한다. 그런 경우에는 그 데이터는 분석 과정에서 제외하고 분석하기 바란다.

이제 분석을 의뢰 받은 데이터를 이해하는 과정을 진행해 보자. [그림 39]를 보면 열 이름이 영문으로 적혀 있다. 영문을 한글로 바꾸면서 데이터의 의미를 파악해보자. Order Number는 주문번호, Order Date는 주문일자, Order Year는 주문년도, Order Quantity는 주문수량, Sales는 판매금액, Cost of Sales는 판매비용, Profit은 이익, Sales Channel은 판매채널, Product Name은 제품명, Manufacturer는 제조사, Brand Name은 브랜드명, Product Sub Category는 제품하위카테고리, Sales Region은 판매지역, Sales City는 판매도시, Sales Country는 판매국가로 설정하겠다. 아마 이해가 잘 되지 않는 데이터(열)는 없을 것이다. 의미 있는 인사이트 도출을 위한 탐색적 데이터 분석을 시작하기 전에 데이터를 이해하는 작업을 진행해봤다.

그리고, 다음 단계의 실습 사례를 좀더 원활하기 진행하기 위해서 데이터 이해를 위해 수정한 열 이름이 반영된 현재 파일을 그대로 저장하도록 하겠다.

분석 모델 기반 데이터 분석 입문

탐색적 데이터 분석 단계에서 많이 다루는 분석 모델은 크게 세 분류로 구분할 수 있는데, 비즈니스 분석 모델, 통계 분석 모델, 서비스 분석 모델이 있다.

비즈니스 분석 모델에는 경향분석(Trend Analysis), 비교분석(Comparison Analysis), 순위분석(Ranking Analysis), 기여분석(Contribution Analysis), 빈도분석(Frequency Analysis), 차이분석(Variance Analysis), 파레토 분석(Pareto Analysis), 상관분석(Correlation Analysis) 등 매우 다양한 분석 모델이 존재한다. 확보한 데이터에서 목적에 알맞은 분석 모델을 적용하여 인사이트를 도출하고, 의미 있는 가설을 세워가는 방식으로 다양한 추가 분석을 진행할 수 있다.

통계 분석 모델은 앞 챕터에서 다루었던 내용 이외에 분석 목적에 따라 공분산분석(ANOVA)이나 로지스틱 회귀분석(Logistic Regression) 같은 다양한 분석 모델이 존재하며, 고급 분석을 위해서는 이러한 회귀 분석 모델에 대한 학습이 필요하다.

서비스 분석 모델은 고객 유입 경로나 모바일 애플리케이션에서 소비자의 행동 패턴, 모바일 애플리케이션의 가치와 질적 성장을 위한 전략 등을 다룬다. 이 부분은 그로스해킹이라는 주제로 별도 도서인 「마켓 4.0 그로스해킹」에서 상세히 다루며, 마소 캠퍼스 VOD 강좌(그로스해킹 실무 마스터)로도 심화 과정을 제공하고 있다. 이 책은 서비스 분석 모델보다는 통계 분석과 비즈니스 분석 모델 중심으로 구성되었다.

Key Metrics 도출하기

핵심 지표 분석을 진행할 파일은 이전 실습에서 활용한 파일과 동일한 파일이다. 영문 열 항목을 한글 열로 바꾸면서 높아진 데이터 이해도를 적용해서 분석을 진행하겠다.

데이터 분석을 한 마디로 말하면 '데이터를 요약하는 기술'이라 할 수 있는데, 진행 방식은 '숫자로 요약하기'나 '그래프로 요약하기'라는 기법을 사용한다. [그림 39]처럼 데이터 전체를 본다고 해서 의미 있는 분석 인사이트가 저절로 도출되지는 않는다. 핵심 KPI를 중심으로 데이터를 요약하는 방법을 알아보자.

1. 실습 파일을 실행한다.

2. 실습 데이터에서 [삽입] → [피벗 테이블]을 눌러 새 워크시트에 피벗 테이블을 만든다. 새 워크시트의 이름을 '피벗 테이블_Key Metrics'로 수정한다.

3. 총매출과 총 이익, 총 주문수량, 평균판매금액, 최대판매금액, 최소판매금액을 알아보려고 한다. 이를 구하기 위해 판매금액 4개와 이익, 주문수량을 값으로 드래그한다.

필터	열
	Σ 값

행	Σ 값
	합계 : 판매금액
	합계 : 이익
	합계 : 주문수량
	평균 : 판매금액2
	최대값 : 판매금액3
	최소값 : 판매금액4

합계 : 판매금액	합계 : 이익	합계 : 주문수량	합계 : 판매금액2	합계 : 판매금액3	합계 : 판매금액4
198,023,846,933	88,971,751,893	251,126	198,023,846,933	198,023,846,933	198,023,846,933

[그림 40-1] 피벗 테이블 만들기 1

4. 피벗 테이블에서 [합계: 판매금액2의 값을 오른클릭] → [값 요약 기준] → [평균]을 선택해서 평균으로 변경한다. 같은 방식으로 판매금액3은 최댓값으로, 판매금액4는 최솟값으로 변경한다. 그리고 모든 열에 셀 서식을 이용하여 천 단위 구분 기호 표시를 한다.

합계 : 판매금액	합계 : 이익	합계 : 주문수량	평균 : 판매금액2	최대 : 판매금액3	최소 : 판매금액4
198,023,846,933	88,971,751,893	251,126	13,201,590	802,606,362	8

[그림 40-2] 피벗 테이블 만들기 2

5. 모든 요약값을 피벗 테이블 필드에서 열에 추가한 상태이므로 [그림 40-3]처럼 요약값이 열에 추가되는 방식으로 나열된다. 값을 전부 행으로 옮기면 [그림 40-3]처럼 '행' 방향으로 나열된다.

| [그림 40-3] 값을 열에서 행으로 옮기기(좌측)와 그 결과(우측)

6. 피벗 테이블의 맨 위 셀의 '값' 항목을 [그림 40-3]의 우측과 같이 'Key Metrics'로 수정한다.

7. 핵심 KPI 중심으로 값을 요약한 결과 이 회사의 총매출은 약 1,980억 정도이며, 이익이 약 889억 정도로 파악된다. 주문 수량은 약 25만 건 이고, 평균 1,400만 원 정도의 제품이 많이 팔린다. 또한 제일 싼 제품은 8원이고 제일 비싼 제품은 8억이다. 원본 데이터만으로는 어떠한 인사이트도 도출하지 못했지만, 기본 데이터에 대한 요약을 진행하니 회사가 상당히 견고하며, 단기간에 망할 가능성도 낮다는 인사이트를 도출해 낼 수 있다. 1,980억이라는 매출액을 만들어 내고 있으며 이익이 889억이라면 튼튼한 회사라는 평가를 내릴 수 있기 때문이다. 이처

럼 데이터를 파악하고, BSC 프레임워크로 도출한 KPI를 기준 삼아 데이터를 요약하는 일이 데이터 분석의 시작이다.

경향분석(Trend Analysis)

먼저 적용해보고자 하는 분석 모델은 경향분석(Trend Analysis)이다. 경향분석은 시간의 경과에 따른 데이터의 변화에 따른 인사이트를 도출해내고자 할 때 주로 사용한다. 연도/분기/월 단위로 시간에 걸쳐 측정하기 때문에 과거 데이터에서 인사이트를 찾거나, 미래를 예측하는 기반으로 활용할 수 있다. 경향분석은 주로 '내년도 판매량은 어느 정도가 될 것인가?' 혹은 '향후 2~3년의 판매량은 어떻게 될 것인가?', '내년도 제품 카테고리별 수요량은 어떻게 될 것인가?', '계절적 요인을 감안했을 때 원재료 확보 전략을 어떻게 수립할 수 있는가?'와 같은 문제를 풀어야 할 때 사용한다. 또한, 라인 그래프(꺾은선 그래프)나 Area 그래프(누적 영역형)로 경향분석 결과를 시각화하는 용도로 많이 활용한다.

경향분석을 진행할 파일은 실습 폴더의 [실습08_비즈니스 분석 실무] → [01_경향분석_Trend Analysis_v2.1.xlsx]이다.

데이터 분석 분야에 이제 막 입문했다면 무엇부터 해야 하는지 갈피를 잡기 어렵기 때문에, 모든 분석 모델 실습 파일에 분석 방향을 제시하는 'Business Question'을 미리 도출해 두었다. 'Business Question'에서 제시하는 의문을 풀어가는 방식으로 분석 모델을 학습해 보자.

1. 실습 파일을 실행한다.

2. 데이터를 요약하기 위해 피벗 테이블을 만들고 새 워크시트의 이름을 '피벗 테이블_경향분석'으로 변경한다.

3. '경향분석_BQ' 시트의 'Business Question'을 피벗 테이블이 있는 시트로 복사하여 붙여 넣는다. 첫 질문인 '연도별 월별 판매금액은 어떻게 되는가?'를 알아볼 수 있도록 데이터를 요약하고자 한다. 해당 질문을 A2 셀에 복사하여 붙여 넣는다.

| [그림 41-1] 경향분석 Business Question

4. 피벗 테이블 필드에서 연도와 월 정보를 모두 포함하는 주문일자를 행으로, 판매금액을 값으로 드래그한다. 셀 서식을 이용하여 판매금액이 있는 B열에 천 단위 구분 기호 표시를 한다.

- 년도별 월별 판매금액은 어떻게 되는가?		
행 레이블	**합계 : 판매금액**	
2017-01-01	108246365	
2017-01-02	277033294	
2017-01-03	107122641	
2017-01-04	151680453	
2017-01-05	135154268	
2017-01-06	111538738	
2017-01-07	107510483	
2017-01-08	266648461	
2017-01-09	143432365	
2017-01-10	151086946	
2017-01-11	81872981	
2017-01-12	46100635	
2017-01-13	181424470	
2017-01-14	105149160	
2017-01-15	139530866	

| [그림 41-2] 피벗 테이블 만들기(경향분석)

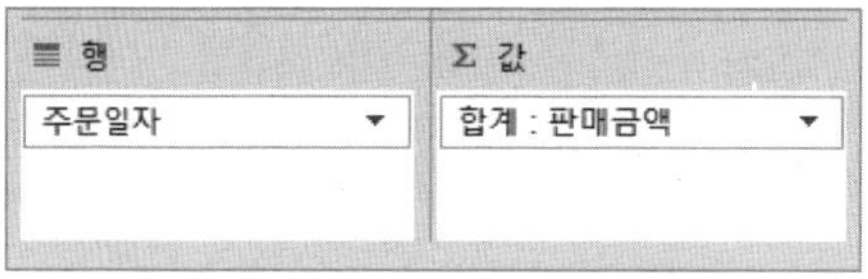

5. 4에서 만든 데이터는 일별 매출이다. 이를 연도별, 월별 정보로 요약하기 위해 [주문일자 데이터를 오른클릭] → [그룹] → [연, 월 선택] → [확인]을 클릭한다.

- 년도별 월별 판매금액은 어떻게 되는가?		
행 레이블	**합계 : 판매금액**	
⊟2017년	**56110970577**	
1월	4214337836	
2월	4992798437	
3월	6895508927	
4월	5779688862	
5월	5179367669	
6월	3384432992	
7월	3738049302	
8월	3046006919	
9월	4650258595	
10월	3743599934	
11월	4774046762	
12월	5712874342	
⊟2018년	**42598177134**	

| [그림 41-3] 연도별, 월별로 그룹화하기

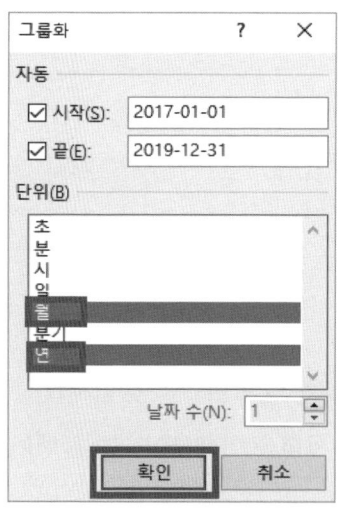

만일 분기별 매출이 궁금하다면 [그림 41-3](좌측)에서 분기를 선택한다.

6. 데이터 크기가 지나치게 커서 경향을 한눈에 파악하기 어렵다. 따라서 차트를 생성해서 시각화한다.[19] [피벗 테이블 클릭] → [피벗 테이블 도구] → [분석] → [피벗 차트] → [꺾은 선형] → [확인]을 눌러 차트를 생성한 후, 요약 레이블을 클릭하고 [Delete] 키를 눌러 삭제한다.

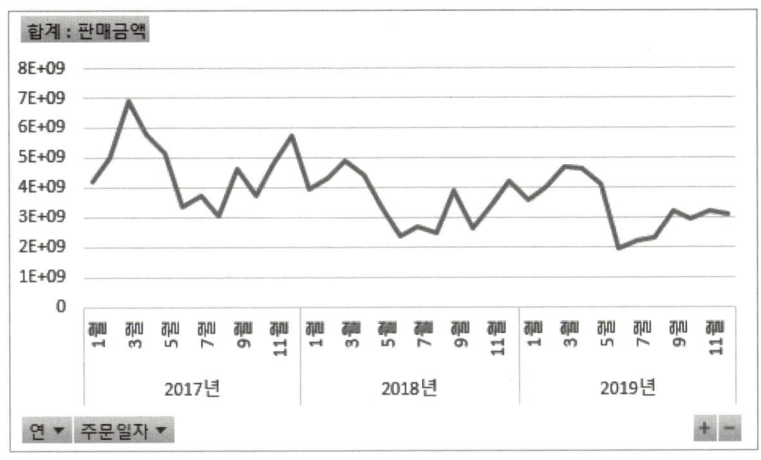

| [그림 41-4] 연도별, 월별 피벗 차트

그래프를 보면 분석 데이터가 어떠한 경향을 보이는지 매우 쉽게 파악할 수 있다. 이 데이터에서는 시간이 지나면서 매출이 계속 감소한다는 인사이트를 도출해낼 수 있다.

---

19. '챕터 3' 참고.

7. 두 번째 질문인 '계절적 요인이 매출에 영향이 있는가?'에 답할 수 있도록 데이터를 요약하고자 한다. 이번에는 5처럼 연과 월로 그룹화하지 않고 월만 선택한다. 변동 사항을 반영하여 차트도 형태가 바뀐다.

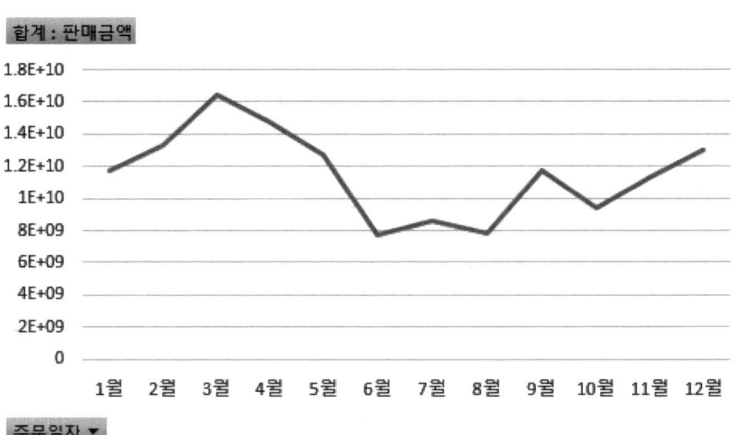

[그림 41-5] 계절별 피벗 차트

[그림 41-5]을 보면 3월이 성수기이고, 6월부터 8월까지 비수기였다가 11월과 12월에 다시 매출이 증가한다. 만약에 당신이 전략 구매 부서의 데이터 분석을 담당하고 있다면, 이 데이터를 어떻게 활용할 수 있을까? 구매 부서의 기본 구매 원칙상 재고를 최소화하기 위하여 2주 단위로 발주를 진행했다면, 1월의 구매 전략을 판매량이 많은 3월을 대비하여 2개월 구매 단위로 발주 물량에 변화를 줘서 볼륨 디스카운트를 요청할 수 있다. 이 방법으로 비용 절감과 적절한 재고량 확보를 노릴 수 있을 것이다.

한편 같은 데이터를 인사 부서에서는 어떻게 활용할 수 있을까? 3월이 최대 성수기이므로 이때를 대비한 인력 계획은 교육 기간과 업무 숙련도를 감안하면 3월 기준 적어도 5~6개월 전에는 인력 충원이 되어야 할 것이다. 만약 이 전략으로 10월에 신입사원을 채용했는데, 신입 사원이 10월에 입사해서 11월부터 2월까지 열심히 일한 뒤 성수기인 3월에 휴가를 다녀온다면 생각했던 채용 전략이 큰 효과를 보지 못할 수도 있다. 따라서, 인사 관점에서는 채용 교육 과정에서 회사 업무 현황을 설명하면서 3월에 집중 근로기간 캠페인을 진행하며, 6 ~ 8월을 휴가 장려 기간으로 안내를 한다면 신입사원 역시 이러한 회사의 주요 업무 캘린더를 참고해서 개인 일정을 조정해 나갈 수 있을 것이다. 이런 노력의 결과로 사업에서 가장 바쁜 시기에 일손이 모자라는 상황을 피할 수 있을 것이다.

8. 데이터 분석을 하려면 항상 모아서 보기와 쪼개서 보기라는 방법을 기억해야 한다. 지금까지 데이터를 모아서 값으로 보기와, 그래프로 보기로 인사이트를 도출해내는 방법을 배웠다. 이번에는 데이터를 쪼개서 보는 방법에 대해서 학습하도록 하겠다. 현재 데이터에 이 방법을 다음과 같이 적용할 수 있다. 먼저 슬라이서를 사용하는 방법이 있다. [피벗 테이블 클릭] → [피벗 테이블 도구] → [분석] → [슬라이서 삽입] → [제품카테고리 선택] → [확인]을 눌러 [그림 41-6]와 같은 슬라이서를 생성한다.

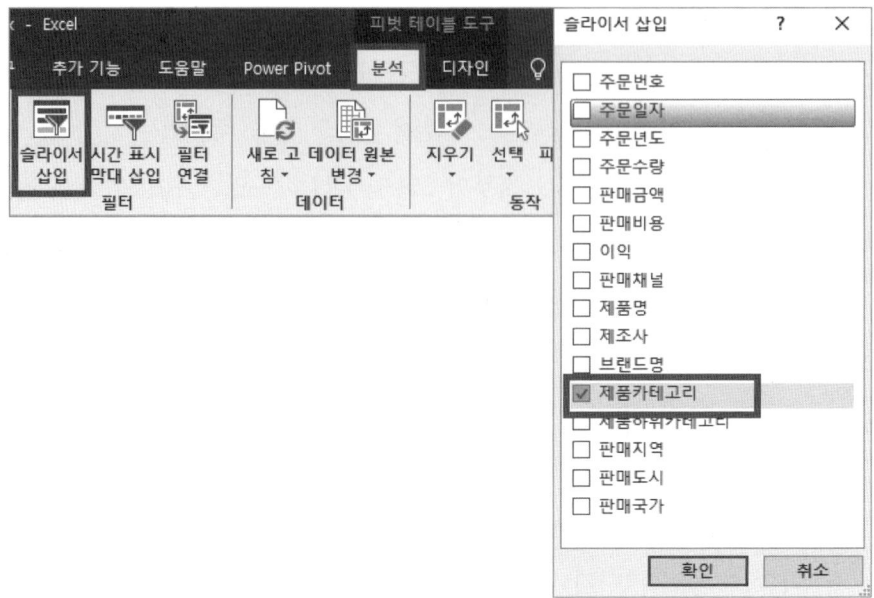

| [그림 41-6] 슬라이서 삽입

슬라이서 항목에서 '제품 카테고리'를 선택하면 데이터에서 카테고리별 매출을 확인할 수 있게 된다.

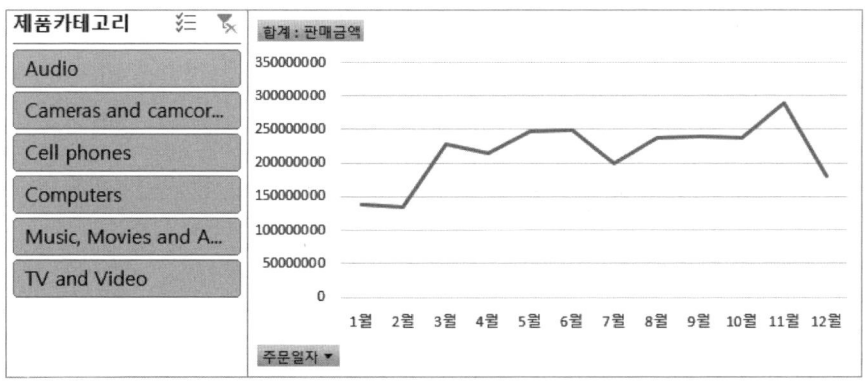

| [그림 41-7] 슬라이서(좌측)와 슬라이서에서 Audio를 선택한 피벗 차트(우측)

9. 다음으로 필터를 사용하는 방법이 있다. 피벗 차트 필드에서 '판매국가'를 필터로 드래그하면 피벗 테이블 위에 필터 버튼이 새로 생긴다. 필터 버튼을 눌러서 원하는 국가를 선택하고 국가별 매출을 확인할 수 있다.

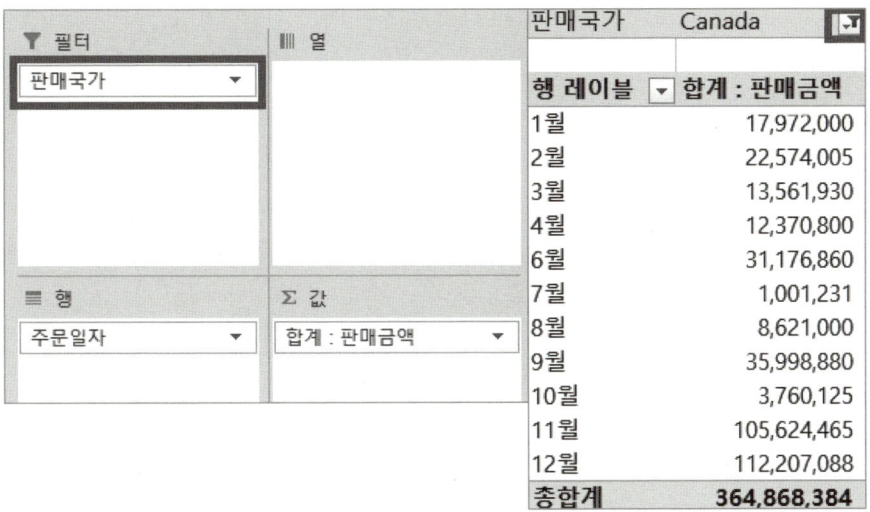

| [그림 41-8] 필터 사용하기

비교분석(Comparison Analysis)

비교분석(Comparison Analysis)은 분석 대상을 항목별로 나누어 값을 비교하는 분석 방법이다. 가령 '가장 높은 판매금액을 발생시키는 제조사는 어떤 회사일까?'나, '어느 해에 최고의 매출이 발생했는가?', '어떤 제품별 하위 카테고리가 최고의 매출을 발생시켰는가?', '어떤 국가가 가장 낮은 이익을 기록했는가?' 와 같은 질문에 답을 구해야 할 때 주로 활용한다. 비교분석을 통해 인사이트를 얻기 위한 데이터 시각화는 컬럼 그래프와 막대그래프를 주로 활용한다. 비교분석을 연습해 보자.

실습을 진행할 파일은 실습 폴더의 [실습08_비즈니스 분석 실무] → [02_비교분석_Comparison Analysis_v2.2.xlsx]이다.

1. 실습 파일을 실행한다.

2. 새 워크시트에 피벗 테이블을 만들고 이름을 '피벗 테이블_비교분석'으로 바꾼다.

3. '비교분석_BQ' 시트에서 Business Question을 피벗 테이블이 있는 시트로 복사하여 붙여 넣는다. 먼저 '연도별 판매금액과 이익을 비교'하는 데이터를 요약하고자 한다. 해당 질문을 A2 셀에 붙여 넣는다.

| [그림 42-1] 비교분석 Business Question

4. 피벗 테이블 필드에서 주문년도[20]를 행으로, 판매금액과 이익을 값으로 드래그한다. 셀 서식을 이용하여 판매금액과 이익이 있는 B, C열에 천 단위 구분 기호 표시를 선택한다.

년도별 판매금액과 이익을 비교

행 레이블	합계 : 판매금액	합계 : 이익
2017	56,124,288,514	36,635,816,053
2018	42,592,686,259	27,250,039,867
2019	39,756,924,478	25,083,035,976
총합계	**138,473,899,251**	**88,968,891,896**

| [그림 42-2] 피벗 테이블 만들기(비교분석) 1

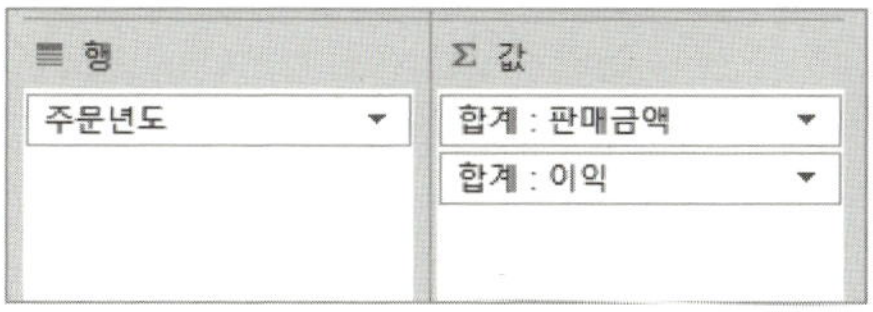

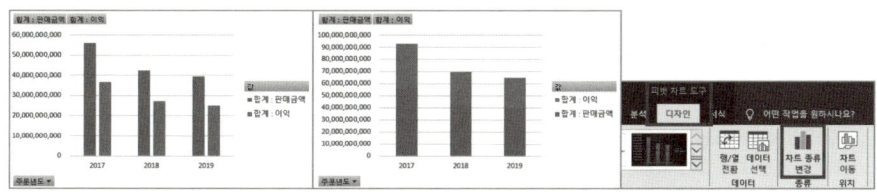

5. [그림 42-2]처럼 값이 지나치게 크면 한눈에 비교하기 어렵다. 따라서 그래프를 생성하여 직관적으로 비교할 수 있도록 만든다. 차트 유형은 묶은 세로 막대형이나 누적 세로 막대형 차트를 추천한다. 차트를 선택하고 [피벗 차트 도구] → [디자인] → [차트 종류 변경]을 클릭하여 다른 종류로 변경할 수도 있다.

| [그림 42-3] 묶은 세로 막대형(좌측)과 누적 세로 막대형(가운데), 차트 종류 변경(우측)

20. 올바른 표현은 '주문 연도'이지만, 실습자료의 표기와 혼선이 없도록 '주문년도'를 그대로 사용하였다. 이외에도 모든 실습 설명에 사용하는 단어는 실습 파일의 표기와 동일하게 한다.

6. 다음 Business Question은 '제조사별 판매금액을 비교'하는 일이다. 데이터를 알맞게 요약해 보자. 해당 질문을 A14 셀에 붙여 넣는다. 한 시트에 피벗 테이블을 여러 개 생성해도 괜찮다.

7. 새로운 피벗 테이블을 기존 워크시트 A15 셀에 생성한다.

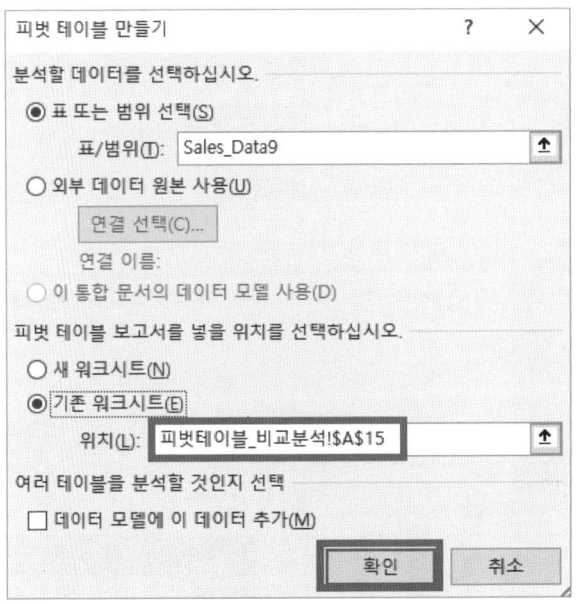

| [그림 42-4] 기존 워크시트에 피벗 테이블 생성하기

8. 피벗 테이블 필드에서 제조사를 행으로, 판매금액을 값으로 드래그한다. 판매금액이 있는 B열에 천 단위 구분 기호를 표시한다.

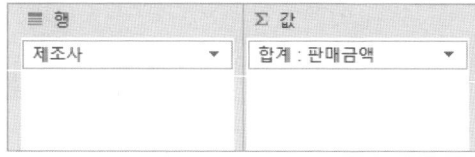

| [그림 42-5] 피벗 테이블 만들기(비교분석) 2

9. 세로 막대형으로 차트를 생성하여 시각화한다. 요약 레이블은 클릭하고 [Delete] 키를 눌러 삭제한다.

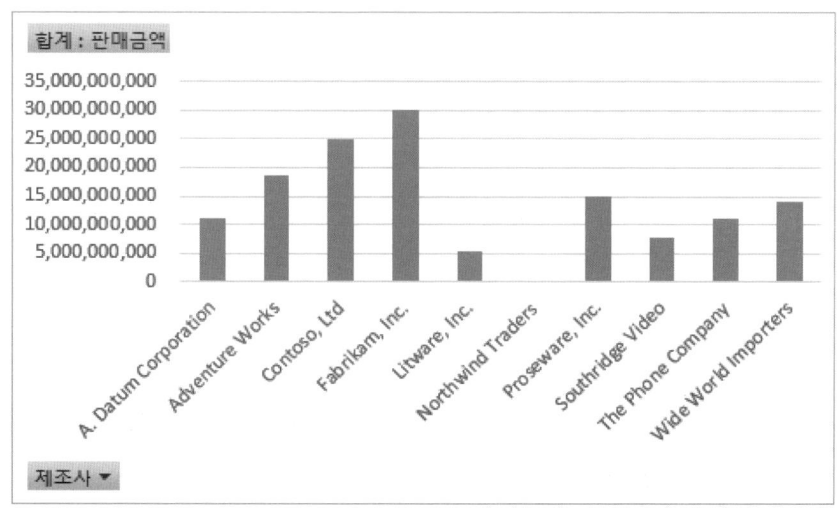

| [그림 42-6] 피벗 차트(비교분석) 1

10. 더 쉽게 파악하기 위해 [피벗 테이블의 판매금액 데이터 오른클릭] → [정렬] → [숫자 내림차순 정렬]을 클릭하여 데이터를 정렬한다. 데이터를 정렬하면 차트도 자동으로 정렬된다.

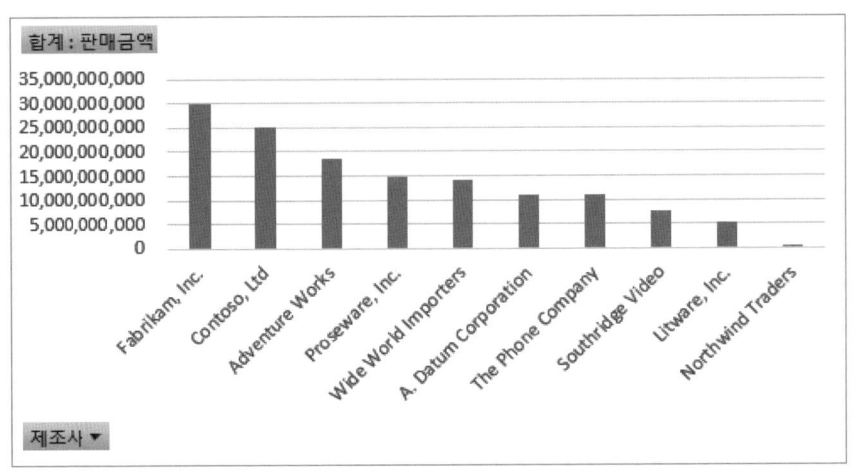

| [그림 42-7] 피벗 차트 정렬

[그림 42-7]처럼 정렬하면 제조사별 판매금액 순위를 쉽게 파악할 수 있다.

11. 다음 Business Question은 '브랜드별 이익을 비교'하는 데이터 요약이다. 해당 질문을 A29 셀에 붙여 넣는다.

12. 이번에는 새로운 피벗 테이블을 복사하여 붙여 넣기로 생성해 보자. 기존 피벗 테이블을 블록으로 지정하여 [Ctrl+C]와 [Ctrl+V]로 A30

셀에 붙여 넣는다. 새로운 피벗 테이블에서 아무 곳이나 선택하고 [피벗 테이블 도구] → [지우기] → [모두 지우기]를 선택하면 빈 피벗 테이블이 된다.

| [그림 42-8] 지우기

13. 피벗 테이블 필드에서 브랜드명을 행으로, 판매금액을 값으로 드래그한다. 판매금액이 있는 B열에 천 단위 구분 기호를 표시한다.

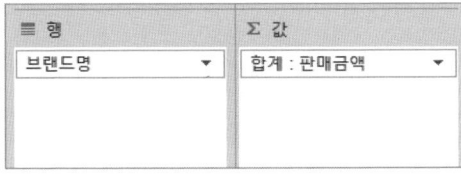

행 레이블	합계 : 판매금액
노쓰윈드 트레이더스	365,930,111
데이텀	11,012,455,001
리트웨어	1,335,785,035
리트웨어	3,985,570,046
사우쓰 비디오	7,781,769,136
애드웍스	18,632,583,836
애드웍스	36,675,342
월드 임포터스	14,253,074,742
콘토소	25,077,609,696
파브리캄	14,713,325,704
파브리캄	15,338,020,100
폰컴퍼니	10,959,903,150
프로즈웨어	14,981,197,352
총합계	138,473,899,251

| [그림 42-9] 피벗 테이블 만들기(비교분석) 3

14. 한눈에 인사이트를 도출할 수 있도록 피벗 테이블을 시각화한다. 묶은 가로 막대형을 선택한다. 요약 레이블을 클릭하고 [Delete] 키를 눌러 삭제한다. 10과 마찬가지로 오름차순으로 정렬한다.

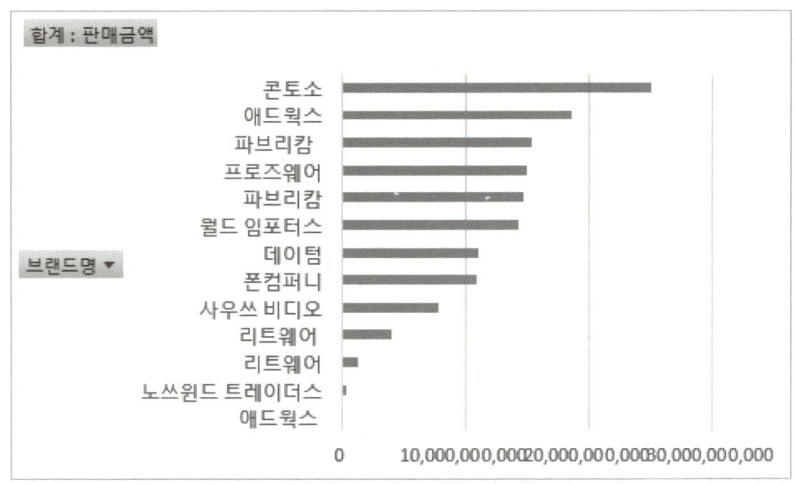

| [그림 42-10] 피벗 차트(비교분석) 2

그런데, [그림 42-10]을 보면 같은 값이 중복해서 나온다. 데이터에 공백이 있어서 생긴 문제다. 데이터 전처리로 공백을 없애 보자.

15. 원본 데이터에서 '브랜드명' 열을 전체 선택하고, [홈] → [찾기 및 선택] → [바꾸기] → [찾을 내용에 Space로 공백 입력] → [바꿀 내용에 아무것도 입력하지 않음] → [모두 바꾸기]로 공백을 제거한다.[21]

---

21. 챕터 5 '데이터 클렌징' 실습 참고.

16. 피벗 테이블로 돌아와서 [피벗 테이블 오른클릭] → [새로 고침]을 누르면 중복이 사라진 그래프를 볼 수 있다.

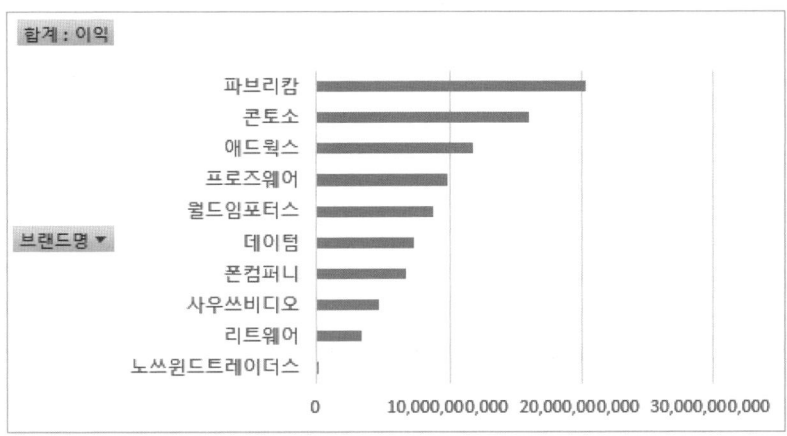

| [그림 42-11] 중복을 제거한 피벗 차트

17. 지금까지 만든 피벗 테이블 3개를 국가별로 보려고 한다. 먼저 필터를 사용한다. 첫 번째 피벗 테이블의 피벗 테이블 필드에서 판매국가를 필터로 드래그하면 첫 번째 피벗 테이블만 원하는 국가를 선택해서 볼 수 있다.

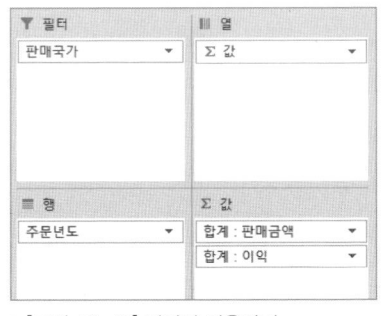

| [그림 42-12] 필터링 이용하기

18. 이번에는 슬라이서를 사용해 보자. [피벗 테이블 선택] → [피벗 테이블 도구] → [분석] → [슬라이서 삽입] → [판매국가 선택] → [확인]을 클릭하여 슬라이서를 생성한다. [슬라이서 선택] → [슬라이서 도구] → [보고서 연결] → [모든 피벗 테이블 체크] → [확인]을 클릭하면, 슬라이서에서 항목을 선택할 때마다 연결된 모든 피벗 테이블을 필터링한다. [슬라이서 도구] → [열]에서 슬라이서의 열 개수를 지정할 수 있다.

| [그림 42-13] 슬라이서 옵션(좌측)과 보고서 연결(우측)

| [그림 42-14] 슬라이서로 모든 피벗 테이블의 값을 바꾼 상태

이처럼 필터와 슬라이서는 비슷한 기능이지만 적용 범위가 다르다. 한 피벗 테이블만 쪼개서 보려면 필터를 사용한다. 여러 피벗 테이블에서 동시에 원하는 항목을 보려면 슬라이서를 사용할 수 있다.

순위분석(Ranking Analysis)

순위분석(Ranking Analysis)은 값에 순위를 매겨 인사이트를 도출하는 분석 방법이다. 상위 혹은 하위 10위처럼 특정한 순위 영역에서 데이터를 분석할 때 사용한다. '올해 판매에 가장 큰 기여를 한 TOP 3 달은?'이나, '조회 조건에 따른 동적 랭킹은?', '연도별 최고 판매량을 기록한 국가는?'과 같은 질문에 답을 구할 때 순위분석을 사용한다.

실습을 진행할 파일은 실습 폴더의 [실습08_비즈니스 분석 실무] → [03_순위분석_Ranking Analysis_v2.1.xlsx]이다.

1. 실습 파일을 실행한다.

2. 실습 데이터를 요약하기 위해 새 워크시트에 피벗 테이블을 만들고 이름을 '피벗 테이블_순위분석'으로 변경한다.

3. '순위분석_BQ' 시트의 Business Question을 피벗 테이블이 있는 시트

로 붙여 넣는다. 첫 번째 Business Question인 '판매금액 관점에서 상위 15 국가를 추출'을 A2 셀에 붙여 넣는다.

| [그림 43-1] Business Question(순위분석)

4. 피벗 테이블 필드에서 판매국가를 행으로, 판매금액 2개를 값으로 드래그한다. 셀 서식을 이용하여 판매금액이 있는 B와 C열에 천 단위 구분 기호를 표시한다. [합계: 판매금액2의 값을 오른클릭] → [값 표시 형식] → [내림차순 순위 지정] → [기준을 판매국가로 설정] → [확인]을 눌러 판매금액에 따른 순위를 내림차순으로 정렬한다.

| [그림 43-2] 피벗 테이블 만들기(좌측)와 내림차순 순위 지정 결과(우측)

5. [피벗 테이블의 판매금액 데이터 오른클릭] → [정렬] → [숫자 내림차순 정렬]을 클릭하면 1등부터 차례로 순위를 볼 수 있다.

```
- 판매금액 관점에서 상위 15 국가를 추출
행 레이블        합계 : 판매금액    합계 : 판매금액2
United States   77,419,084,431         1
China           16,149,741,825         2
Germany         11,109,894,262         3
France           7,387,769,764         4
United Kingdom   4,177,492,886         5
Canada           3,141,722,012         6
Japan            2,647,921,991         7
Australia        1,726,512,270         8
India            1,519,855,247         9
Russia           1,420,859,837        10
Italy            1,053,422,171        11
```

| [그림 43-3] 피벗 테이블 정렬(순위분석) 1

이제 [그림 43-3]에서 상위 15개를 추출하면 된다. 이렇게 정리한 데이터는 판매를 강화하거나 철수할 항목을 판단하는 의사 결정 등에 활용할 수 있다.

6. 두 번째 Business Question인 '판매금액 기준으로 제품 하위 카테고리 상위 5개 영역을 추출'을 복사하여 F12 셀에 복사하여 붙여 넣는다.

7. 기존 피벗 테이블을 F13 셀에 복사하여 붙여 넣고 [분석 메뉴의 지우기 항목을 선택] 해서 새로운 피벗 테이블을 만든다.[22] 피벗 테이블 필

---

22. 챕터 7 '비교분석' 실습 12번 참고.

드에서 제품하위카테고리를 행으로, 판매금액 2개를 값으로 드래그한
다. 셀 서식을 이용하여 판매금액이 있는 G와 H열에 천 단위 구분 기
호를 표시한다. 4, 5와 같은 방법으로 피벗 테이블을 정렬한다.

```
- 판매금액 기준으로 제품 하위 카테고리 상위 5개 영역을 추출
행 레이블                합계 : 판매금액      합계 : 판매금액2
Camcorders              21,019,696,900            1
Projectors & Screens    17,593,436,325            2
Laptops                 16,039,254,207            3
Digital SLR Cameras     14,320,161,553            4
Home Theater System     11,829,181,906            5
Desktops                 8,725,692,850            6
Smart phones & PDAs      7,074,695,650            7
Digital Cameras          6,349,480,676            8
Car Video                5,225,259,800            9
Televisions              5,169,054,030           10
```

| [그림 43-4] 피벗 테이블 정렬(순위분석) 2

[그림 43-4]에서 상위 5개를 추출한다.

8. 세 번째 Business Question인 '이익 기준 상위 20%에 기여하는 제품
들을 추출'을 K12 셀에 복사하여 붙여 넣는다.

9. K13 셀에 새로운 피벗 테이블을 생성하고 피벗 테이블 필드에서 제품
명을 행으로, 이익 3개를 값으로 드래그한다. 셀 서식을 이용하여 이익
이 있는 L, M, N열에 천 단위 구분 기호를 표시한다.

10. [합계: 이익2의 값을 오른클릭] → [값 표시 형식] → [열 합계 비율]을

눌러 전체 중 몇 %를 차지하는지 표시한다. [합계: 이익3의 값을 오른 클릭] → [값 표시 형식] → [누계 비율] → [기준을 제품명으로 설정] →[확인]을 누르면 누계비율을 나타낼 수 있다. 누계 비율은 열 합계 비율에 대한 상위 행 비율 값을 해당 행 비율값까지 더해온 값이다. [피벗 테이블의 이익 데이터 오른클릭] → [정렬] → [숫자 내림차순 정렬]을 하면 이익을 가장 큰 값부터 정렬할 수 있다.

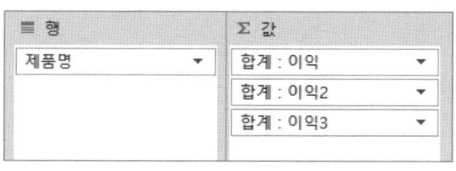 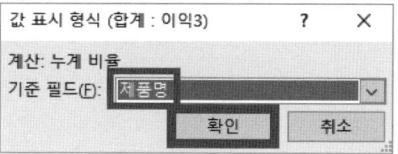

| [그림 43-5] 피벗 테이블 만들기(순위분석) 1

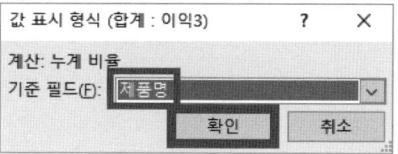

| [그림 43-6] 피벗 테이블(순위분석)

[그림 43-6]에서 누계 비율(합계: 이익3)을 보고 상위 20%를 추출한다.

11. 네 번째 Business Question인 '년도별, 월별 이익 순위를 도출하고 제품 카테고리를 활용한 리뷰 진행'을 A40 셀에 복사하여 붙여 넣는다.

12. A41 셀에 새로운 피벗 테이블을 만들고, 피벗 테이블 필드에서 주문일자를 행으로, 이익 2개를 값으로 드래그한다. 셀 서식을 이용하여 이익이 있는 B, C열에 천 단위 구분 기호를 표시한다. 그리고 주문일자를 연도별, 월별로 그룹화한다.[23] 4, 5와 같은 방법으로 '합계: 이익 2'를 정렬한다.

| [그림 43-7] 피벗 테이블 만들기(순위분석) 2

행 레이블	합계 : 이익	합계 : 이익2
⊟ 2017년	36,629,941,169	
1월	2,922,665,957	8
2월	3,240,314,581	5
3월	4,735,824,674	1
4월	3,521,697,293	3
5월	3,183,559,084	6
6월	2,101,414,344	11
7월	2,512,147,781	9
8월	1,922,344,851	12
9월	2,977,937,903	7
10월	2,400,062,909	10
11월	3,363,136,456	4
12월	3,748,835,336	2
⊟ 2018년	27,279,527,788	

13. 이 피벗 테이블만 제품별로 보고자 하므로 필터를 사용해야 한다. 피벗 테이블 필드에서 제품카테고리를 필터로 드래그한다.

제품카테고리	Computers	
- 년도별, 월별 이익 순위를 도출하고 제품 카테고리를 활용한 리뷰 진행		
행 레이블	합계 : 이익	합계 : 이익2
⊟ 2017년	12,319,831,999	
1월	1,214,448,535	4
2월	1,969,024,943	2
3월	2,916,767,004	1
4월	1,485,366,694	3
5월	1,200,041,836	5
6월	344,823,135	11
7월	486,978,147	8
8월	457,399,121	9
9월	579,074,207	7
10월	338,674,651	12
11월	412,342,937	10
12월	914,890,789	6
⊟ 2018년	10,179,748,394	

| [그림 43-8] 제품카테고리로 필터 적용하기

---

23. 챕터 7 '경향분석' 실습 5번 참고.

연을 필터로 가져가면 연도별로도 볼 수 있다.

14. 다섯 번째 Business Question인 '국가별 판매금액/이익에 대한 순위 분석'을 A59 셀에 복사하여 붙여 넣는다.

15. A60 셀에 새로운 피벗 테이블을 만든다. 피벗 테이블 필드에서 판매 국가를 행으로, 판매금액 2개와 이익 2개를 값으로 드래그한다. 셀 서식을 이용하여 이익이 있는 B, C, D, E열에 천 단위 구분 기호를 표시한다. 4, 5와 같은 방법으로 '합계: 판매금액2'와 '합계: 이익2'를 한 번씩 내림차순으로 정렬하여 순위를 비교해 보자.

행 레이블	합계 : 판매금액	합계 : 판매금액2	합계 : 이익	합계 : 이익2
United States	77,419,084,431	1	49,298,805,653	1
China	16,149,741,825	2	10,621,540,341	2
Germany	11,109,894,262	3	7,581,164,803	3
France	7,387,769,764	4	4,366,170,050	4
United Kingdom	4,177,492,886	5	2,731,010,208	5
Canada	3,141,722,012	6	2,074,903,948	6
Japan	2,647,921,991	7	1,603,607,392	7
Australia	1,726,512,270	8	1,209,160,757	8
India	1,519,855,247	9	1,074,121,505	9
Russia	1,420,859,837	10	814,544,569	10
Italy	1,052,432,171	11	608,863,731	12

[그림 43-9] '판매금액' 기준 피벗 테이블 정렬

기여분석(Contribution Analysis)

기여분석(Contribution Analysis)이란 데이터에서 특정 항목이 전체에서 차지하는 비율을 산출하는 분석 방법이다. 사람들은 대개 큰 숫자를 즉시 처리하고 이해하는 능력이 부족하기 때문에, 기여분석처럼 숫자를 비율로 전환해야 값을 훨씬 쉽게 이해할 수 있는 경우가 많다. 기여분석은 제품 카테고리와 판매채널의 매출 기여도나 오프라인과 온라인의 매출 비중, 국가별 이익 기여도, 연도별, 분기별, 브랜드별 매출 기여도 등을 도출할 때 사용한다. 주로 파이 차트를 사용하여 시각화하지만, 시간 흐름에 따른 기여도를 시각화하려면 누적 영역형 그래프를 사용하기도 한다.

실습을 진행할 파일은 실습 폴더의 [실습08_비즈니스 분석 실무] → [04_기여분석_Contribution Analysis_v2.1.xlsx]이다.

1. 실습 파일을 실행한다.

2. 새 워크시트에 피벗 테이블을 만들고, 이름을 '피벗 테이블_기여분석'으로 변경한다.

3. '기여분석_BQ' 시트의 Business Question을 피벗 테이블이 있는 시트로 붙여 넣는다. 첫 번째 Business Question인 '제품 카테고리와 판매

채널의 매출 기여도를 도출'을 A2 셀에 복사하여 붙여 넣는다.

| [그림 44-1] Business Question(기여분석)

4. 피벗 테이블 필드에서 제품카테고리와 판매채널을 행으로, 판매금액을 값으로 드래그한다. 셀 서식을 이용하여 판매금액이 있는 B열에 천 단위 구분 기호를 표시한다.

| [그림 44-2] 피벗 테이블 만들기(기여분석) 1

[그림 44-2]처럼 제품카테고리별 판매금액을 채널마다 확인할 수 있다.

5. 피벗 테이블 필드에서 판매채널을 제품카테고리 위로 드래그하면 채널별 제품카테고리별 판매금액을 확인할 수 있다.

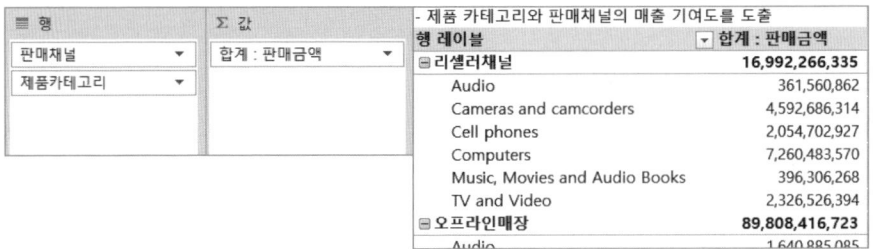

| [그림 44-3] 피벗 테이블 만들기(기여분석) 2

6. 방법 4, 5처럼 정렬 기준을 변경하기보다는 판매채널을 열로 드래그하여 크로스탭 형태를 만든다. 그리고 기여도를 도출하기 위해 [데이터 오른클릭] → [값 표시 형식] → [총합계 비율]을 클릭한다.

| [그림 44-4] 크로스탭 형식으로 본 총합계 비율

[그림 44-4]처럼 크로스탭을 완성하면, 어떤 제품 카테고리가 특정한 채널에서 전체 매출 중 몇 %를 차지하는지 손쉽게 파악할 수 있다.

7. 이번에는 [데이터 오른클릭] → [값 표시 형식] → [열 합계 비율]을 클릭한다. 그 결과, [그림 44-5]처럼 각 채널마다 제품카테고리별 매출 기여도를 확인할 수 있다.

합계 : 판매금액 행 레이블	열 레이블 리셀러채널	오프라인매장	온라인채널	카탈로그	총합계
Audio	2.13%	1.83%	2.12%	1.17%	1.87%
Cameras and camcorders	27.03%	31.56%	30.17%	30.18%	30.69%
Cell phones	12.09%	10.41%	10.36%	10.37%	10.61%
Computers	42.73%	38.30%	36.27%	38.09%	38.49%
Music, Movies and Audio Books	2.33%	1.87%	1.76%	1.95%	1.91%
TV and Video	13.69%	16.03%	19.32%	18.24%	16.43%
총합계	100.00%	100.00%	100.00%	100.00%	100.00%

- 제품 카테고리와 판매채널의 매출 기여도를 도출

| [그림 44-5] 열 합계 비율

이번에는 반대로 [데이터 오른클릭] → [값 표시 형식] → [행 합계 비율]을 클릭한다. [그림 44-6]과 같이 제품카테고리별 매출 기여도를 판매채널별로 확인할 수 있다.

합계 : 판매금액 행 레이블	열 레이블 리셀러채널	오프라인매장	온라인채널	카탈로그	총합계
Audio	13.95%	63.32%	18.86%	3.87%	100.00%
Cameras and camcorders	10.81%	66.70%	16.40%	6.09%	100.00%
Cell phones	13.99%	63.66%	16.29%	6.06%	100.00%
Computers	13.62%	64.53%	15.72%	6.13%	100.00%
Music, Movies and Audio Books	14.95%	63.35%	15.37%	6.32%	100.00%
TV and Video	10.23%	63.28%	19.62%	6.88%	100.00%
총합계	12.27%	64.86%	16.68%	6.19%	100.00%

- 제품 카테고리와 판매채널의 매출 기여도를 도출

| [그림 44-6] 행 합계 비율

8. 두 번째 Business Question인 '제품 카테고리별 이익 기여도를 도출'을 A14 셀에 복사하여 붙여 넣는다.

9. A15 셀에 새로운 피벗 테이블을 만든다. 피벗 테이블 필드에서 제품

카테고리를 행으로, 이익을 값으로 드래그한다. 7과 동일한 방법으로 이익을 열 합계 비율로 설정하여 제품카테고리별 이익기여도를 도출한다.

행 레이블	합계 : 이익
Audio	1.67%
Cameras and camcorders	31.85%
Cell phones	10.30%
Computers	38.28%
Music, Movies and Audio Books	1.89%
TV and Video	16.01%
총합계	100.00%

| [그림 44-7] 피벗 테이블 만들기(기여분석) 3

10. 파이차트로 기여분석을 시각화한다. '원형'으로 차트를 생성한 뒤, 요약 레이블을 클릭하여 [Delete] 키를 눌러 삭제한다. 이익을 내림차순으로 정렬하여 차트를 정리한다.

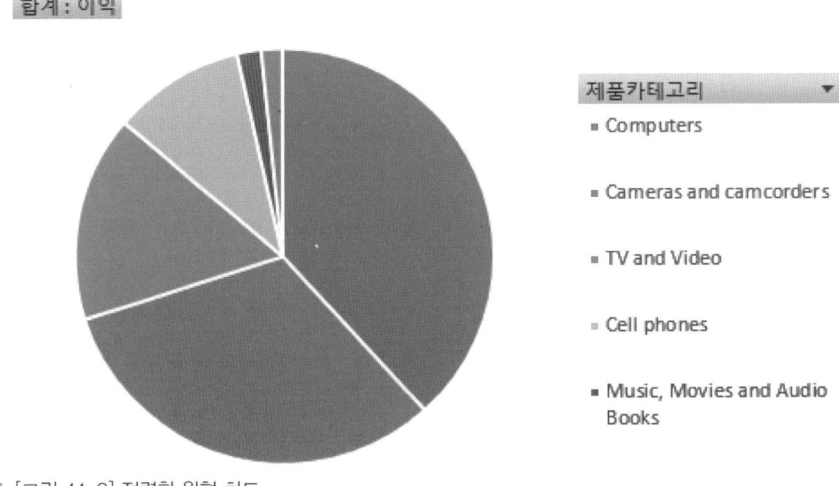

| [그림 44-8] 정렬한 원형 차트

차트를 더 쉽게 파악할 수 있도록 [차트 클릭] → [피벗 차트 도구] → [디자인] → [빠른 레이아웃]에서 원하는 레이아웃을 선택한다. 본 실습에서는 첫 번째를 선택하였다.

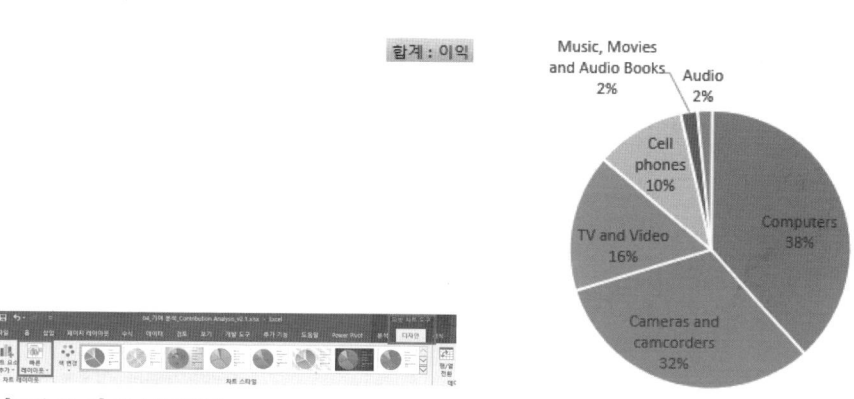

| [그림 44-9] 빠른 레이아웃

11. [차트 클릭] → [피벗 차트 도구] → [차트 종류 변경] → [원형] → [3차원 원형으로 변경] → [확인] → [차트 오른클릭] → [3차원 회전] → [그림 영역 서식에서 X축과 Y축 조절]하여 차트를 3차원으로 변경할 수도 있다.

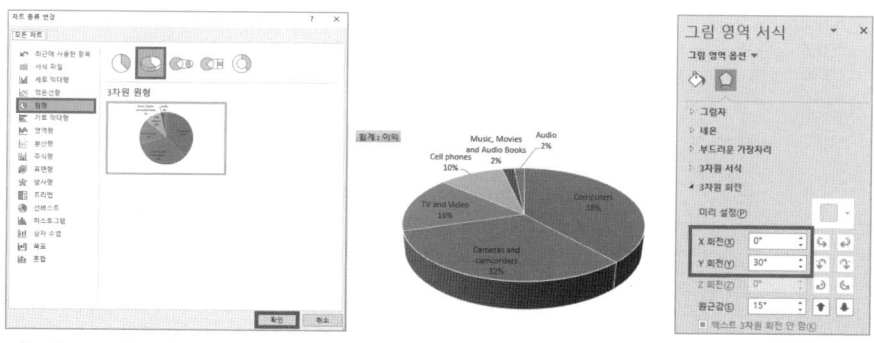

| [그림 44-10] 3차원 원형 그래프

12. 세 번째 Business Question인 '년도별 제품 카테고리의 이익 기여도를 누적 그래프로 표현'을 A26 셀에 붙여 넣는다.

13. A27 셀에 새로운 피벗 테이블을 만든다. 피벗 테이블 필드에서 제품 카테고리를 행으로, 주문년도를 열로, 이익을 값으로 드래그한다. 이익을 '총합계 비율'로 설정한다.

| [그림 44-11] 피벗 테이블 만들기(기여분석) 4

14. '묶은 세로 막대형' 차트를 생성한다.

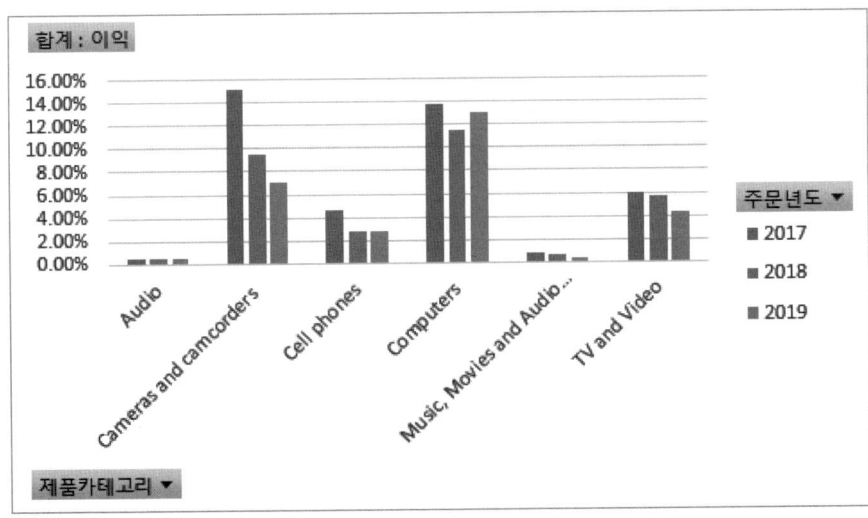

| [그림 44-12] 묶은 세로 막대형 차트

[그림 44-12]를 보고 연도별 제품 카테고리 이익 기여도를 확인할 수 있다.

15. 차트 종류를 '누적 세로 막대형'으로 변경한다. 이익의 값 표시 형식을 열 합계 비율로 한 번, 행 합계 비율로 한 번 설정하여 어떻게 달라지는지 비교한다.

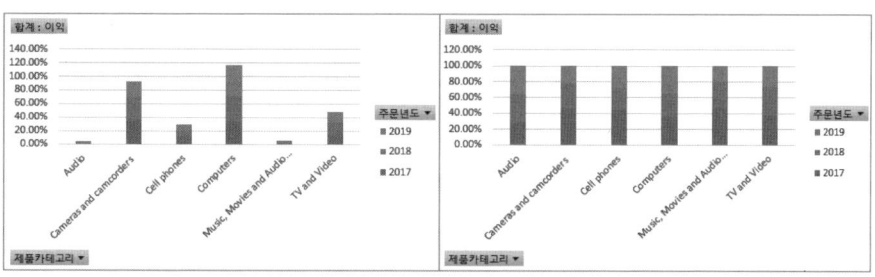

| [그림 44-13] 열 합계 비율(좌측)과 행 합계 비율(우측)

16. 행 합계 비율 상태에서 차트 종류를 [영역형] → [누적 영역형]으로 변경한다.

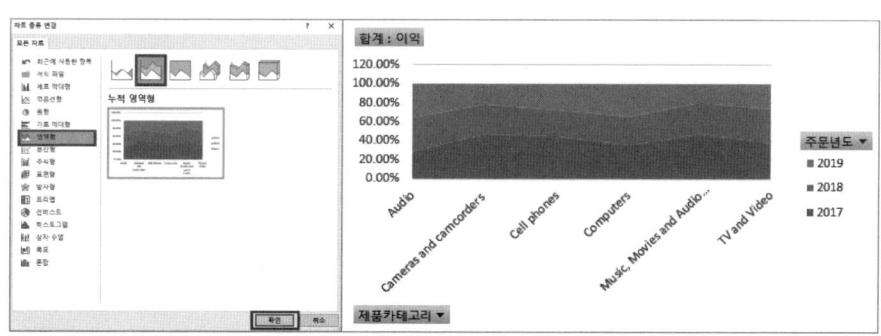

| [그림 44-14] 누적 영역형 차트

17. 제품카테고리별 연도의 기여도 분석보다는 연도별 제품카테고리의 기여도 분석이 더 이해하기 쉬우므로 제품카테고리를 열로, 주문년도를 행으로 드래그한다.

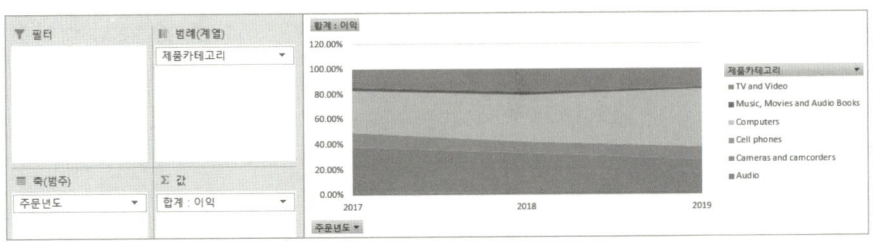

| [그림 44-15] 제품카테고리를 열로, 주문년도를 행으로 변경

Cameras and camcorders의 면적이 시간이 지나며 감소하고, Computers는 증가함을 알 수 있다. 이익을 중심으로 해석하면 컴퓨터가 이 회사에서 가장 중요한 제품 카테고리라고 추정해 볼 수 있다.

빈도분석(Frequency Analysis)

빈도분석(Frequency Analysis)은 데이터나 사건이 발생한 빈도를 계산해서 데이터 분석에 적용하는 기법이다. 데이터를 요약해서 표현하려는 계급(Bucket)을 구성한 후 해당 계급 단위로 발생한 데이터 빈도를 요약한다. 예를 들어, 연령 및 그룹별 직원 수 분석 등에 빈도분석 분석 모델을 적용할 수 있다. 이때 계급을 20대, 30대, 40대처럼 나이로 설정하여, 연령대별 공통 특성 혹은 차이를 도출해낼 수 있다. 이외에도 물류 분석을 위한 주문 수량별 주문 건수, 주문 수량별 이익 분석 등에 활용하며, 주로 히스토그램 방식으로 시각화한다.

실습을 진행할 파일은 실습 폴더의 [실습08_비즈니스 분석 실무] → [05_빈도분석_Frequency Analysis_v2.1.xlsx]이다.

1. 실습 파일을 실행한다.

2. '인사마스터_Data'라는 새로운 데이터 시트가 있다. 먼저 이 데이터를 파악해 보자. [Ctrl+방향 키]로 데이터의 규모와 종류를 살펴본다.

3. '인사마스터_Data'를 요약할 피벗 테이블을 새 워크시트에 생성하고, 이름을 '피벗 테이블_빈도분석1'로 변경한다.

4. '빈도분석_BQ' 시트에서 첫 번째 Business Question 묶음을 피벗 테이블이 있는 시트로 복사하여 붙여 넣는다. 그중 첫 번째 Business Question인 '연령 그룹별(20~30, 30~40 등) 직원수는?'을 A2 셀에 붙여 넣는다.

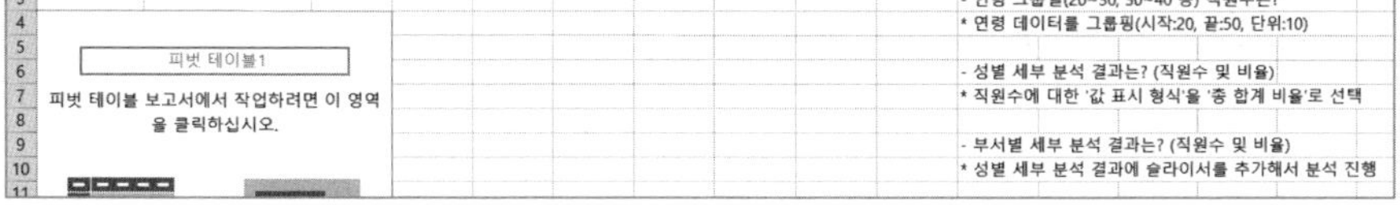

| [그림 45-1] Business Question(빈도분석) 1

5. 피벗 테이블 필드에서 나이를 행으로 드래그한다. 문자 데이터는 값으로 개수가 도출되므로 문자 데이터인 '사원이름'을 값으로 드래그한다.

| [그림 45-2] 피벗 테이블 만들기(빈도분석) 1

6. 연령별로 보기 위해 [나이 데이터 오른클릭] → [그룹] → [시작을 20, 끝을 79, 단위를 10으로 설정] → [확인]을 클릭하여 원하는 방식으로 그룹화한다.

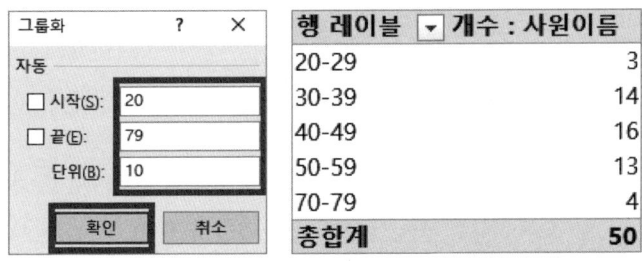
| [그림 45-3] 그룹화하기(좌측)와 결과(우측)

묶은 세로 막대형 그래프로 시각화한다. 요약 레이블을 클릭하고 [Delete] 키를 눌러 삭제한다. [그림 45-4]를 보면 40대 직원이 가장 많음을 알 수 있다.

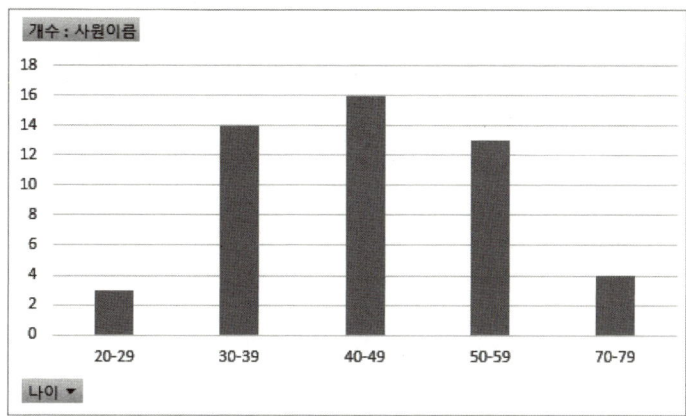

| [그림 45-4] 히스토그램[24]

7. 두 번째와 세 번째 Business Question인 '성별 세부 분석 결과는?'과 '부서별 세부 분석 결과는?'에 답하기 위해 성별과 근무부서를 필터로 드래그하여 성별, 부서별로 각 연령대에 몇 명이 분포하는지 파악한다.

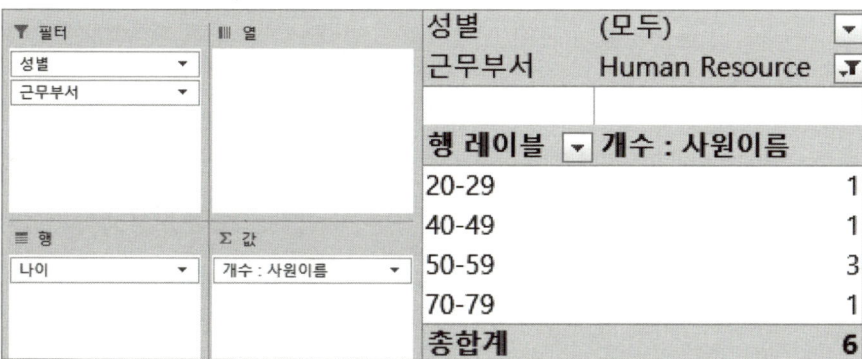

| [그림 45-5] 필터 적용하기

---

24. 사실 현재의 실습 그래프는 히스토그램이 아니라 단순 막대그래프이다. 히스토그램 형태의 시각화를 적용하려면 챕터 2 '기술통계'의 [그림 10-10] 세로 막대형 그래프를 '히스토그램' 형식으로 만들기를 참조해서 추가 작업을 진행해줘야 하는데, 작업 편의상 막대그래프 형태로 시각화를 마무리하고 분석 모델에 대해서 설명하도록 하겠다. 앞으로도 막대그래프를 '히스토그램'이라고 표현하는 부분에서는 이와 동일한 원칙을 적용하겠다.

[그림 45-5]를 보면, 이 회사의 정년퇴직 나이는 55세인데, HR 부서는 50대 비중이 가장 높기 때문에 승계 계획을 잘 세워 50대인 직원이 정년퇴직 하더라도 개인 노하우 등이 회사로 잘 승계가 되도록 준비해야 한다.

8. 다음으로, 'Sales마스터_Data'를 요약하기 위해 'Sales마스터_Data' 시트로 이동한 후 데이터 영역을 선택하고, 새 워크시트에 피벗 테이블을 생성한다. 그리고 이름을 '피벗 테이블_빈도분석2'로 변경한다.

9. '빈도분석_BQ' 시트에서 두 번째 Business Question 묶음을 피벗 테이블이 있는 시트로 복사하여 붙여 넣는다. 첫 번째 Business Question인 '이익 그룹별(0~1,000,000, 1,000,000~2,000,000 등) 주문수량은?'을 A2 셀에 붙여 넣는다.

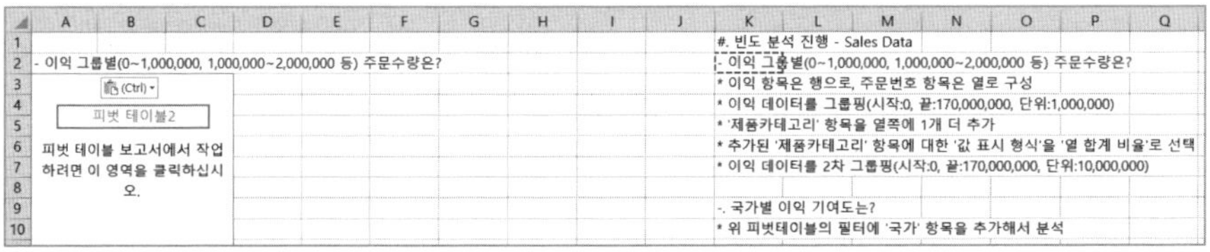

[그림 45-6] Business Question(빈도분석) 2

10. 피벗 테이블 필드에서 이익을 행으로, 주문수량을 값으로 드래그한다. 셀 서식으로 판매금액이 있는 B열에 천 단위 구분 기호를 표시한다.

| [그림 45-7] 피벗 테이블 만들기(빈도분석) 2

11. 이익 데이터를 시작 0, 끝 170,000,000, 단위 1,000,000으로 설정하여 그룹화한다. 이때, 시작을 0으로 두면 흑자만 보겠다는 뜻이다. 그룹화하는 방법은 6번과 동일하다.

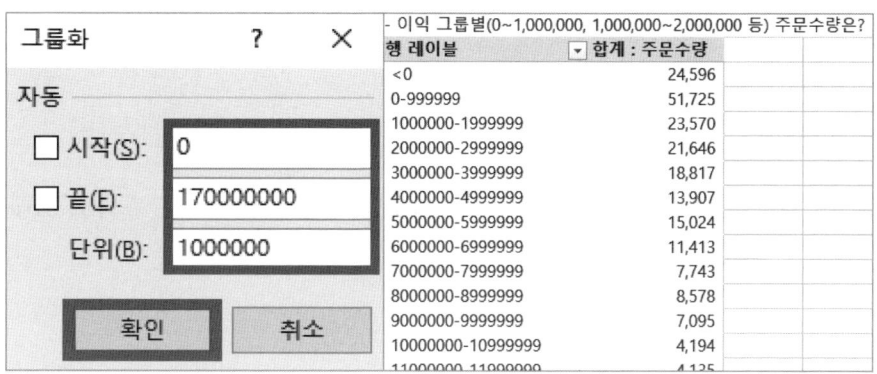

| [그림 45-8] 이익을 그룹화하기

[그림 45-8]을 보면 어느 정도의 이익에서 주문수량이 많은지 파악할 수 있다.

12. 제품카테고리를 열로 드래그하고, 데이터를 열 합계 비율로 수정한다. 이렇게 하면 제품카테고리별 이익 기여도를 확인할 수 있다. 이익을 지나치게 세분화했으므로 단위를 10,000,000으로 다시 그룹화한다.

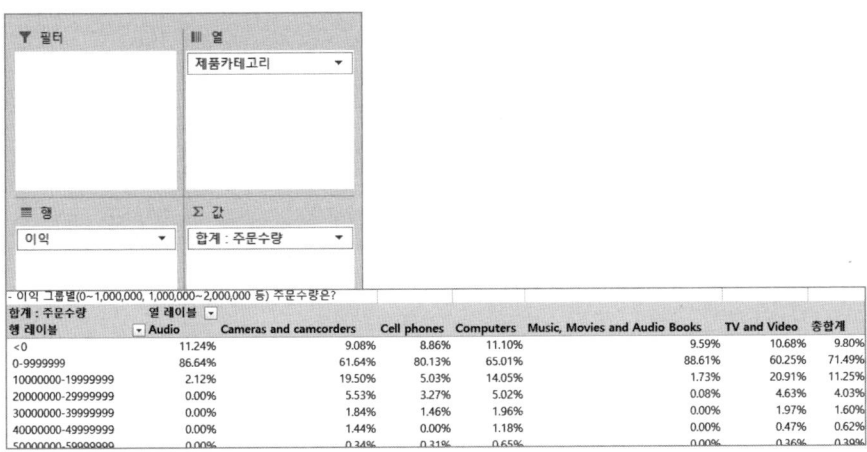

| [그림 45-9] 제품카테고리별 이익 기여도

13. 테이블이 현재 1개이므로, 국가별로 보려면 판매국가를 필터로 드래그한다.

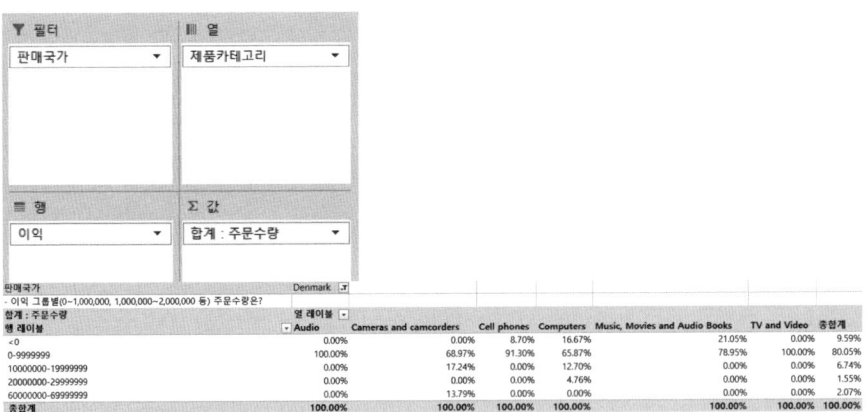

| [그림 45-10] 판매국가별 필터링

이처럼, 여러 관점으로 계급을 구성하여 빈도를 분석하는 방법을 빈도분석이라고 한다.

차이분석(Variance Analysis)

차이분석(Variance Analysis)은 분석하는 대상에 따라 다양한 이름으로 부른다. 예산 대비 실적 분석에서는 예실 분석이라고 하고, 어떠한 값에 대한 차이를 분석할 때는 벤치마킹 분석이라고도 한다. 이처럼 차이분석은 어떤 값 사이의 차이점을 분석할 때 활용하는 분석 모델이다. 시간의 흐름에 따른 변화나 데이터 간 차이를 이해할 때 유용한 방법이므로 '목표 판매량 대비 실질 판매량 간 차이 도출'이나 '벤치마킹 목표 데이터와 비교 데이터 간 차이점 도출', '이전 달 실적 간 차이점과 비율 도출' 등에 활용한다. 주로 컬럼 그래프 또는 라인 그래프로 시각화한다.

실습을 진행할 파일은 실습 폴더의 [실습08_비즈니스 분석 실무] → [06_차이분석_Variance Analysis_v2.1.xlsx]이다.

1. 실습 파일을 실행한다.

2. '목표매출_Data'라는 새로운 데이터 시트가 있다. 이 데이터는 'Sales 마스터_Data'와 제품 하위 카테고리를 기준으로 한다. 실제로, 복잡한 비즈니스 상황에서 여러 데이터 시트를 관리해야 하는 경우가 있다.

이때 여러 데이터 시트를 연동하여 하나의 논리 마스터를 만들고 관리하는 '파워 피벗' 기능을 사용한다. 파워 피벗은 [파일] → [옵션] → [추가 기능] → [관리의 'COM 추가 기능'] → [이동] → [Power Pivot 체크] → [확인]을 클릭하여 메뉴에 활성화할 수 있다.[25]

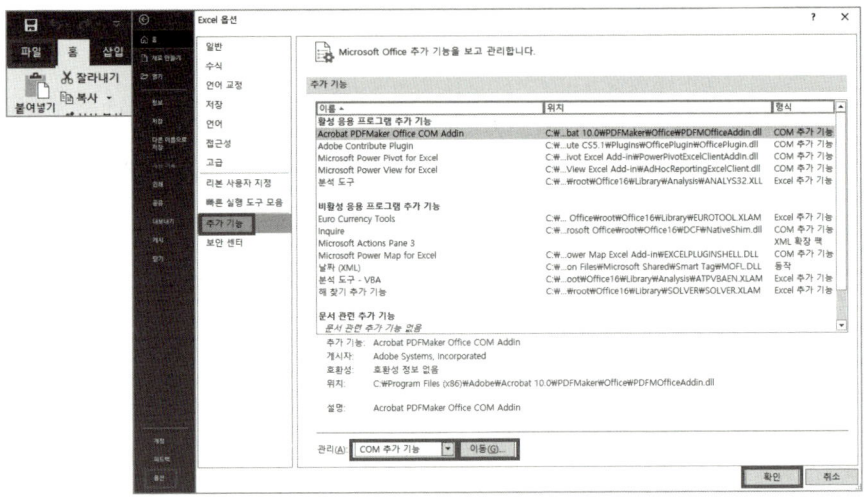

| [그림 46-1] 파워 피벗 메뉴 활성화 1

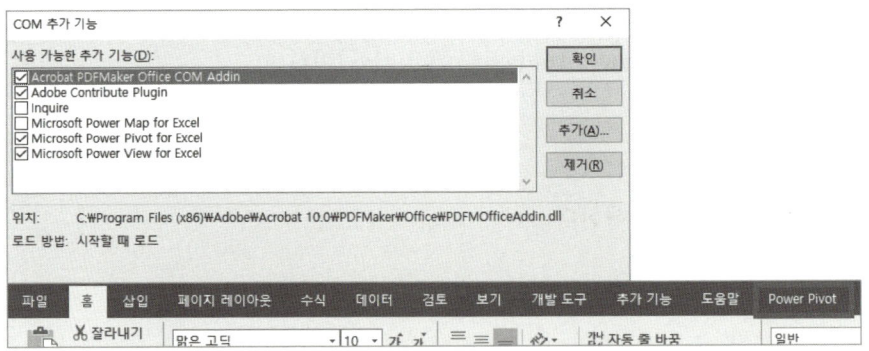

| [그림 46-2] 파워 피벗 메뉴 활성화 2

---

25. 파워피벗은 엑셀 2016 Pro Plus 이상 버전에 포함된 전문 데이터 분석용 애드인이다.

3. 논리 마스터를 직접 만들어 보자. ['Sales마스터_Data'의 데이터 클릭] → [POWERPIVOT] → [데이터 모델에 추가] → [파워 피벗 창 닫기] → ['목표매출_Data'도 동일하게 데이터 모델에 추가] → [파워 피벗 창에서 다이어그램 보기] → [두 데이터의 제품하위카테고리를 드래그하여 연결시키기]를 실행한다. 이 방법을 사용하면 VLOOKUP 함수를 적용하지 않고도 자동으로 여러 시트 간 데이터를 연결하여 동일한 결과를 얻을 수 있다.

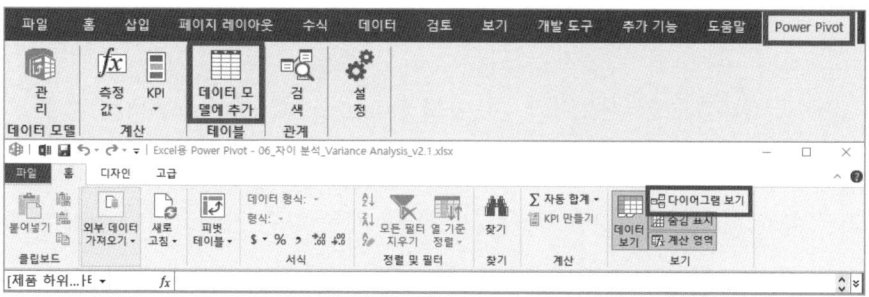

| [그림 46-3] 파워 피벗 실행하기

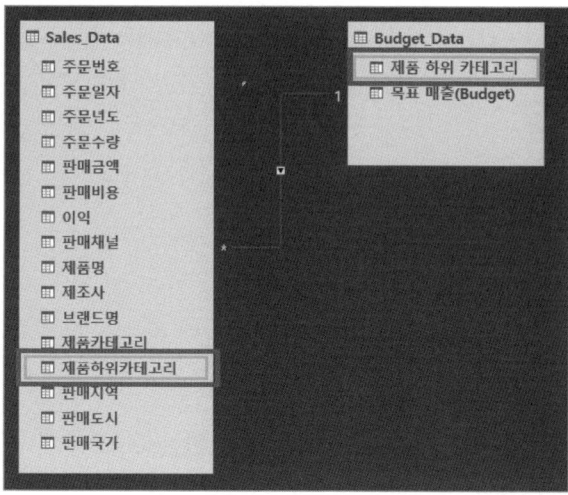

| [그림 46-4] 데이터 연결하기

4. 파워 피벗 창에서 피벗 테이블을 클릭하여 테이블을 만들고, 새 워크시트 이름을 '피벗 테이블_예실분석'으로 변경한다. 파워 피벗 창은 논리 관계를 한 번 설정하면 다시 사용할 일이 없으므로 창을 닫아도 좋다.

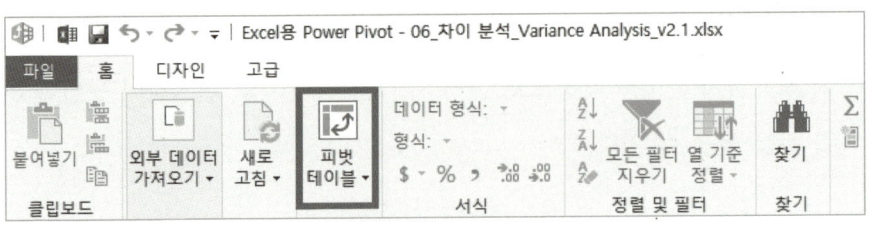

| [그림 46-5] 파워 피벗에서 피벗 테이블 만들기

5. '차이분석_BQ' 시트에서 첫 번째 Business Question묶음을 피벗 테이블이 있는 시트로 복사하여 붙여 넣는다. 그중 첫 번째 Business Question인 '2019년 목표(Budget) 대비 제품 하위 카테고리의 실제 매출 간의 차이를 도출'을 B2 셀에 붙여 넣는다.

| [그림 46-6] Business Question(차이분석) 1

6. 피벗 테이블 필드에서 Budget_Data의 제품하위카테고리를 행으로, 목표 매출(Budget)을 값으로, Sales_Data의 판매금액을 값으로 드래그한다. 셀 서식을 이용하여 목표매출과 판매금액이 있는 C, D열에 천 단위 구분 기호를 표시한다.

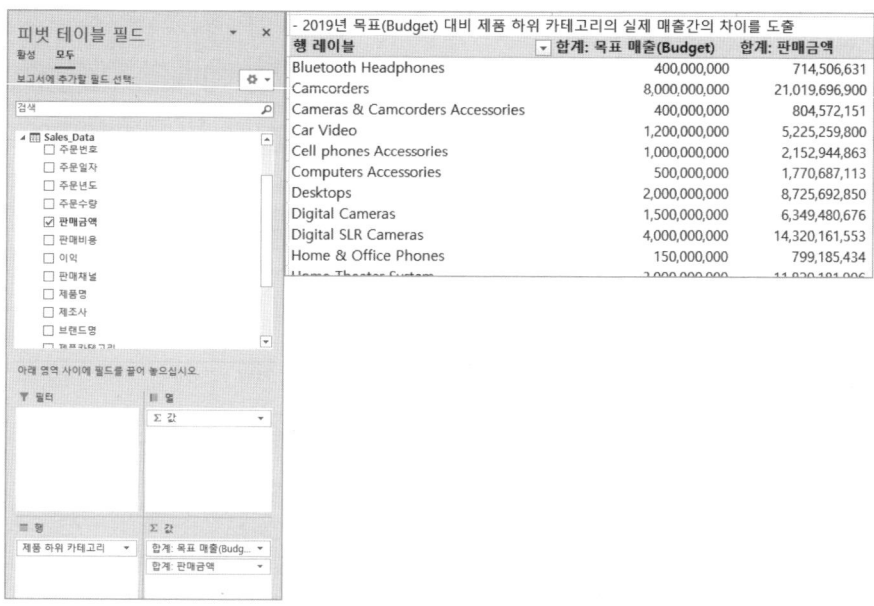

| [그림 46-7] 피벗 테이블 만들기(차이분석) 1

7. 2019년 목표 매출과 실제 매출 간 차이를 보기 위해 주문년도를 필터로 드래그하여 2019년만 확인한다.

| [그림 46-8] 2019년 필터링 적용

8. 예산 대비 실적 데이터가 눈에 잘 띄도록 그래프로 시각화 한다. [피벗 차트] → [혼합] → [사용자 지정 조합] → [합계: 목표 매출을 꺾은 선

형으로 설정] → [합계: 판매금액을 묶은 세로 막대형으로 설정] → [확인]을 클릭하여 두 데이터를 비교하는 차트를 생성한다.

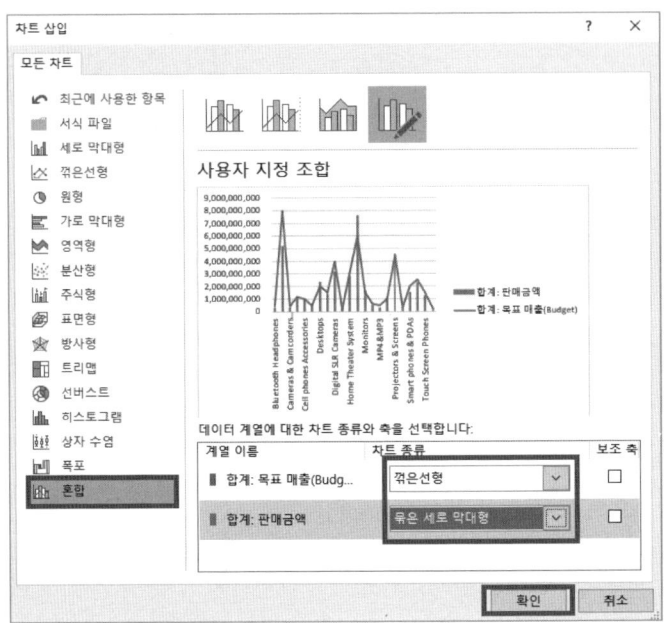

| [그림 46-9] 콤보 차트

9. 꺾은 선 그래프가 더 잘 보이도록 [꺾은 선 그래프 오른클릭] → [데이터 계열 서식] → [채우기 및 선] → [선] → [선 없음] → [표식] → [표식 옵션] → [기본 제공] → [- 선택] → [크기 8로 설정]을 한다.

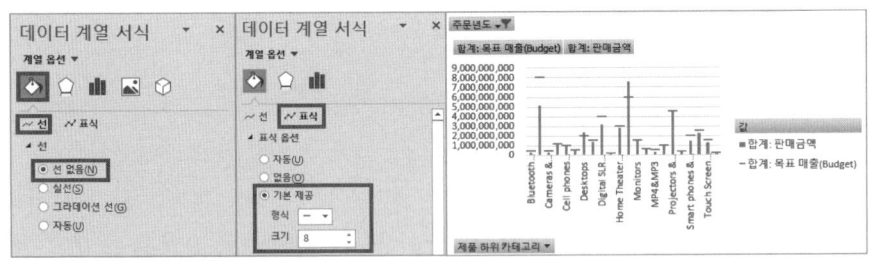

| [그림 46-10] 꺾은 선 그래프 설정(좌측, 가운데)과 결과(우측)

[그림 46-10]를 보면, Laptop은 실제 매출이 목표 매출을 초과하였으나 Camcoders는 목표 매출에 많이 미치지 못한다. 이렇게 목표 매출 대비 실제 매출을 비교하는 분석을 예실 분석이라고 한다.

10. 다음으로, 벤치마킹 분석을 하기 위해 새 워크시트에 'Sales마스터_Data'를 바탕으로 피벗 테이블을 생성하고, 이름을 '피벗 테이블_차이분석'으로 변경한다.

11. '차이분석_BQ' 시트에서 두 번째 Business Question 묶음을 피벗 테이블이 있는 시트로 복사하여 붙여 넣는다. 그중 첫 번째 Business Question인 '제품 하위 카테고리의 Monitors항목과 다른 제품 하위 카테고리들간의 차이를 도출'을 A2 셀에 붙여 넣는다.

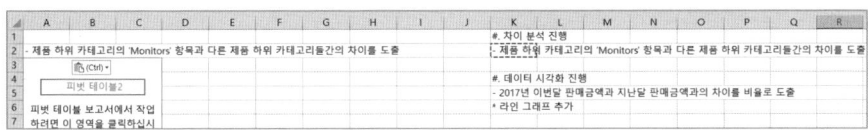

| [그림 46-11] Business Question(차이분석) 2

12. 피벗 테이블 필드에서 제품하위카테고리를 행으로, 판매금액 2개를 값으로 드래그한다. 셀 서식을 이용하여 판매금액이 있는 B, C열에 천 단위 구분 기호를 표시한다.

| [그림 46-12] 피벗 테이블 만들기(차이분석) 2

13. Monitors 항목을 기준으로 다른 제품하위카테고리의 차이를 확인하려면 [합계: 판매금액2의 데이터 오른클릭] → [값 표시 형식] → [[기준값]에 대한 비율의 차이] → [기준 항목을 'Monitors'선택] → [확인]을 클릭한다.

| [그림 46-13] [기준값]에 대한 비율의 차이

[값 표시 형식] → [[기준값]과의 차이]를 선택하면 실제 차이를 확인할 수 있다. 셀 서식을 이용하여 C열에 천 단위 구분 기호를 표시한다.

행 레이블	합계 : 판매금액	합계 : 판매금액2
Bluetooth Headphones	714,506,631	(3,933,246,519)
Camcorders	21,019,696,900	16,371,943,750
Cameras & Camcorders Accessories	804,572,151	(3,843,180,999)
Car Video	5,225,259,800	577,506,650
Cell phones Accessories	2,152,944,863	(2,494,808,287)
Computers Accessories	1,770,687,113	(2,877,066,037)
Desktops	8,725,692,850	4,077,939,700
Digital Cameras	6,349,480,676	1,701,727,526
Digital SLR Cameras	14,320,161,553	9,672,408,403
Home & Office Phones	799,185,434	(3,848,567,716)
Home Theater System	11,829,181,906	7,181,428,756
Laptops	16,039,254,207	11,391,501,057
Monitors	4,647,753,150	
Movie DVD	2,650,148,996	(1,997,604,154)
MP4&MP3	1,149,901,456	(3,497,851,694)
Printers, Scanners & Fax	4,527,182,485	(120,570,665)
Projectors & Screens	17,593,436,325	12,945,683,175
Recording Pen	726,820,347	(3,920,932,803)
Smart phones & PDAs	7,074,695,650	2,426,942,500
Televisions	5,160,854,039	513,100,889
Touch Screen Phones	4,658,702,625	10,949,475
VCD & DVD	533,780,094	(4,113,973,056)
총합계	138,473,899,251	

| [그림 46-14] [기준값]과의 차이

14. 두 번째 Business Question인 '2017년 이번달 판매금액과 지난달 판매금액과의 차이를 비율로 도출'을 F10 셀에 붙여 넣는다.

15. F11 셀에 새로운 피벗 테이블을 추가한다. 피벗 테이블 필드에서 주문일자를 행으로, 판매금액 2개를 값으로 드래그한다. 셀 서식을 이용하여 판매금액이 있는 G, H열에 천 단위 구분 기호를 표시한다.

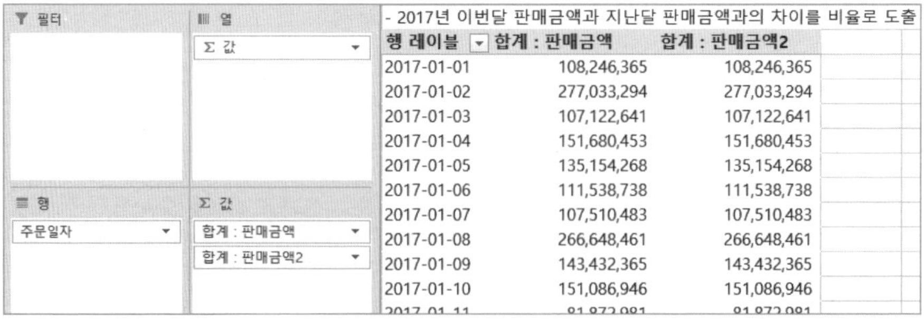

| [그림 46-15] 피벗 테이블 만들기(차이분석) 3

16. '주문일자'를 연, 월로 그룹화한다. 2017년만 보려면 연을 행에서 필터로 드래그한다.

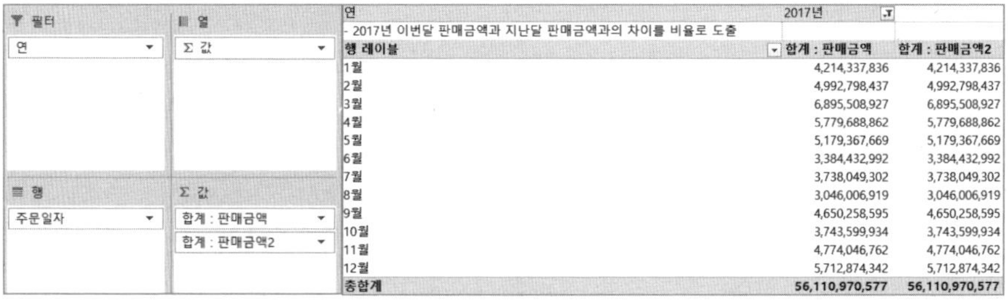

| [그림 46-16] 2017년 필터링 적용

17. 지난달과의 판매금액 차이를 비율로 도출하기 위해 [합계: 판매금액2 오른클릭] → [값 표시 형식] → [[기준값]에 대한 비율] → [기준 항목을 '이전'으로 설정] → [확인]을 클릭한다. 이렇게 하면 이전 달 대비 이번 달 매출의 차이를 확인할 수 있다.

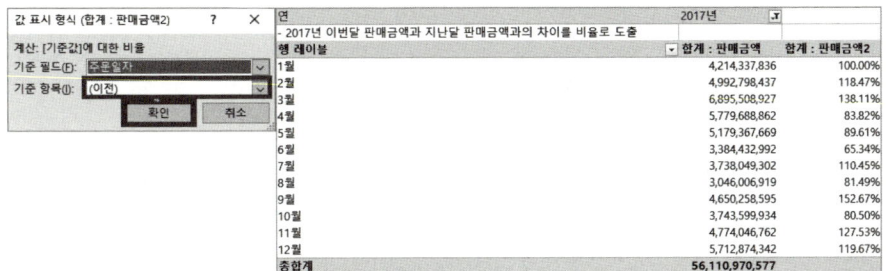

| [그림 46-17] [기준값]에 대한 비율 설정(좌측)과 결과(우측)

이처럼 이전 데이터와 최근 데이터를 비교하는 벤치마킹 분석을 연습해 보았다.

파레토 분석(Pareto Analysis)

19세기 이탈리아 경제학자인 빌프레도 파레토(Vilfredo Federico Damaso Pareto)의 이름에서 기원한 파레토 분석(Pareto Analysis)은 적은 비율로도 큰 효과를 불러일으키는 요소를 분석하는 방법이다. 2대 8 법칙이라고도 부르는 파레토 법칙에 따르면, 전체 원인 중 20%가 전체 결과의 80%를 유발한다. 예를 들어, 20% 이하의 고객이 회사 매출의 80%를 점유하거나 이익의 80%를 담당하는 제품이 20% 이하인 현상이 있다. 이처럼 파레토 분석을 활용하면 어느 요소에 역량을 집중해야 하는지 파악할 수 있으며, 우선순위에 따라 문제 대상을 선정하고 중점 관리하는 문제 해결법을 도모할 수 있다.

실습을 진행할 파일은 실습 폴더의 [실습08_비즈니스 분석 실무] → [07_파레토 분석_Pareto Analysis_v2.1.xlsx]이다.

1. 실습 파일을 실행한다.

2. 새 워크시트에 피벗 테이블을 만들고, 이름을 '피벗 테이블_파레토 분석'으로 변경한다.

3. '파레토 분석_BQ' 시트의 Business Question을 피벗 테이블이 있는 시트로 복사하여 붙여 넣는다. 첫 번째 Business Question인 '이익의 80% 정도에 기여하는 제품 비율을 도출'을 A2 셀에 붙여 넣는다.

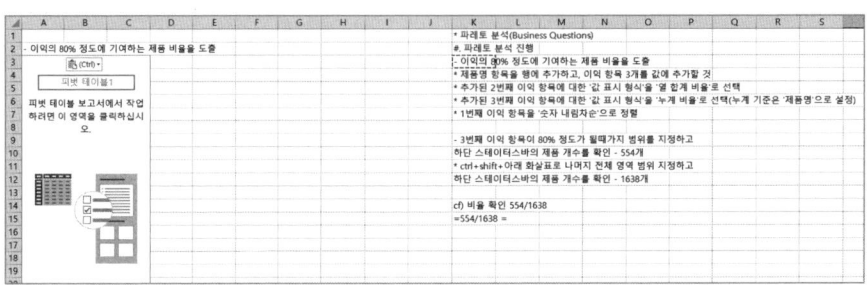

| [그림 47-1] Business Question(파레토 분석)

4. 피벗 테이블 필드에서 제품명을 행으로, 이익 3개를 값으로 드래그한다. 셀 서식을 이용하여 이익이 있는 B, C, D열에 천 단위 구분 기호를 표시한다.

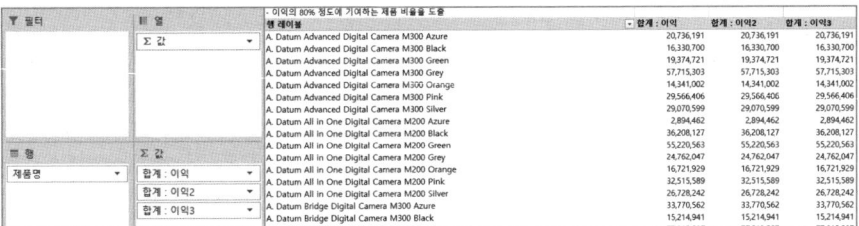

| [그림 47-2] 피벗 테이블 만들기(파레토 분석)

5. '합계: 이익2'를 [값 표시 형식] → [열 합계 비율]로 설정한다. '합계: 이익3'을 [값 표시 형식] → [누계 비율]로 설정한다. '합계: 이익'을 내림차순으로 정렬한다.

| [그림 47-3] 정렬, 열 합계 비율, 누계 비율 적용하기

6. 열 하나를 [Ctrl+Shift+방향 키]로 블록 지정하면 엑셀 화면 우측 하단에 블록 지정한 셀의 개수가 나타난다. 이 개수를 보고 전체 데이터와 누적 이익의 80%에 해당하는 제품의 개수를 구한다.

| [그림 47-4] 전체 1638개(좌측)와 80%의 개수인 554개(우측)

7. 비즈니스 데이터 분석 실무 255

7. 554 / 1638 = 33.82%이므로 전체 상품의 34%가 전체 이익 중 80%를 차지한다는 뜻이다. 이는 나머지 66%의 상품이 전체 이익 중 20%에 불과하다는 의미이기도 하므로, 매출을 올리려면 전체 이익의 80%를 담당하는 34%의 상품에 집중해야 한다는 결론을 내릴 수 있다.

상관분석(Correlation Analysis)

상관 분석(Correlation Analysis)은 두 변수에 대한 데이터를 비교하여 상호 관련 여부를 도출하는 분석 방법이다. 주로 '매출과 이익의 관련 여부 분석'이나 '국가별 매출과 이익의 관련성 분석'과 같은 케이스에 활용한다. 이때 매출과 이익이 일정한 패턴으로 선형을 이루며 연관성이 있기를 많이 기대하지만, 고객이나 제품에 따라 기대와 다른 결과가 나오기도 한다. 이처럼 기대치와 다른 영역을 분석할 때에도 상관분석을 활용할 수 있으며, 주로 분산형 그래프 혹은 거품형 그래프로 시각화한다.

실습을 진행할 파일은 실습 폴더의 [실습08_비즈니스 분석 실무] → [08_상관분석_Correlation Analysis_v2.1.xlsx]이다. 엑셀에서 거품형 차트를 사용하려면 Power View를 활성화해야 한다. Power View는 데이터를 생동감 있게 표현하는 대화형 차트와 그래프를 비롯한 여러 시각화 요소를 제공하는 엑셀 애드인이다. 엑셀 외에도 SharePoint와 Power BI 제품군에서 사용 가능하다. 엑셀 2013에는 기본 내장 기능으로 들어 있지만, 이후 버전에서는 Office 365 Professional Plus 버전만 Power View를 지원한다. 엑셀 버전이 이와 같지 않다면, Power BI를 설치해서 상관 분석을 진행하면 된다. 실습에서 사용하는 엑셀 버전은 2016 Pro Plus이다. [삽입] → [피벗 차트] 옆에 Power View 메뉴가 없다면 아래 과정을 따라한다.

1. 파워 피벗 메뉴를 활성화하는 과정과 동일하다.[26] COM 추가 기능에서 Power View를 선택한다.

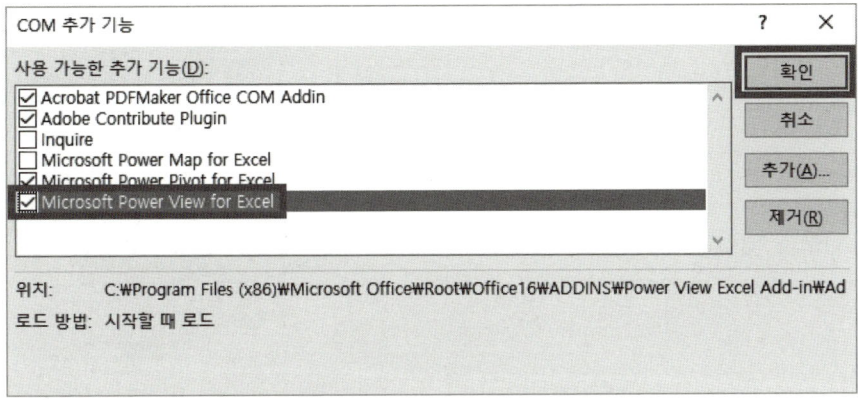

| [그림 48-1] Power View 메뉴 설정 1

2. [파일] → [옵션] → [리본 사용자 지정] → [우측에서 '삽입' 아래에 있는 '차트' 선택] → [하단의 '새 그룹' 클릭] → [이름 바꾸기에서 'Power View'로 이름 설정] → [좌측 상단의 명령 선택에서 '리본 메뉴에 없는 명령' 선택] → ['Power View 보고서 삽입' 찾아서 선택] → [추가] →

---

26. 챕터 7 '차이분석' 실습 참고.

[확인]을 클릭하면 [그림 48-2]처럼 [삽입] → [Power View] 메뉴를 활성화할 수 있다.

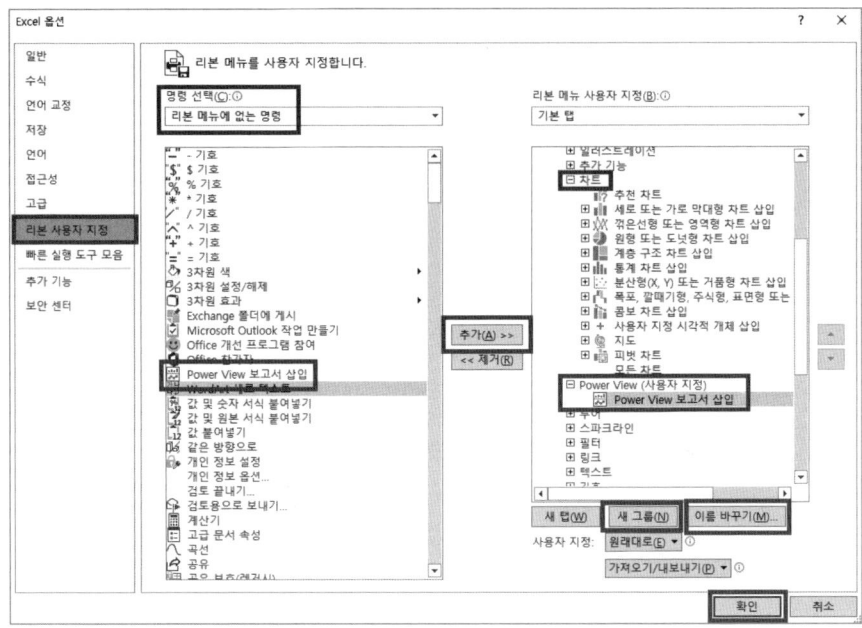

| [그림 48-2] Power View 메뉴 설정 2

| [그림 48-3] Power View 메뉴 설정 3

위와 같은 방식으로 엑셀2016의 Power View가 마이크로소프트사의 보안상의 목적으로 활성화가 되지 않는 경우에는 아래와 같이 구글 검색에서 'excel 2016 power view registry key'를 검색한 후 Microsoft Support 페이지에서 제공하는 Registry 활성화 key를 다운로드 받아서, 활성화한 후 사용할 수도 있다. Power View가 활성화되지 않은 경우에는 파워BI를 설치

해서 상관분석 시각화를 진행하는 방식을 더 추천한다.

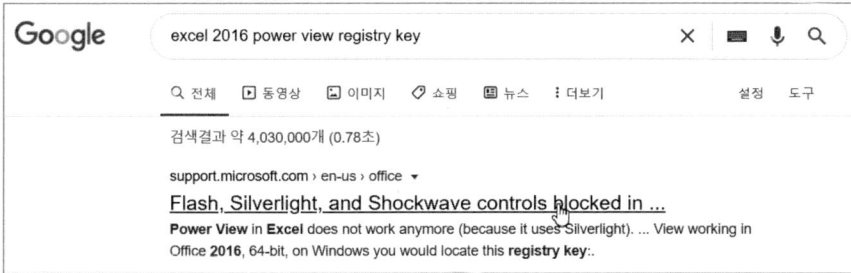

| [그림 48-4] Google 검색 화면 – Excel 2016 power view registry key

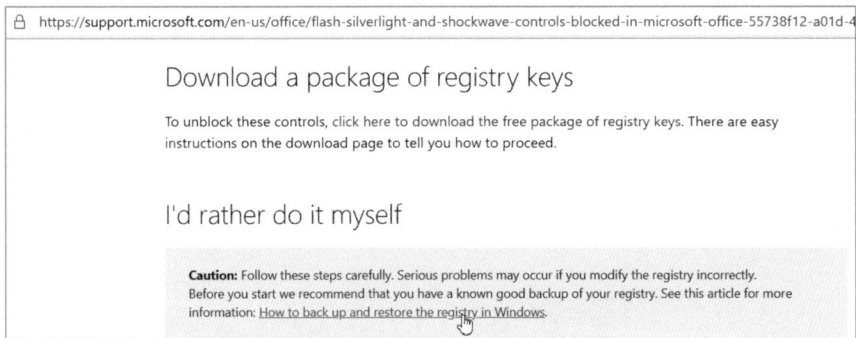

| [그림 48-5] Microsoft Support 페이지의 registry key 다운로드 링크

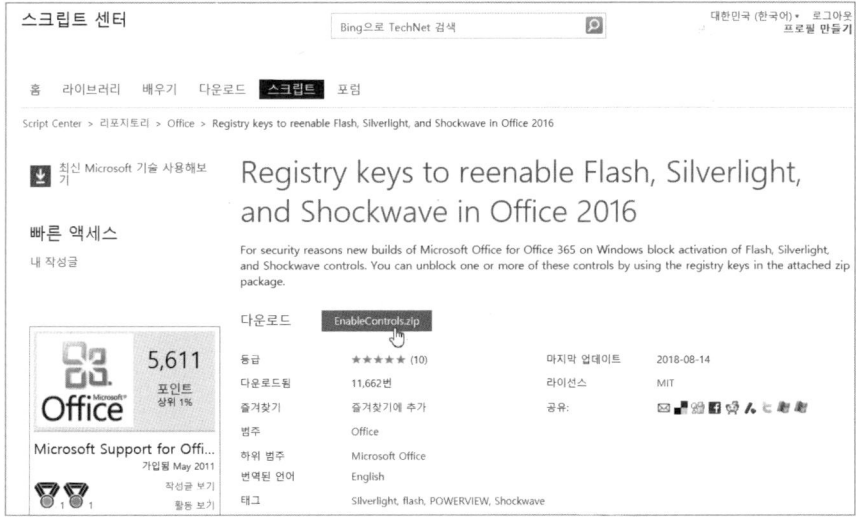

| [그림 48-6] Microsoft Support 페이지의 registry key 다운로드 페이지

3. Power View를 클릭하여 실행하면 Silverlight를 설치하라는 창이 나타난다. 설치를 클릭하여 Silverlight를 설치한다. PC에 Silverlight이 이미 설치되어 있는 경우에는 이 단계는 자동 Skip된다.

| [그림 48-7] Silverlight 설치

4. Silverlight 설치 페이지에서 본인의 운영체제에 맞는 버전을 다운로드하여 설치한다. 본 실습에서는 Windows 버전을 설치하였다. 다운로드한 파일을 실행하면 [그림 48-9]와 같은 창이 나타난다. 체크를 해제하고 [지금 설치]를 클릭한다.

| [그림 48-8] 운영체제 선택

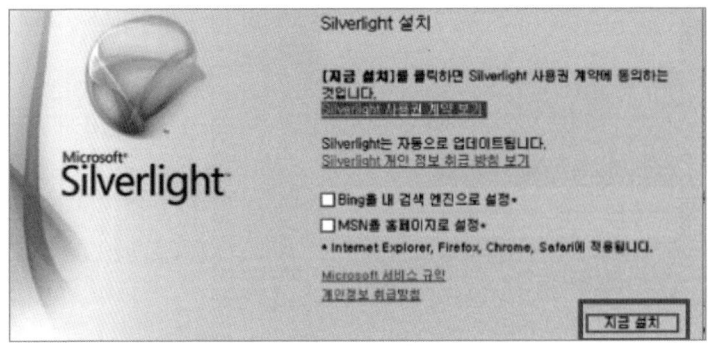

| [그림 48-9] Silverlight 설치 화면

5. 설치가 끝나면 다시 엑셀을 실행하여 [Power View]메뉴를 클릭한다. [Power View] 메뉴를 클릭한 후 [그림 48-10]과 동일한 화면이 나타난다면 Power View를 정상적으로 실행했다는 뜻이다.

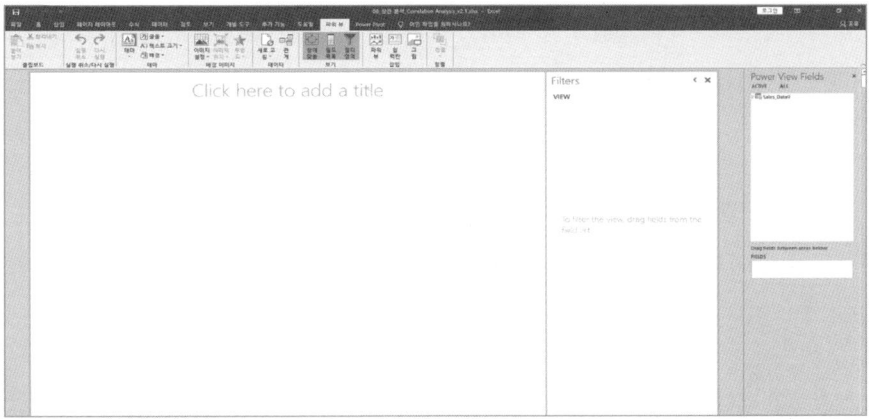

| [그림 48-10] Power View 실행

Power View 설정을 완료했다면, 실습을 통해 상관분석을 알아보자.

1. 실습 파일을 실행한다.

2. 'Sales마스터_Data' 시트에서 [삽입] → [Power View] 메뉴를 클릭한다. Power View 실행 후 데이터가 [그림 48-11]처럼 나타난다면 클릭 후 [Delete] 키를 눌러서 삭제한다.

 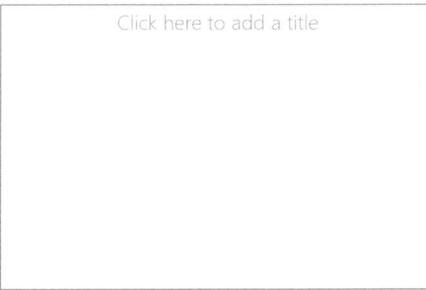

| [그림 48-11] 데이터가 있을 때(좌측)와 Delete 키로 데이터를 삭제했을 때(우측)

3. 새로 생성한 Power View 워크시트 이름을 '상관분석-제품카테고리_매출이익_관련성'으로 변경한다.

4. 우측 Power View 필드에서 '판매금액'과 '이익'을 체크한다. 나타나는 데이터를 클릭하고 [디자인] → [기타 차트] → [분산형]을 클릭한 뒤, 차트를 확대한다.

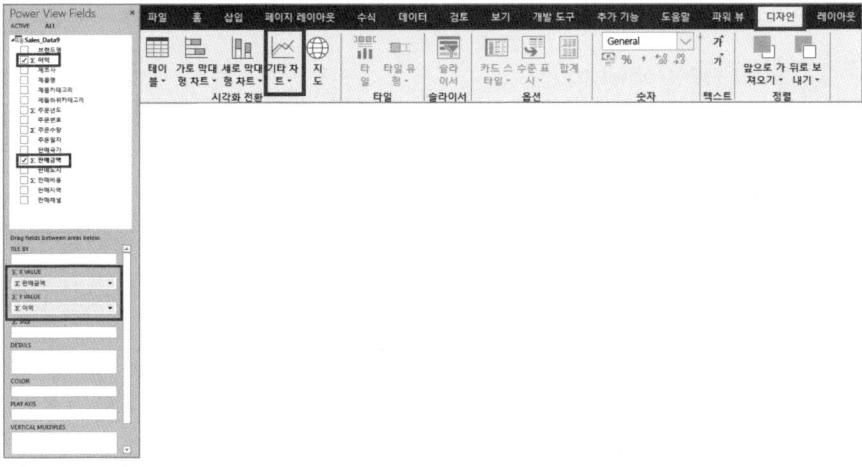

| [그림 48-12] 분산형 차트 만들기

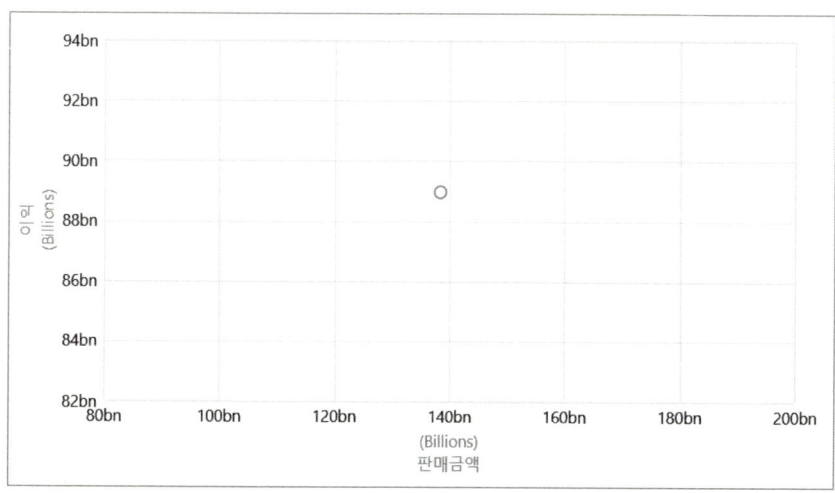

| [그림 48-13] 확대한 분산형 차트

   5. 제품카테고리에 대한 매출과 이익의 관련성을 보려면 Power View 필드에서 제품카테고리를 세부정보(DETAILS)로 드래그한다.

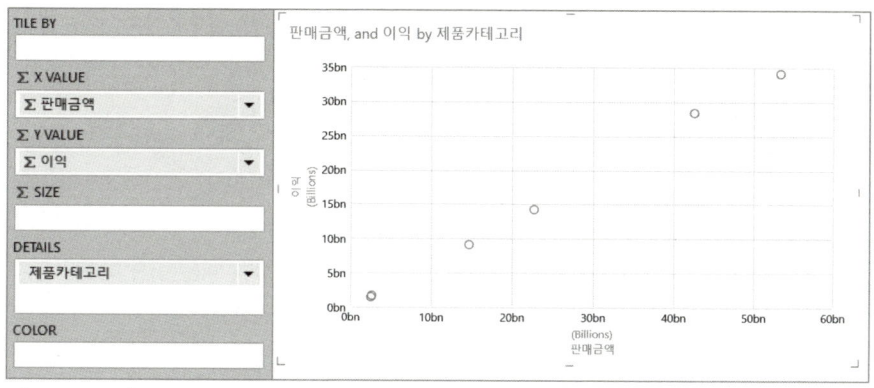

| [그림 48-14] 제품카테고리를 세부정보(DETAILS)로 보내기(좌측)와 결과(우측)

[그림 48-14]를 보면 제품카테고리에 대한 매출과 이익의 가장 기본적인 상관관계를 시각적으로 파악해 볼 수 있다.

6. 하지만 제품카테고리는 지나치게 범위가 크다. 의미 있는 인사이트를 도출하려면 세부정보(DETAILS)에서 제품카테고리를 제거[27]하고 대신 제품명을 추가한다. 하지만 이번에는 제품명이 너무 많아서 식별이 어렵다. 따라서 제품카테고리를 색(COLOR)으로 드래그하여 원하는 카테고리를 선택하여 볼 수 있도록 변경한다.

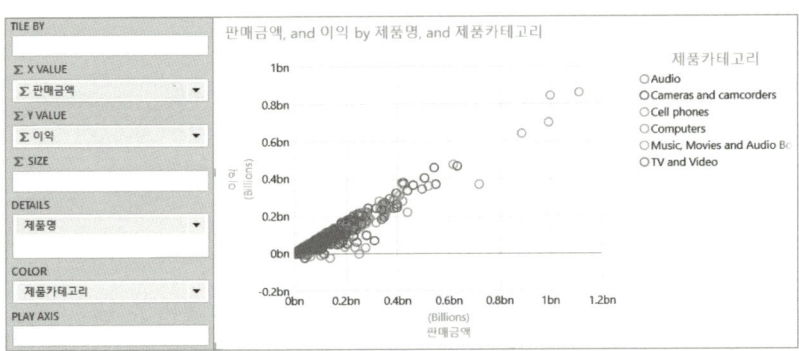

| [그림 48-15] 제품카테고리를 색(COLOR)으로 보내기(좌측)와 결과(우측)

7. 제품카테고리를 색(COLOR)에서 제거하고 그래프 바깥 영역으로 드래그한다. [디자인] → [슬라이서]를 클릭하면 제품카테고리별 슬라이서를 추가할 수 있다.

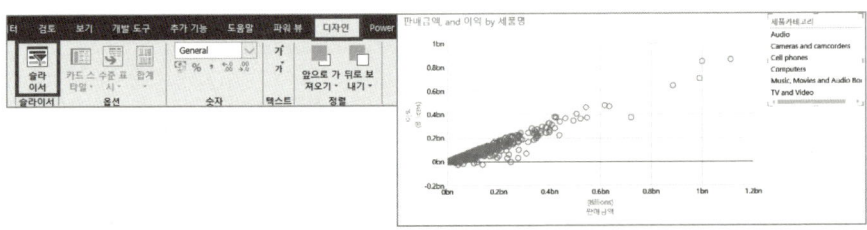

| [그림 48-16] 슬라이서 만들기(좌측)와 결과(우측)

---

27. 우측 화살표를 누르면 '필드 제거'가 있다.

8. 새로운 Power View를 생성한다. Sales마스터_Data에서 [삽입] → [Power View] 메뉴를 클릭한다. 새 워크시트 이름을 '상관분석_제품별 매출이익 관련성'으로 변경한다. 2, 4번과 동일한 방법으로 분산형 차트를 생성한다.

9. 제품명을 세부정보(DETAILS)로, 제품카테고리를 세로 다중 항목(VERTICAL MULTIPLES)으로 드래그하면 한 화면에서 제품카테고리별 데이터를 전부 볼 수 있다.

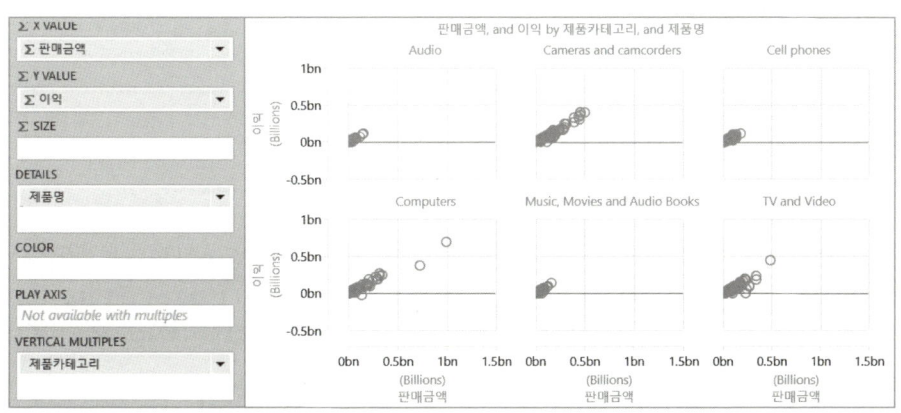

| [그림 48-17] 세로 다중 항목 적용

10. 새로운 Power View를 생성한다. Sales마스터_Data에서 [삽입] → [Power View] 메뉴를 클릭한다. 새 워크시트 이름을 '상관분석_브랜드별 매출이익 관련성'으로 변경한다. 2, 4번과 동일한 방법으로 분산형 차트를 생성한다.

11. 브랜드명을 세부정보(DETAILS)로, 주문수량을 크기(SIZE)로 드래그한다. [그림 48-18]과 같은 차트를 버블 플롯 차트라고 부른다.

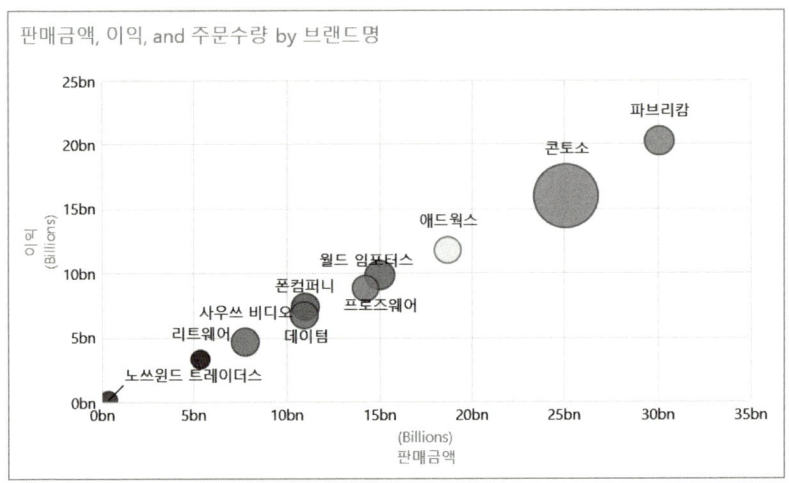

| [그림 48-18] 버블 플롯 차트

12. [그림 48-18]을 시간 단위로 보기 위해서 주문일자를 재생축(PLAY AXIS)으로 드래그한다.

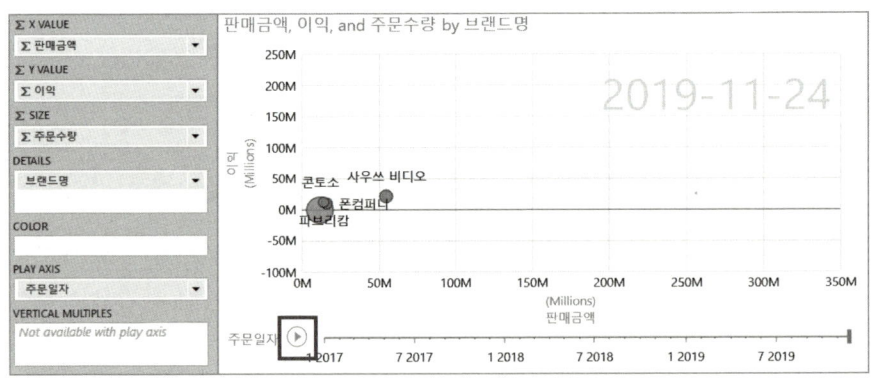

| [그림 48-19] 일 단위로 재생축(PLAY AXIS) 생성하기

[그림 48-19]에서 재생 버튼을 클릭하면 시간의 흐름에 따른 변화를 볼 수 있다. 하지만 일 단위로 3년 치 데이터를 보려면 너무 오랜 시간이 걸린다. 따라서 재생축(PLAY AXIS)에서 주문일자를 제거하고 주문년도를 드래그하여 연 단위로 다시 재생한다.

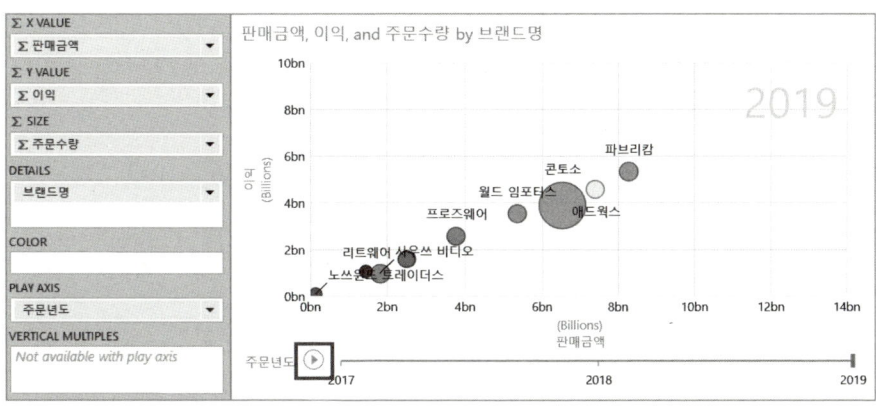

| [그림 48-20] 연 단위로 재생축 생성하기

13. 결과를 해석하면, 콘토소는 매출과 이익은 줄었으나 크기가 커졌으므로 대중화에 성공했다고 해석할 수 있다. 따라서 매출과 이익이 견고하고 대중성도 확보한 콘토소는 회사에서 집중해야 할 브랜드이다. 또한 월드 임포터스와 애드웍스도 꾸준히 성장하고 있으므로 앞으로 더 성장시킬 방안을 고민해야 한다. 파브리캄은 대중화를 목표로 해야 한다. 이렇게 도출한 인사이트는 다음 해에 더 좋은 결과를 낼 수 있도록 활용할 수 있다.

Interactive Dashboard 구성

지금까지 배운 분석 모델을 종합하여 원활한 의사 결정을 돕는 Interactive Dashboard를 구성하는 방법을 배워보자.

실습을 진행할 파일은 실습 폴더의 [실습08_비즈니스 분석 실무] → [09_Interactive Dashboard_v2.1.xlsx]이다.

1. 실습 파일을 실행한다.

2. 새 워크시트에 피벗 테이블을 만들고, 이름을 'Interactive_Dashboard'로 변경한다.

3. '대시보드_BQ' 시트의 첫 번째 Business Question 묶음을 피벗 테이블이 있는 시트로 복사하여 붙여 넣는다. 그중 첫 번째 Business Question인 '총 판매금액, 총이익, 주문건수, 평균 판매금액'을 A2 셀에 붙여 넣는다.

| [그림 49-1] Business Question (Interactive_Dashboard)

4. 피벗 테이블 필드에서 판매금액, 이익, 주문수량, 판매금액을 값으로 드래그한다. 셀 서식을 이용하여 값이 있는 A, B, C, D열에 천 단위 구분 기호를 표시한다. '합계: 판매금액2'에서 평균을 구하려면 [데이터 오른클릭] → [값 요약 기준] → [평균]으로 설정한다.

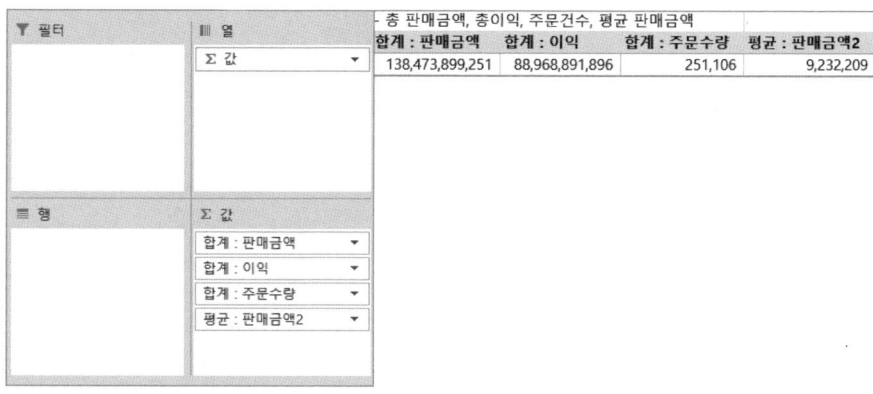

| [그림 49-2] 피벗 테이블 만들기 (Interactive_Dashboard)

5. 값을 열에서 행으로 드래그하고, 열 제목을 'Key Metrics'로 변경한다.

| [그림 49-3] Key Metrics설정

6. 두 번째 Business Question인 '년도/월별 판매금액을 표현하는 트렌드 그래프(꺾은 선형 그래프)'를 새로운 워크시트에서 A2 셀에 붙여 넣는다. 새로운 워크시트 이름을 '피벗_경향분석'으로 변경한다.

7. 피벗 테이블 필드에서 주문일자를 행으로, 판매금액을 값으로 드래그한다. 셀 서식을 이용하여 판매금액이 있는 B열에 천 단위 구분 기호를 표시한다. 다음으로, '주문일자'를 연과 월로 그룹화한다. 꺾은 선형으로 피벗 차트를 생성한다. 피벗 차트에서 요약 레이블을 삭제한다.

| [그림 49-4] 피벗 테이블과 피벗 차트

8. 차트를 클릭하고 [피벗 차트 도구] → [디자인] → [차트 이동] → [워크시트에 삽입] → [Interactive Dashboard 선택] → [확인]을 클릭하여 차트를 Interactive Dashboard 시트로 옮긴다.

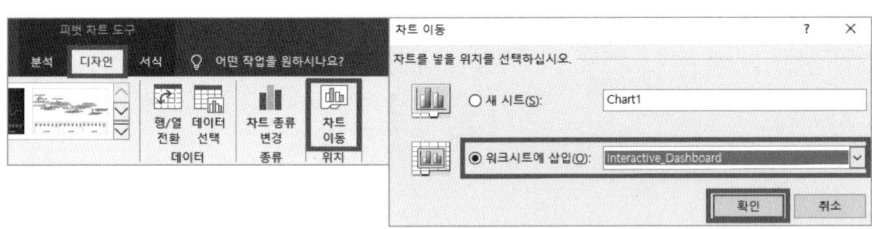

| [그림 49-5] 차트 이동

9. 네 번째 Business Question인 '제품 카테고리별 이익 표현 – Comparison Analysis(세로 막대형 그래프)'를 새 워크시트에서 A2 셀에 붙여 넣는다. 새로운 워크시트 이름을 '피벗_비교분석'으로 변경한다.

10. 피벗 테이블 필드에서 제품카테고리를 행으로, 이익을 값으로 드래그한다. 셀 서식을 이용하여 이익이 있는 B열에 천 단위 구분 기호를 표시한다. 묶은 세로 막대형으로 피벗차트를 생성한다. 피벗차트에서 요약 레이블을 삭제하고, 이익을 내림차순으로 정렬한다.

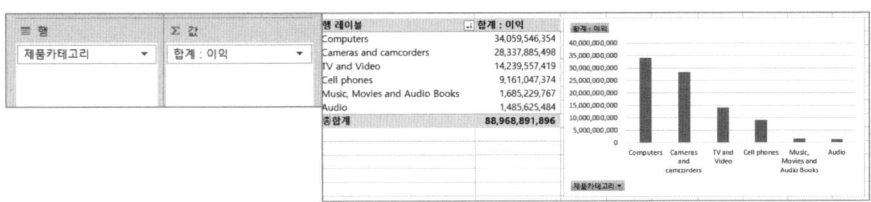

| [그림 49-6] 피벗 테이블과 피벗 차트

11. 8과 동일한 방법으로 차트를 Interactive Dashboard 시트로 옮긴다.

12. Interactive Dashboard 시트에서 Key Metrics를 클릭하고 [피벗 테이블 도구] → [분석] → [슬라이서 삽입] → [판매국가, 판매채널 선택] → [확인]으로 슬라이서를 삽입한다. [슬라이서 클릭] → [슬라이서 도구] → [옵션] → [보고서 연결] → [모든 피벗 테이블 선택] → [확인]을 클릭하여 슬라이서를 모든 차트에 연동한다.

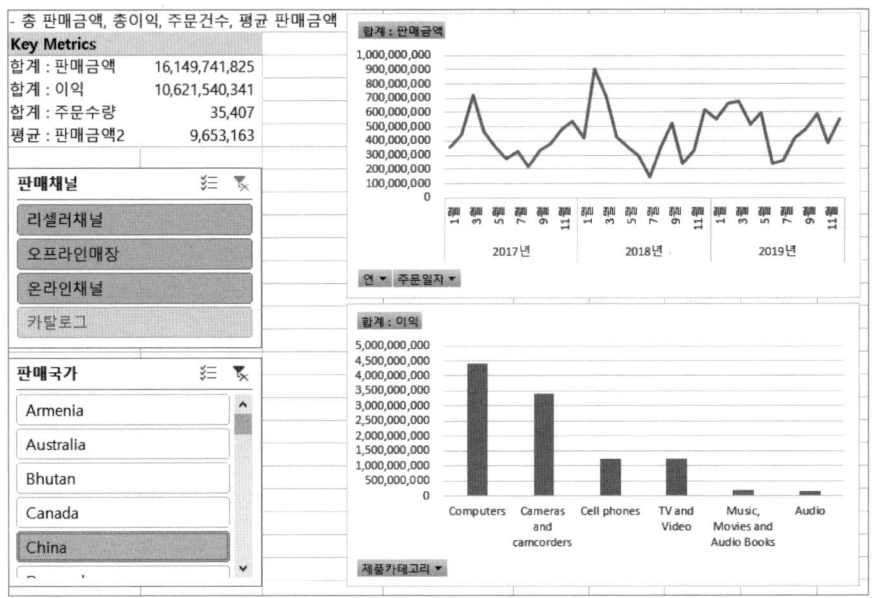

| [그림 49-7] Interactive Dashboard

[그림 49-7]처럼 Interactive Dashboard를 활용하면 의사 결정에 필요한 여러 핵심 데이터 시각화 자료를 한곳에 모아 능동적이고 편리하게 분석할 수 있다.

CHAPTER

08

머신러닝 입문

머신러닝 입문

머신러닝이란?

머신러닝은 어떤 데이터를 분류해내거나 값을 예측하는 것으로, 크게 지도 기계학습, 비지도 기계학습, 그리고 강화 학습으로 나눈다. 데이터 분류와

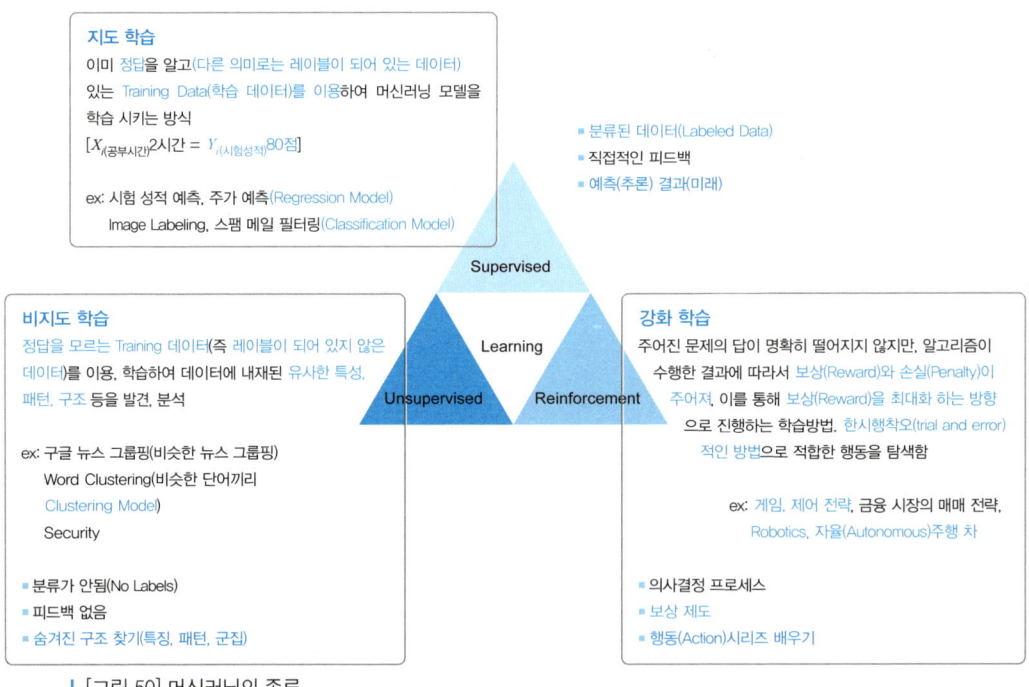

| [그림 50] 머신러닝의 종류

값 예측은 확률과 통계를 기반으로 한다.

지도 기계학습이란 컴퓨터에게 정답을 알려주면서 학습시키는 방법이다. 예를 들어 고객 데이터를 주며(Input Data) 이러한 고객군이 구매할 가능성이 높은 고객그룹(정답지)을 제시한 후, 새로운 고객 자료를 주면서 구매 가능성이 높은 고객들을 분류하도록 요청하는 방식으로 동작한다. 그러므로 지도 기계학습에는 학습 데이터가 필요하다. 지도 기계학습에 사용하는 대표적인 알고리즘에는 선형 회귀(Linear Regression), 의사결정 트리(Decision Tree), 베이즈 추론 등이 있다.

비지도 기계학습은 미리 학습 데이터를 제공하지 않아도 알고리즘이 알아서 다양한 분류 기준으로 비슷한 데이터를 군집화하는 방법을 의미한다. 이를테면 컴퓨터에게 확보한 고객 구매 데이터를 제공하면, 그 데이터 패턴에서 유사한 특징들을 지닌 고객 그룹들을 묶어서 군집화된 데이터를 제공한다. 예를 들어 개인화된 이메일 마케팅을 진행한다 가정하자. 어떤 고객이 어떤 상품에 관심있는지 매핑하는 것은 쉽지 않은 일이다. 이러한 경우에 비지도 기계학습을 적용하면 확보한 데이터의 다양한 요소를 종합적으로 고려해서 고객1과 고객7, 고객11은 30대 중반 남성으로 주말 밤시간에 전자기기를 구매하며, 평일에는 조회수는 증가하지만 구매로 이어지지는 않고, 서비스 검색 이용 패턴을 보면 최근 출시 전자제품 위주로 조회한다는 경향을 찾을 수 있다. 따라서 이 고객 그룹을 '주말 충동 구매형 얼리어댑터 고객군'으로 분류해낼 수 있다. 비지도 기계학습에 사용하는 대표적인 알고리즘으로는 앞서 배운 K-평균 알고리즘(K-means clustering)이나 여러 차원이나 요인들을 공통된 성질로 묶는 요인분석(Factor Analysis) 등이 있다.

베이즈 추론이란?

통계학에는 전통 통계학이라고 지칭하는 피어슨 통계학과 이번 챕터에서 다루고자 하는 베이즈 통계학이 있다. 앞서 배운 기술통계와 확률론, 추론 통계[28]는 모두 피어슨 통계학에 해당한다. 피어슨 통계학을 다른 말로는 객관 확률 기반의 통계학이라고도 한다. 반면 베이즈 통계학은 사전 확률을 설정하고, 취득한 정보에 따라서 사후 확률을 업데이트하여 가능성을 검증하기 때문에 조건부 확률이라고 부르기도 한다. 사전 확률, 사후 확률, 취득한 정보에 따라서 확률 값이 변한다는 점에서 주관 확률 기반의 통계학이라고도 한다.

베이즈 통계학은 정보 기반 확률이나 직감의 검증, 주관적 숫자 추정 등 다양한 분야에 적용 가능하다. 그리고 축차 합리성으로 인해 데이터를 많이 얻을수록 학습 효과가 급격히 높아지는 특징이 있다. 축차 합리성은 인간 지능과 상당히 유사하기 때문에, 이를 기반으로 한 인공지능 개발도 활발하다. 먼저 베이즈 추론을 실습으로 이해한 후, 축차 합리성이 무엇인지 알아보자.

베이즈 추론에서 사용하는 수학 모형은 조건부 확률인 $P(A \mid B) = \frac{P(B \mid A)P(A)}{P(B)}$ 이다. 하지만 이 책에서는 복잡한 수학 모형은 배제하고, 이해하기 쉬운 실제 사례를 활용해서 베이즈 추론 활용 방법을 다룬다.

---

28. '챕터 3', '챕터 4' 참고.

베이즈통계 입문:
빼빼로데이에 초콜릿을 건넨 그 남자의 진정성 추정하기

한 남학생과 여학생이 있다. 남학생이 여학생에게 반복해서 호의를 베풀었기 때문에, 여학생은 남학생이 자신을 좋아한다고 생각하였다. 그래서 남학생에게 쪽지를 건넸지만 거절을 당했다고 한다. 이때 거절당한 여학생이 남학생에게 화를 냈다면, 이 화는 정당할까? 만일 정당하다면, 몇 %만큼 정당할까? 베이즈 추론을 사용하면 이렇게 판단하기 애매한 사람의 감정 상태까지도 확률로 표현해낼 수 있다.

예시 상황을 조금 바꾸어 보자. 당신은 여성이고, 특정 남성 동료가 당신에게 호감을 가지고 있는지 알고 싶은 상황이다. 그런 와중에 빼빼로데이에 그 남성으로부터 초콜릿을 받았다면, 그 남자가 당신을 진지하게 생각하고 있을 확률을 추정해낼 수 있을까? 이 사례의 경우처럼 사람의 속마음을 수치화 하는 일에는 객관성이 전혀 없다. 하지만 베이즈 추론은 이러한 문제에도 확률적인 접근이 가능하며, 이러한 부분이 베이즈 추론이 가지는 강점이다.

베이즈 추론의 기본 원칙은 '정보를 얻으면 확률이 바뀐다'는 것이다.

베이즈 추론은 사전 확률, 조건부 확률, 관측에 의한 정보 입수, 사후 확률 순서로 진행한다. 먼저 주관적으로 당신을 마음에 두고 있는가에 대한 사전 확률을 설정해야 한다. 사전 확률이란 어떤 정보가 들어오기 전 각 타입의 비율을 의미한다. 이 경우에는 '당신을 마음에 두고 있다'는 타입과 '당신에게는 가볍게 초콜릿을 건넸다'는 타입으로 나눌 수 있다. 줄여서 진심과 논외로 구분하자. 이 상황은 통계적 현상이 아닌 사람의 마음을 추측하는 경우이므로 사전 확률을 구할 데이터가 없다. 이러한 경우에는 이유 불충분의 원리를 사용하면 사전 확률을 설정할 수 있다.

이유 불충분의 원리란 그 남자가 당신을 진심으로 생각한다는 근거도 없고, 논외로 생각한다는 근거 역시 없기 때문에 일단 두 타입은 모두 대등하다고 생각하는 원리이다. '진심'과 '논외'라는 두 가지 가능 세계가 존재하지만, 통계적 접근이 불가능하고 어느 쪽이 우세하다고 생각할 근거가 없으므로 사전 확률을 대등하게 5 대 5로 설정한다. 물론 상황에 따라 더 가능성 있는 수치로 바꿀 수 있다. 하지만 이유 불충분의 원리를 사용할 때에는 일반적으로 동전 던지기 확률처럼 2가지 경우를 모두 동일한 환경으로 가정한다.

실습을 진행할 파일은 실습 폴더의 [실습09_베이즈 통계] → [01 베이즈 추정 입문.xlsx]이다.

1. 실습 파일을 실행한다.

2. 사전 확률로 진심 확률과 논외 확률에 각각 50%를 입력한다.

정보를 더 확보하기 위해 조건부 확률을 설정한다. 조건부 확률은 어느 정도 객관적이어야 하므로 반드시 통계 데이터를 가져와야 한다. 이 경우에는 '남성이 진심인 여성과 논외인 여성에게 어느 정도 확률로 빼빼로데이에 초콜릿을 주는가'를 서베이로 조사할 수 있다. 본 실습에서는 남성이 진심인 상대에게 초콜릿을 줄 확률을 40%, 논외인 상대에게 초콜릿을 줄 확률을 20%로 가정한다. 즉, 진심이지만 초콜릿을 주지 않을 확률은 60%, 논외이고 초콜릿도 주지 않을 확률은 80%이다.

3. 진심/초콜릿 줄 확률에 40%, 진심/초콜릿 주지 않을 확률에 60%, 논외/초콜릿 줄 확률에 20%, 논외/초콜릿 주지 않을 확률에 80%를 입력한다.

4. 조건부 확률을 구해 보자. 우측 조건부 확률에는 네 가지 가능 세계가 존재한다. 진심이면서 초콜릿을 줄 확률에는 '=B3*B6'를 입력한다. 진심이면서 초콜릿을 주지 않을 확률에는 '=B3*B7'을 입력한다. 논외이면서 초콜릿을 줄 확률에는 '=B4*B9'를 입력한다. 논외이면서 초콜릿을 주지 않을 확률에는 '=B4*B10'을 입력한다. 확률은 모두 합해서 100%가 되어야 한다.

5. 초콜릿을 이미 받았으므로 네 가지 가능 세계 중 초콜릿을 주지 않는 가능 세계를 소거한다. 남은 가능 세계는 진심이면서 초콜릿을 줄 확률과 논외지만 초콜릿을 줄 확률만 남았다. E9 셀에는 '=E3'을 입력한다. F9 셀에는 '=F3'을 입력한다.

6. 그런데 두 확률을 더하면 100%가 되지 않는다. 따라서 베이즈 역확률

을 구해야 한다. E14 셀에는 '=E9/(E9+F9)'를 입력하고, F14 셀에는 '=F9/(E9+F9)'를 입력한다. 이렇게 합이 100%가 되는 베이즈 역확률을 구하면 된다. 그 결과, 사후 확률은 사전 확률인 50%보다 16% 증가한 66%로 계산되었다.

초콜릿을 준 상대방 마음 추정				
사전 확률		조건부 확률		
진심 확률	50%		진심	논외
논외 확률	50%	초콜릿 줄 확률	20.00%	10.00%
		초콜릿 주지 않을 확률	30.00%	40.00%
진심/초콜릿 줄 확률	40%			
진심/초콜릿 주지 않을 확률	60%	가능성이 사라진 세계 제거		
			진심	논외
논외/초콜릿 줄 확률	20%	초콜릿 줄 확률	20.00%	10.00%
논외/초콜릿 주지 않을 확률	80%	초콜릿 주지 않을 확률		
		베이즈 역확률		
			진심	논외
		초콜릿 줄 확률	66.67%	33.33%

| [그림 51] 베이즈 추론

초콜릿을 받기 전에는 반반이라고 생각했던 '그 남자가 당신을 진심으로 생각할 확률'이 초콜릿을 받은 후에는 약 66%로 상승하였다. 따라서 당신이 전보다 더 큰 기대를 가지는 일은 당연하지만, 동시에 매우 높은 확률은 아니므로 과잉 기대는 금물이다.

이처럼 베이즈 추론은 주관적 추정을 수치로 나타낼 수 있다는 경이로운 장점을 가진다. 그런데, 아무리 이유 불충분의 원리를 적용한다고 해도 사전 확률을 5 대 5로 설정하는 것이 비합리적일 수도 있다. 그런 경우에는 겸허하게 진심을 40%, 논외를 60%와 같이 설정해도 된다. 이와 같이 사전 확률을 자유롭게 설정할 수 있다는 점에서 베이즈 추론은 매우 유연하다고 할 수 있다.

베이즈통계: 단지 문제 해결 방식

이번에는 '챕터 4'에서 다룬 단지 문제를 베이즈 추론 방식으로 다시 풀어보자. A 단지와 B 단지가 있다. A 단지는 흰 공 9개와 검은 공 1개, B 단지는 흰 공 2개와 검은 공 8개가 들어있다. 눈앞에 있는 단지에서 공을 한 개 꺼냈더니 검은색이었다. 이 단지는 A일까, 아니면 B일까?

이 문제를 피어슨 통계로 해결하기에는 정보가 너무 적다. 유의 수준을 5%로 설정한다고 해도, 틀릴 확률이 이 기준을 넘기 때문에 결론을 내리기 어렵다. 그러나 베이즈 추론을 활용하면 유의 수준과 같은 개념은 필요하지 않다.

사전 확률부터 설정해 보자. 이 단지가 A인지 B인지 알 수 없고, 공을 꺼내기 전에는 확률도 알 수 없기 때문에 이유 불충분의 원리에 의해 A일 사전 확률과 B일 사전 확률을 모두 0.5로 설정한다. 다음으로, 각 타입에 의존해서 검은 공 혹은 흰 공일 조건부 확률을 설정한다. A일 경우 검은 공일 조건부 확률은 0.1, 흰 공일 조건부 확률은 0.9이다. B일 경우 검은 공일 조건부 확률은 0.8, 흰 공일 조건부 확률은 0.2이다.

이전 실습에서 사용한 실습 파일에서 두 번째 시트를 보자.

단지 A 또는 단지 B 추정				
사전확률		조건부 확률		
단지 A 확률	0.5		단지 A	단지 B
단지 B 확률	0.5	검은 공	5.0%	40.0%
		흰 공	45.0%	10.0%
단지 A/검은 공	0.10			
단지 A/흰 공	0.90	가능성이 사라진 세계 제거		
			단지 A	단지 B
단지 B/검은 공	0.80	검은 공	5.0%	40.0%
단지 B/흰 공	0.20	흰 공		
		베이즈 역확률		
			단지 A	단지 B
		검은 공	11.1%	88.9%

| [그림 52] 단지 문제 해결

조건부 확률을 구해 보자. 단지 A이면서 검은 공일 확률은 0.5*0.1=0.05이고, 단지 A이면서 흰 공일 확률은 0.5*0.9=0.45이다. 단지 B이면서 검은 공일 확률은 0.5*0.8=0.4이고, 단지 B이면서 흰 공일 확률은 0.5*0.2=0.1이다.

네 가지 가능 세계의 확률을 합하면 100%가 된다. 하지만 현재 검은 공을 뽑은 상황이므로 흰 공인 가능 세계를 소거한다.

마지막으로 확률이란 모든 경우를 더하면 무조건 1(100%)이 나와야 하므로 사후 확률(베이즈 역확률)을 구한다. 검은 공이면서 단지 A일 확률은 0.05/(0.05+0.4)=0.111(11.1%)이고, 검은 공이면서 단지 B일 확률은 0.4/(0.05+0.4)=0.889(88.9%)이다.

검은 공을 뽑은 후 단지 A일 사후 확률은 11.1%, 단지 B일 사후 확률은 88.9%이다. 베이즈 추론에서는 추론 자체가 이런 경우에 대한 단지는 A다, B다라고 결론을 내리지 않고, 이와 같은 가능성에 대한 확률을 제시할 뿐이다. 이 확률을 보고 통계자(의사결정자)가 결론을 내려야 한다. 이 경우에는 단지는 B라고 판단하는 것이 타당할 것으로 보이며, 그 경우 틀릴 확률은 11.1%가 된다.

베이즈 추정은 가설검정과 유의 수준의 설정이 없으므로 어떤 환경이든 추정이 가능하다. 하지만 어느 한 쪽으로 판정을 내리기보다 양쪽 가능성을 비율 관계로 제시할 뿐이므로, 수치를 보고 판단을 내리는 일은 오롯이 통계가의 몫이다. 그렇기에 사원에게 추론을 맡기고 보고받은 수치로 판단을 내리는 일은 사장 재량이라는 의미에서 베이즈 추론을 사장의 확률이라고 부르기도 한다.

베이즈 추론과 피어슨 추론의 가장 큰 차이는 유의 수준 유무이다. 피어슨 추론에서 유의 수준은 리스크 지표, 즉 틀릴 확률이다. 예를 들어 유의 수준을 5%로 설정했다면, 같은 방법으로 가설 검정을 되풀이할 경우 5% 확률로 잘못된 결론을 내린다는 뜻이다. 이때 5%라는 리스크는 결론 자체가 틀릴 확률이 아니다. '5%의 리스크가 있는 방법으로 내린 결론'이라는 의미이다. 반대로 베이즈 추정에 따른 결론은 사후 확률 자체로 리스크를 평가할 수 있다. 단지 추정 실습에서, 단지가 A일 사후 확률은 11%이고 단지가 B일 사후 확률은 89%였다. 이를 바탕으로 단지는 B라는 결론을 내렸다면, 결론이 틀렸을 확률은 11%이다. 이 확률은 방법론상 리스크가 아니라, A라는 가능성과 B라는 가능성의 비율이 1 대 8이라는 사실로부터 직접 파생하는 리스크이다. 이처럼 베이즈 추론과 피어슨 추론은 상호 보완하는 특징을 가지기 때문에 다양한 영역에서 함께 사용한다.

베이즈통계: 스팸메일 필터 구현하기

베이즈 추론은 정보를 많이 얻을수록 진가가 드러나는 추론 방법이다. 활용하는 정보의 양이 많을수록 추정 정확도가 급속도로 높아지기 때문이다. 이러한 조건부 확률 특성을 이용해서 실무에 많이 활용하는 영역이 바로 스팸메일 필터 구현 사례이다. 스팸메일이란, 인터넷상에서 수상한 업자가 무차별적으로 발송하는 쓰레기 메일을 말한다. 스팸메일 필터는 이러한 쓰레기 메일을 자동으로 판별하여 스팸메일함으로 분류하는 기능을 말한다. 대다수 웹 메일 서비스에서 제공하는 스팸메일 필터링 기능을 뒷받침하는 알고리즘이 바로 베이즈 추정이다.

실습을 진행할 파일은 실습 폴더의 [실습09_베이즈 통계] → [02 축차합리성 적용 예제.xlsx]이다.

먼저, 컴퓨터가 도착한 메일을 스캔하기 전에 그 메일이 스팸메일인지, 일반 메일인지 타입별 사전 확률을 설정해야 한다. 이유 불충분의 원리에 의해 사전 확률을 각각 50%로 설정해도 좋지만, 더 신빙성 있는 확률이 있다면 그 확률을 사용한다.

다음으로 스팸메일에 자주 나오는 글자나 문구, 특징으로 조건부 확률을 설정한다. 만약 스팸메일에 100% 확률로 URL 링크가 있고, 일반 메일에는 100% 확률로 URL 링크가 없다면 스팸메일을 완벽하게 걸러낼 수 있다. 그러나 실제로는 URL 링크가 없는 스팸메일이나 링크를 포함한 일반 메일도 있다. 따라서, URL 링크가 있다면 대체로 스팸메일이고, URL 링크가 없다면 대체로 일반 메일이라고 할 수 있다. 이때 스팸메일과 일반 메일에 각각 어느 정도 비율로 URL을 포함하는가를 설정해야 한다. 본 실습에서는 가공의 수치를 사용하여 스팸메일이면서 URL 링크가 있을 확률은 60%, 스팸메일이면서 URL 링크가 없을 확률은 40%, 일반 메일이면서 URL 링크가 있을 확률은 20%, 일반 메일이면서 URL 링크가 없을 확률은 80%로 설정하였다.

이를 이용해 조건부 확률을 구할 차례이다. 스팸메일이고 URL 링크가 있을 확률은 0.5*0.6=0.3(30%), 스팸메일이지만 URL 링크가 없을 확률은 0.5*0.4(20%), 일반 메일이면서 URL 링크가 있을 확률은 0.5*0.2(10%), 일반 메일이고 URL 링크가 없을 확률은 0.5*0.8=0.4(40%)이다. 이 네 가지 가능 세계 중에서 내가 받은 메일이 URL 링크가 있는 메일이라면 URL 링크가 없는 가능 세계는 소거한다.

URL 링크가 있는 가능 세계의 합이 100%가 되도록 베이즈 역확률을 구한다. 그 결과 스팸메일인데 URL 링크가 있을 확률은 '0.3/(0.3+0.1)'=0.75(75%)이고, 일반 메일인데 URL 링크가 있을 확률은 '0.1/(0.3+0.1)'=0.25(25%)가 된다. URL 링크가 있을 때 스팸메일일 확률은 50%에서 75%로 25%가량 상승하였다. 하지만 필터 동작 조건을 스팸메일일 사후 확률이 95% 이상이어야 스팸메일함으로 이동하도록 설정했다면, 이 메일은 스팸메일함으로 이동하지 않는다. 'URL 링크가 있다.'는 정보로부터 스팸메일일 의심이 짙어졌을 뿐, 스팸메일함으로 이동할 만큼 높은 확률이 아니기 때문이다. 따라서 다른 추가 정보가 필요하다. 이 경우에는 추가 정보로 '만남'이라는 단어를 활용해서 재판정하도록 하겠다.

URL 여부와 마찬가지로 가공의 수치를 사용하여 조건부 확률을 구한다. 만남 단어가 있고 스팸메일일 확률은 40%, 만남 단어가 있고 일반 메일일 확률은 60%, 만남 단어가 없고 스팸메일일 확률은 5%, 만남 단어가 없고 일반 메일일 확률은 95%로 설정하였다. URL 링크의 여부와 만남 단어의 여부라는 두 가지 정보를 이용하면 여덟 가지 가능 세계가 나온다. 각 가능 세계의 확률은 확률의 승법 공식을 이용하여 구한다. 그렇게 구한 확률은 [그림 53]과 같으며, 실습 파일에 그대로 포함되어 있다.

여덟 개로 분기된 세계의 확률	스팸	일반
URL 링크 있음 & 만남 단어 있음	12.0%	0.5%
URL 링크 있음 & 만남 단어 없음	18.0%	9.5%
URL 링크 없음 & 만남 단어 있음	8.0%	2.0%
URL 링크 없음 & 만남 단어 없음	12.0%	38.0%

| [그림 53] 여덟 가지 가능 세계의 확률

받은 메일에 URL 링크가 있고 만남이라는 단어도 있다면, 여덟 가지 가능 세계 중 두 가지만 남는다. 남은 가능 세계로 베이즈 역확률을 구하면, URL 링크가 있고 만남 단어도 있으면서 스팸메일일 확률은 96%이다.

받은 메일이 스팸메일일 초기 사전 확률은 50%였지만 URL 링크를 스캔한 후에는 사후 확률이 75%로 증가하고, 만남이라는 단어를 검사한 후에는 96%까지 증가하였다. 사후 확률이 95% 이상일 때 메일을 자동으로 스팸메일함으로 보내는 시스템상 이 메일은 스팸메일함으로 이동한다. 이처럼 여러 정보를 사용하면 단일 정보로 판정할 때보다 스팸메일일 가능성을 훨씬 높은 정확도로 검증할 수 있다.

실습처럼 두 가지 정보를 사용한다면 가능 세계가 여덟 개에 불과하지만, 정보가 많아질수록 가능 세계가 기하급수적으로 증가하기 때문에 계산 복잡도가 매우 커진다. 이 문제를 해결하기 위해 베이즈 추론에서는 축차 합리 성이라는 개념을 활용한다.

베이즈통계: 축차 합리성

실습 폴더의 [실습09_베이즈 통계] → [02 축차합리성 적용 예제.xlsx]를 참고하여 축차 합리성이 무엇인지 이해해 보자.

방금 전 실습을 떠올려 보자. URL 링크 존재 여부를 바탕으로 사후 확률을 구한 뒤, 만남 단어 포함 여부라는 두 번째 조건을 추가하였다. 따라서 여덟 개로 늘어난 가능 세계를 확률의 승법 공식으로 계산하였다.

하지만 이때, 축차합리성을 활용한다면 조건을 추가하여 확률의 승법 공식으로 계산하지 않아도 된다. 첫 번째 사후 확률인 75%를 두 번째 조건의 사전 확률로 설정하고, 만남이라는 단어가 있는지 판단하여 가능 세계를 여덟 가지가 아닌 네 가지로 줄여도 결과는 동일하게 96%가 나오는 것이다.

즉, 여러 조건을 확률의 승법 공식을 이용하여 한 번에 계산한 값과, 조건을 한 번에 하나만 설정하면서 계산한 사후 확률을 다시 다음 조건 확률을 계산할 때 사전 확률로 설정하고 계산한 값이 동일하다는 뜻이다. 이렇게 하면 조건이 매우 많은 환경에서 중간 계산값 과정을 보관할 필요 없이 사후 확률 데이터만 다음 조건 계산 시 사전 확률로 설정해서 활용할 수 있기 때문에 매우 효율적인 연산 처리가 가능해진다.

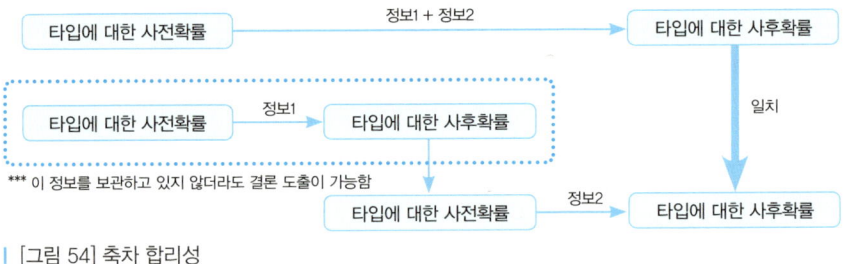

| [그림 54] 축차 합리성

[그림 54]를 보면서 다시 정리하자. 축차 합리성을 활용하지 않은 첫 번째 방식은 정보 1과 정보 2로 여덟 개의 가능 세계를 만들어 확률의 승법 공식으로 어렵게 사후 확률을 구한다. 반면 두 번째 방식은 정보 1만 이용하여 해당 타입에 대한 사후 확률을 간단히 구한다. 그리고 그 결과로 얻은 사후 확률을 다시 사전 확률로 설정하고, 정보 2를 이용하여 네 개의 가능 세계를 만들고 사후 확률을 구한다. 이렇게 복수 개의 정보를 한 번에 이용하여 어렵게 계산한 사후 확률과 정보 하나만 계산하여 사후 확률을 얻고, 다시 사전 확률로 설정하여 한 번에 정보를 하나씩 계산한 확률이 일치한다.

이는 여러 정보를 활용하는 연산을 처리할 때 축차 합리성을 이용하면 복잡한 CPU나 큰 저장 공간 없이도 마지막 사후 확률만 저장함으로써 전체 계산을 할 수 있다는 의미이다. 이 점에서 축차 합리성은 마치 사람이 학습하는 방식과 비슷하다. 초등학교에서 배운 내용을 성인이 되어서 전부 기억하지는 못한다. 학습한 최종 값만 기억에 남고, 중간 값들은 전부 잊어버리고 만다. 그러나 최종 결과값만으로도 어떤 판단을 내리는 데 특별한 지장은 없다. 이처럼 사람의 지능과 유사한 축차 합리성은 인공지능을 구현할 때에도 자주 활용한다. 예를 들어, 자율 주행 자동차 개발에 축차 합리성을 활용하면 다양한 경우의 수를 쉽게 연산할 수 있다.

확률 추측에는 언제나 방대한 정보를 사용한다. 그런데 매번 모든 정보를 일일이 총동원해서 추측해야 한다면 굉장히 번거롭고, 저장 용량도 많이 필요할 것이다. 반면 계산이 끝날 때마다 필요한 정보만 남겨 재사용하고, 나머지 정보를 삭제할 수 있다면 많은 에너지를 절약할 수 있다. 이것이 베이즈 추정의 힘이다. 또한 사후 확률이라는 학습 결과물을 다시 학습에 사용한다는 점에서 베이즈 추정을 자동으로 똑똑해지는 알고리즘이라고도 부를 수도 있다.

AzureML을 활용한 머신러닝 실무

AzureML을 활용한
머신러닝 실무

머신러닝과 AzureML

머신러닝으로 비즈니스 실무 분석을 진행하는 방법을 알아보자. 실무에 적용하는 머신러닝은 애플리케이션을 수정하지 않고도 '데이터를 기반으로 패턴을 학습하고 결과를 추론하는 알고리즘 기법'을 총칭한다.

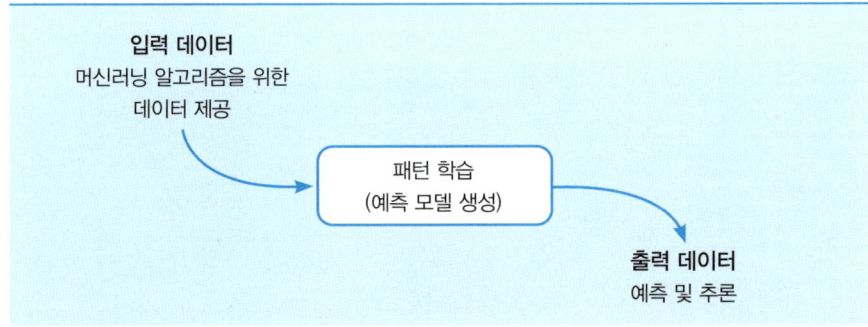

| [그림 55-1] 머신러닝 개념도

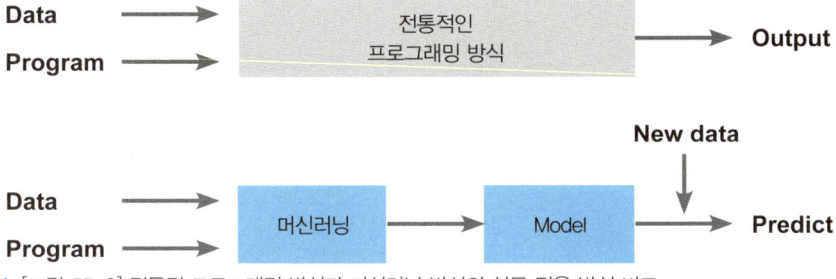

[그림 55-2] 전통적 프로그래밍 방식과 머신러닝 방식의 실무 적용 방식 비교

전통적 프로그래밍 방식과 머신러닝 방식을 비교해보면 전통적 프로그래밍 방식은 개발자가 모든 코드를 개발하기 때문에 적용 알고리즘의 이해도가 높은 편이다. 따라서 입력값을 기반으로 한 출력값이 도출되는 이유를 이해하고 충분히 설명할 수 있다. 그런데 머신러닝 방식에 입문했을 때 가장 적응하기 어려운 부분은 모델 자체가 내부를 알 수 없는 '블랙박스'이기 때문에 왜 그런 결정을 내렸는지 설명할 수 없는 경우가 종종 발생한다는 점이다. 이러한 부분은 실제 머신러닝을 진행해보면서 이해하는 것이 좋다.

'7. 비즈니스 데이터 분석 실무' 챕터에서는 데이터 분석을 위해 엑셀 피벗 테이블을 기반으로 요약하고자 하는 데이터를 '드래그 & 드랍'만으로 다양한 실무 분석을 진행하는 방법을 배웠다. 머신러닝 역시 선택하는 분석 도구에 따라서 복잡한 코드 입력 없이 '드래그 & 드랍'만 할 수 있으면 실무 분석이 가능한데, 그러한 도구가 바로 본 실습에서 사용하는 'AzureML'이다.

Azure ML은 기계학습 모델을 만들고 관리하고 배포하기 위한 모든 기능을 제공하는 AzureML 작업 공간을 제공한다. AzureML을 시작하기 위해서는 AzureML 작업공간에 무료 계정을 만들어 로그인해야 한다.

1. 컴퓨터 웹 브라우저를 실행한다

2. 주소 창에 https://studio.azureml.net/ 을 입력하고 클라우드 서비스에 접속한다.

3. 홈페이지의 오른쪽 상단 코너에 있는 [Sign in]을 클릭한다.

| [그림 55-3] [Sign in] 화면

4. 만일 마이크로소프트 아이디가 있다면 자신의 마이크로소프트 계정을 입력하고(hotmail.com 가능) 로그인한다.

| [그림 55-4] 마이크로소프트 계정으로 로그인하는 화면

5. 만약 마이크로소프트 계정이 없다면, [Sign up here] 링크를 클릭해서 계정을 생성한다.

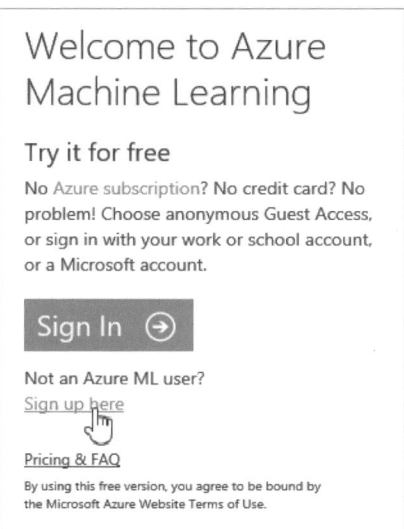

| [그림 55-5] [Sign up here] 링크 화면

[Sign up here]를 누르면 [그림 55-6]과 같은 화면이 나온다. Guest Workspace는 8시간 동안만 유효하며, 시간이 지나면 진행한 실험 데이터가 유실된다. Free Workspace는 10GB 스토리지를 무료로 제공하기 때문에 이 옵션을 선택하기를 권장한다. 만일 많은 실험 시간을 소요하는 전문 데이터 분석이 필요하다면 월 $9.99 정액제 옵션을 선택한다.

본 실습은 Free Workspace 계정을 사용한다. 회원가입이 끝났다면 [Sign In]을 클릭하여 로그인한다.

| [그림 55-6] [Sign up here]을 클릭하면 나오는 화면

6. 마이크로소프트 계정을 사용해서 AzureML 작업공간에 로그인 되었는지 확인한다.

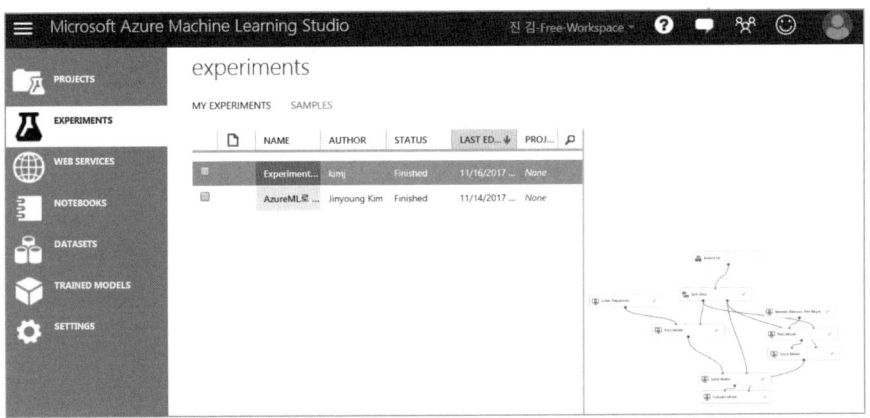

| [그림 55-7] 로그인 후 나타나는 AzureML 작업공간 화면

Linear Regression을 활용한 적정 집값 예측하기

본 실습은 AzureML을 활용하며, 실습 폴더의 [실습10_머신러닝 입문] → [02_boston.txt]를 데이터로 사용한다.

1. 실습용 DataSet 이해하기 - Boston.txt 파일은 보스턴 지역 집값에 영향을 끼치는 요인을 정리한 것으로, 다양한 변인을 조합하여 각 지역의 집값을 예측하는 것이 목표다. 먼저 데이터의 다양한 속성부터 이해해보자.

속성	설명
CRIM	마을별 범죄율
ZN	주거지의 비율
INDUS	공업지의 비율
CHAS	강변 위치 여부
NOX	대기중 질소 산화물 농도
RM	가구당 방의 개수
AGE	1940년 전에 지어진 집의 비율
DIS	일터와의 평균 거리
RAD	고속도로 접근성
TAX	재산세율
PTRATIO	마을별 학생-교사 비율
B	흑인 주거 비율
LSTAT	저소득층 주거 비율
MEDV	집값 중간값

| [그림56-1] boston.txt 데이터 설명

2. Azure ML 실험 만들기 – Azure ML 작업공간에서는 모델을 만들고 평가하고 분석하는 모든 작업이 실험(Experiment)이라는 단위로 이루어진다. 실험은 모델과 관련된 데이터, 알고리즘, 그 외 작업들을 포함한다. 이제 머신러닝 실험을 만들어 보자.

3. Azure ML 작업공간 페이지 좌측 하단의 [New] 버튼을 클릭한다.

| [그림 56-2] 페이지 좌측 하단 [New] 버튼

4. NEW 대화상자의 좌측 상단의 'DATASET'를 클릭한다.

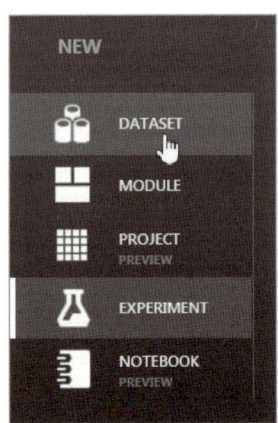

| [그림 56-2] 페이지 좌측 하단 [New] 버튼

5. 'FROM LOCAL FILE'을 선택하여 AzureML에 02_boston.txt파일을 업로드한다. 이때 'SELECT A TYPE FOR THE NEW DATASET' 부분을 'Generic TSV File with a header(.tsv)'로 변경하고, 우측 하단의 선택 버튼(V)을 클릭하여 업로드한다.

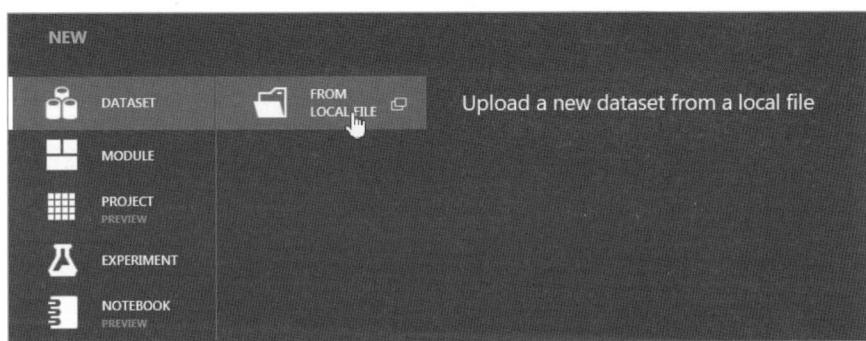

| [그림 56-4] 'DATASET'의 'FROM LOCAL FILE'을 클릭

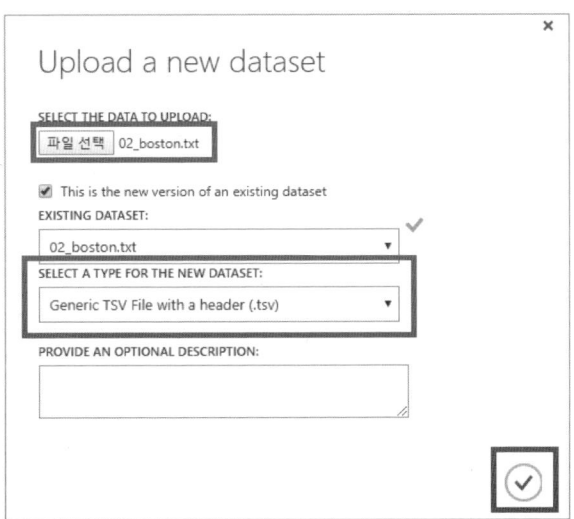

| [그림 56-5] 02_boston.txt 업로드

6. 파일 업로드 진행 사항과 최종 업로드 결과를 확인한다.

| [그림 56-6] 데이터 업로드 완료

7. 'Saved Datasets'의 'My Datasets'에서 02_boston.txt라는 이름의 Dataset이 추가된 것을 확인한다.

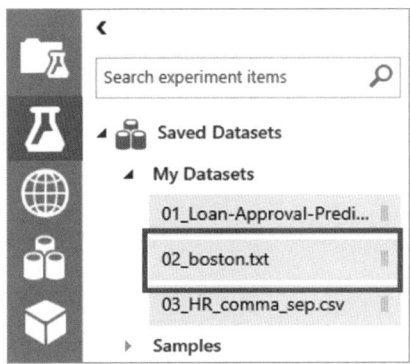

| [그림 56-7] 02_boston.txt Dataset 업로드 확인

8. 페이지 좌측 하단의 [NEW] 버튼을 클릭한다.

| [그림 56-8] 페이지 좌측 하단 [New] 버튼

9. NEW 대화 상자에 Experiment가 선택된 상태에서 Blank Experiment 버튼을 클릭한다.

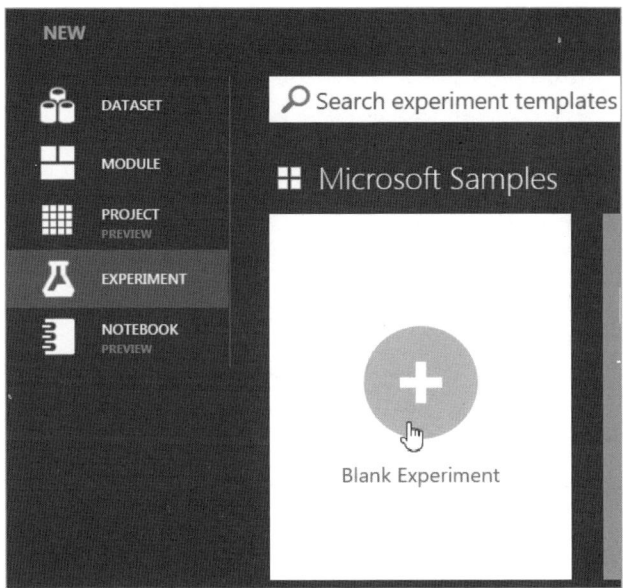

| [그림 56-9] [Blank Experiment] 클릭

10. 새로운 Experiment를 생성했다면, 제목을 '집값 예측 모형 개발'로 변경한다.

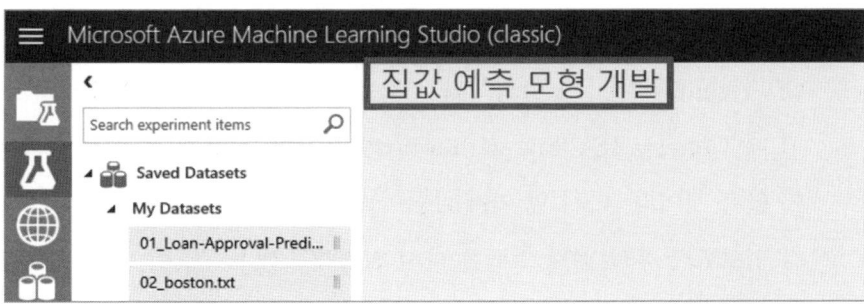

| [그림 56-10] 제목 변경

11. 앞 단계에서 추가한 02_boston.txt 데이터 셋을 캔버스로 Drag & Drop한 후, 마우스 오른쪽 버튼을 클릭하여 Context Menu를 띄우고, dataset → Visualize를 선택하여 데이터가 정상적으로 로딩되었는지 확인한다.

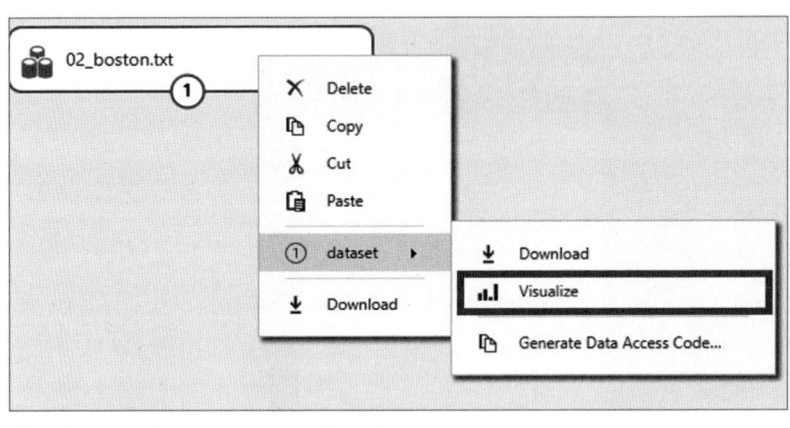

| [그림 56-11] Visualize로 로딩된 데이터 확인

Cf) Visualize 메뉴가 활성화되지 않는다면 앞 단계에서 데이터를 올릴 때 'Generic TSV File with a header(.tsv)' 옵션이 제대로 선택되지 않은 것이다. 다시 앞 단계로 돌아가서 위 옵션을 선택하여 데이터를 업로드한 후에 현재 스텝을 다시 진행해보자.

12. Azure ML을 이용한 회귀 분석 – 데이터 탐색을 끝낸 후에 이제는 예측 모델을 만들어보자. 우선 주어진 데이터 셋에 대한 모델을 만들기 위해 학습 데이터와 만들어진 모델을 평가하기 위한 평가 데이터로 분리하자.

먼저, 데이터를 분리해내기 위한 모듈을 찾는다. 작업공간 왼쪽 위의 검색 창에 split을 입력하면 관련 모듈이 목록에 보인다.

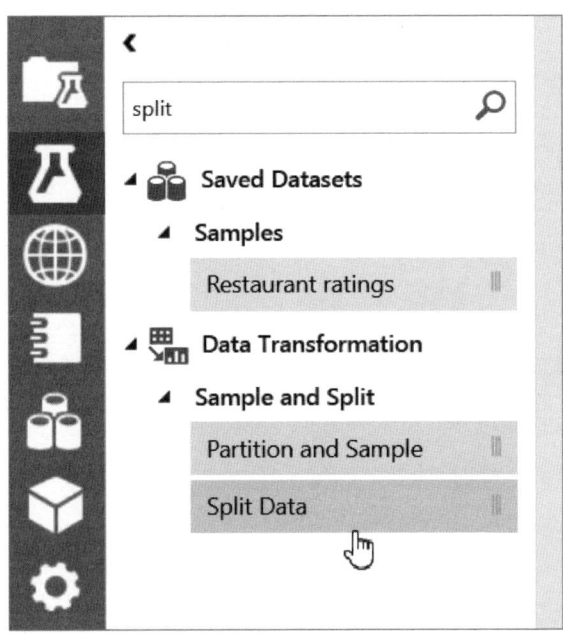

| [그림 56-12] Split Data 모듈 선택

13. Split Data 모듈을 캔버스로 꺼낸 후 02_boston.txt 모듈의 출력 포트를 선택하고, Split Data 모듈의 입력 포트로 끌어 놓으면 두 모듈이 연동된다.

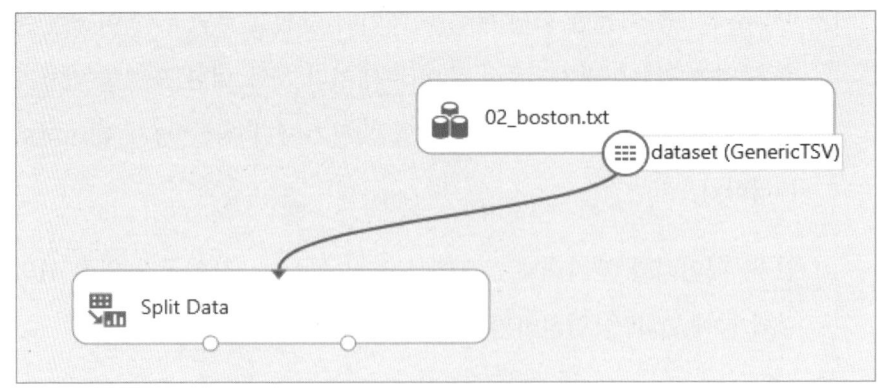

| [그림 56-13] Split Data 모듈과 02_boston.txt 모듈 연동시키기

14. Split Data 모듈의 오른쪽 Properties 창에서 'Fraction of rows in the first output dataset' 텍스트 상자를 찾아 0.7을 입력한다. 이는 70%의 입력 데이터를 왼쪽 출력 포트로, 나머지 30%의 입력 데이터를 오른쪽 출력 포트로 보내는 설정이다. 그 이후 하단의 [Run]을 클릭하면 데이터가 나뉜다. Split Data 모듈의 왼쪽 출력 포트를 선택하고 메뉴의 [Visualize]를 선택하면 [그림 56-15]처럼 분리된 데이터 항목을 확인할 수 있다.

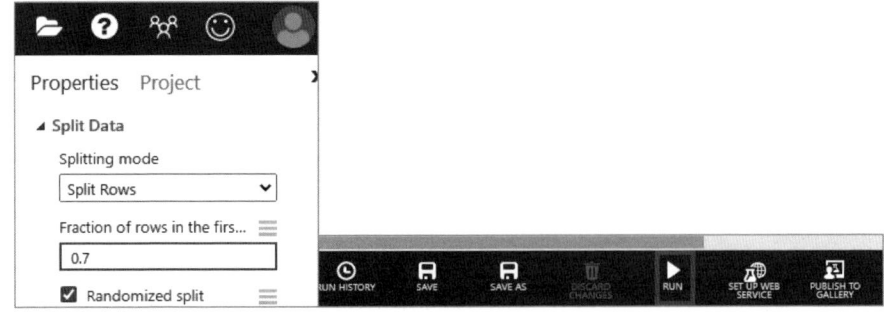

| [그림 56-14] 데이터 나누기(좌측)와 Run(우측)

| [그림 56-15] 데이터를 나눈 결과

15. 검색 창에 'train model'을 입력하여 'Train Model'을 찾고, 캔버스에 끌어다 놓는다. 그리고 Split Data 모듈의 왼쪽 출력 포트와 Train Model의 오른쪽 입력 포트를 연결한다.

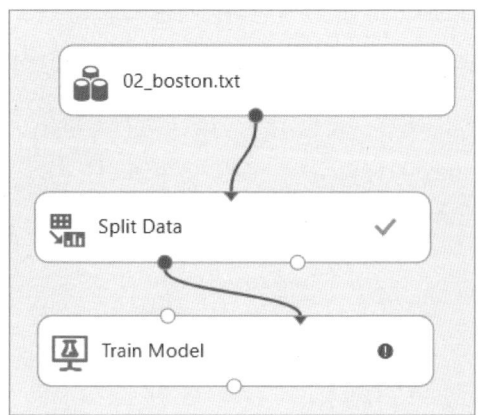

| [그림 56-16] Split Data 모듈과 Train Model 모듈 연결시키기

16. 검색 창에 'Linear Regression'을 검색하여 캔버스에 끌어 놓는다. 그리고 Linear Regression 알고리즘을 Train Model 모듈의 왼쪽 입력 포트와 연결한다.

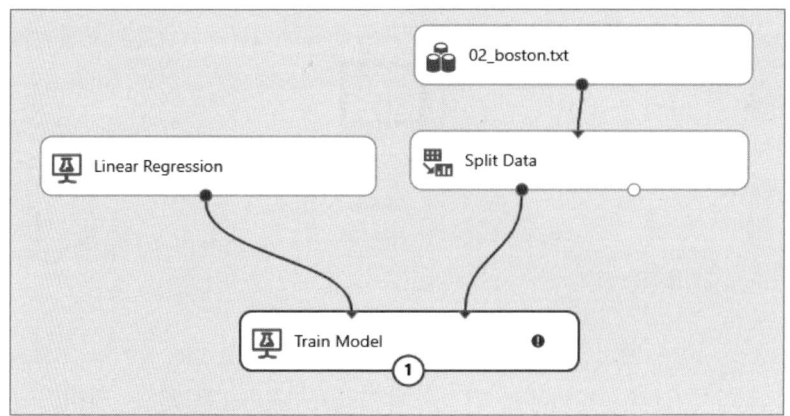

| [그림 56-17] Linear Regression 사용하기

17. 다음으로, 분석할 종속변수를 정해야 한다. Train Model을 클릭하고 우측에 'Launch column selector'를 클릭한다. 기준으로 선택할 'medv'를 클릭하고 가운데 화살표를 눌러 우측으로 옮긴 후 하단의 체크를 클릭한다.

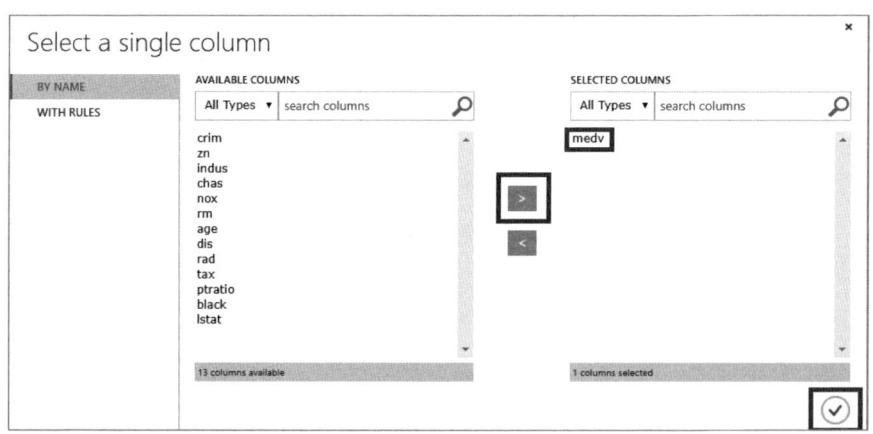

| [그림 56-18] 종속변수 선택하기

18. 하단에서 [Run]을 클릭하여 실행한다. Train Model의 Output Node를 클릭하고 [Visualize]를 누르면 Linear Regression 결과인 각 요인이 미치는 영향 수치를 확인할 수 있다.

Feature Weights

Feature	Weight
Bias	42.4031
nox	-19.5033
rm	3.46025
chas	3.2149
dis	-1.55394
ptratio	-1.07755
lstat	-0.550064
rad	0.3207
crim	-0.114843
zn	0.0586992
indus	0.0421396
tax	-0.0119597
black	0.00838895
age	-0.00131493

| [그림 56-19] Linear Regression 결과

19. 최종 의사결정을 하기 위해 검색 창에 'Score Model'을 검색하여 드래그한 후, Train Model과 Split Data 모듈과 연동시킨다. 그리고 캔버스 하단의 [Run]을 클릭한다. Score Model 모듈은 앞서 만들었던 모델을 사용해서 보스턴 집값(medv)을 예측한 데이터를 제공한다.

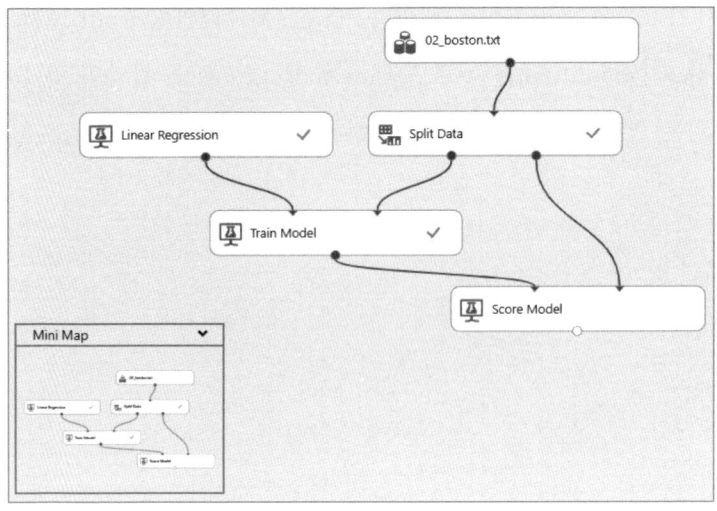

| [그림 56-20] Score Model 모듈 연동시키기

20. Score Model 모듈의 출력 포트를 선택하고 메뉴의 Visualize를 선택해서 학습된 모델의 정확도를 확인할 수 있다.

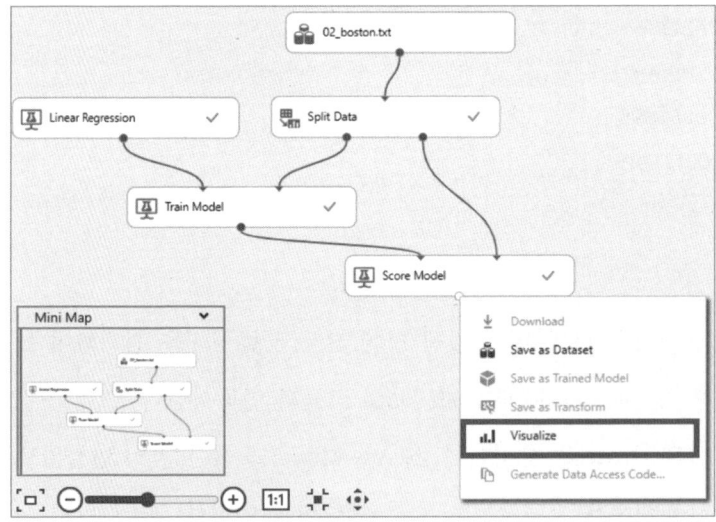

| [그림 56-21] Score Model 모듈의 Visualize 선택

21. 'Score Model'을 Visualize 했을 때, 데이터 가장 우측에 위치한 'Scored Labels' 열은 기계학습 알고리즘이 Linear Regression 방식으로 예측한 집값이다.

집값 예측 모형 개발 > Score Model > Scored dataset													
rows 152	columns 15												
	crim	zn	indus	chas	nox	rm	age	dis	rad	tax	ptratio	black	lstat	medv	Scored Labels
view as														
0.05372	0	13.92	0	0.437	6.549	51	5.9604	4	289	16	392.85	7.39	27.1	27.6088C
0.06788	0	2.46	0	0.488	6.144	62.2	2.5979	3	193	17.8	396.9	9.45	36.2	27.72715
0.57834	20	3.97	0	0.575	8.297	67	2.4216	5	264	13	384.54	7.44	50	40.89348
0.1403	22	5.86	0	0.431	6.487	13	7.3967	7	330	19.1	396.28	5.9	24.4	24.25084
7.83932	0	18.1	0	0.655	6.209	65.4	2.9634	24	666	20.2	396.9	13.22	21.4	20.30743
9.39063	0	18.1	0	0.74	5.627	93.9	1.8172	24	666	20.2	396.9	22.88	12.8	12.88767
5.29305	0	18.1	0	0.7	6.051	82.5	2.1678	24	666	20.2	378.38	18.76	23.2	17.18660
0.44791	0	6.2	1	0.507	6.726	66.5	3.6519	8	307	17.4	360.2	8.05	29	32.18924
0.17331	0	9.69	0	0.585	5.707	54	2.3817	6	391	19.2	396.9	12.01	21.8	20.63997

| [그림 56-22] 머신러닝 학습결과(Linear Regression)

분석을 마친 결과인 [그림 56-22]를 바탕으로 집을 그대로 보유할지, 혹은 매매할지 결정할 수 있다. 위 결과 화면의 3번째 데이터는 실제 집값은 50만불인데, 알고리즘은 40만불로 추정하고 있다. 머신러닝 알고리즘은 현재 시점에는 집을 매각할 것을 추천한다고 해석할 수 있는 것이다.

22. 화면의 컬럼 중에서 집값(medv)을 선택하고, 화면 오른쪽의 Visualizations 창에서 'compare to' 항목 중 'Scored Labels'를 선택한다.

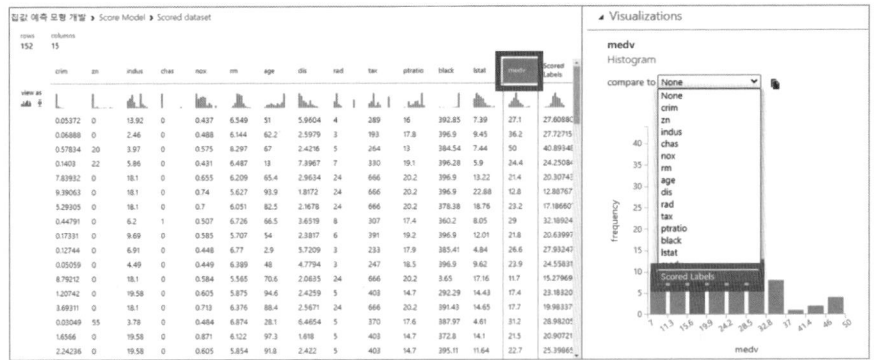

| [그림 56-23] Score Model 모듈의 Visualize 창 화면

23. 'Scored Labels'를 선택하면 [그림 57-23]과 같은 산점도가 생성된다. 아래 산점도의 각 점은 평가 데이터셋의 각 항목에 대해 예측된 집값과 실제 집값을 비교한 결과이다. 아래의 시각화를 통해 집값 예측이 비교적 정확하다는 사실을 확인할 수 있다.

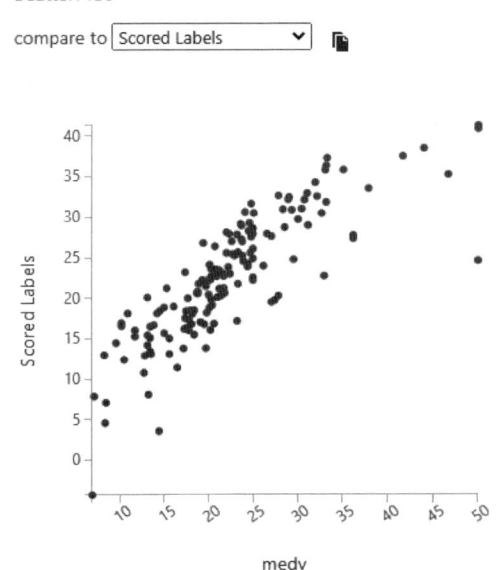

| [그림 56-24] Scored Labels 선택 시 생성되는 산점도 화면

24. Azure ML을 사용한 앙상블 트리 모델을 적용한 분석과 데이터 분석 모델의 예측력을 비교하기 위해 앙상블에 기반한 의사결정 트리 모델을 추가하여 예측 성능을 비교해보자.

25. Train Model을 추가하고 Split Data의 데이터를 연동 처리한다.

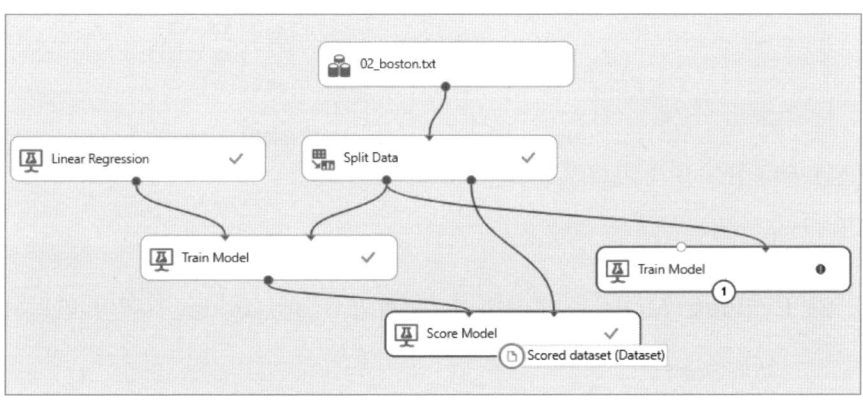

| [그림 56-25] Train Model 추가 및 연동

26. Score Model을 추가하고 Train Model과 Split Data와 연동한다.

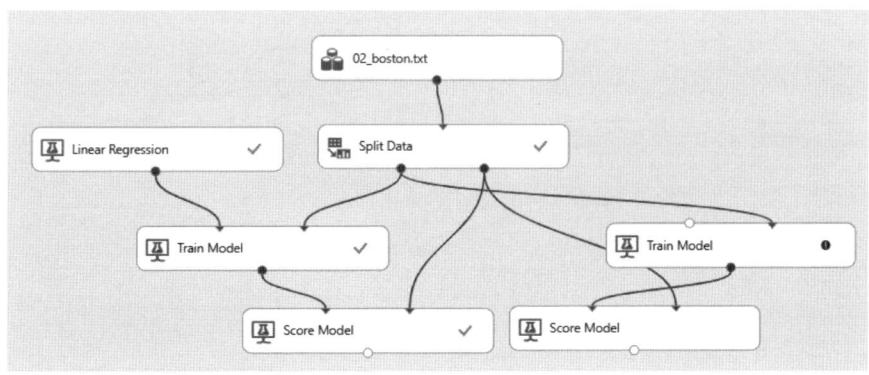

| [그림 56-26] Score Model추가 및 연동

27. Boosted Decision Tree Regression 모델을 추가해서 Train Model
    과 연동한다.

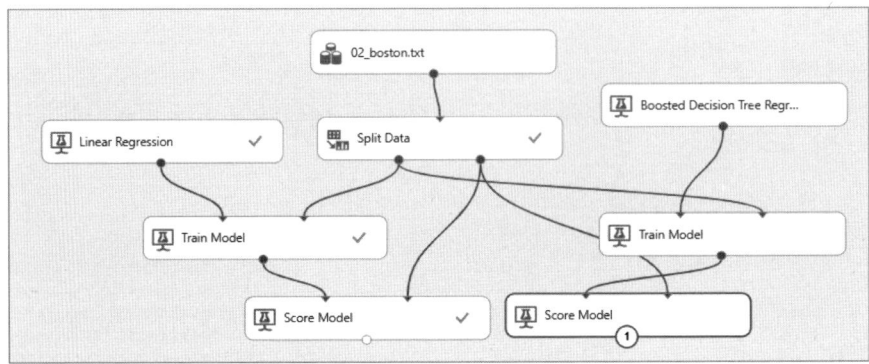

| [그림 56-27] Boosted Decision Tree Regression 추가 및 연동

28. Evaluate Model을 추가하여 두 개의 Score Model 결과와 연동시
    킨다.

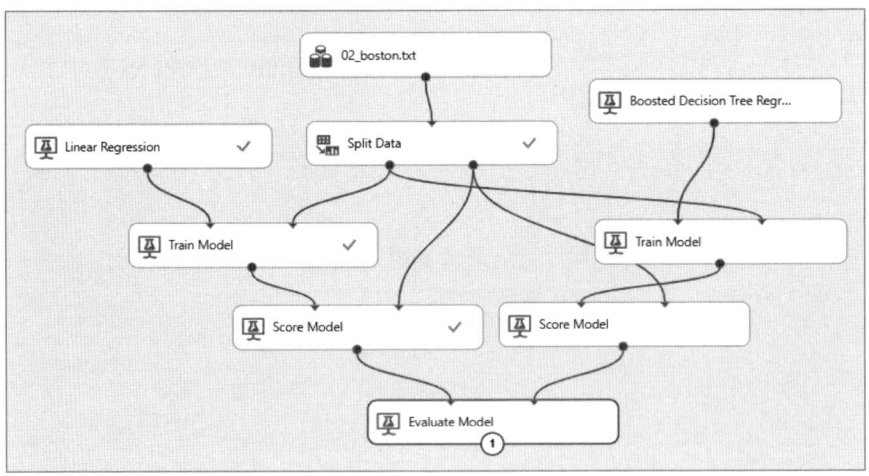

| [그림 56-28] Evaluate Model추가 및 연동

29. Train Model의 오른쪽 Properties 창에서 Launch column selector 버튼을 클릭한다. 이 창에서 모델이 예측하고자 하는 속성을 지정할 수 있는데, 여기서는 medv를 선택하고, 가운데 화살표를 눌러 우측으로 옮긴 후 하단의 체크를 클릭한다.

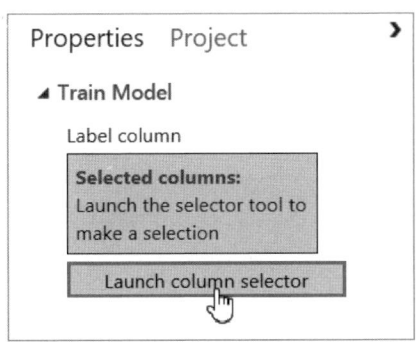

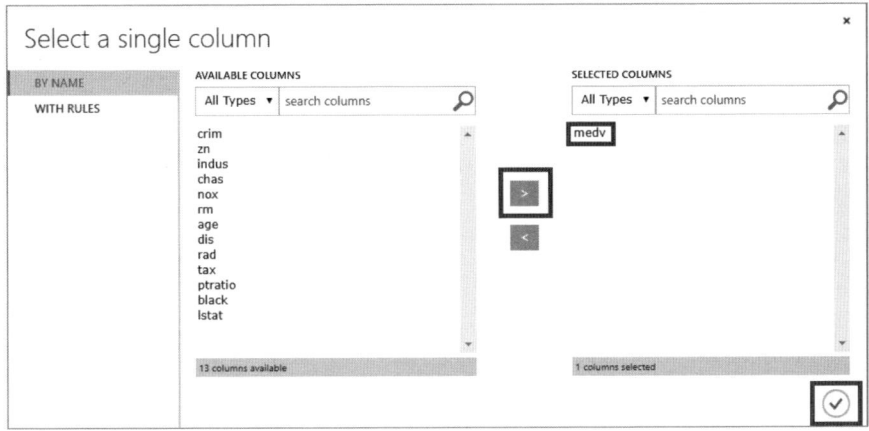

| [그림 56-29] 종속변수 선택하기

30. 하단에서 [Run]을 클릭하여 실행한다. Score Model 모듈의 출력 포트를 선택하고, 메뉴의 Visualize를 선택해서 학습된 모델의 정확도를 확인할 수 있다.

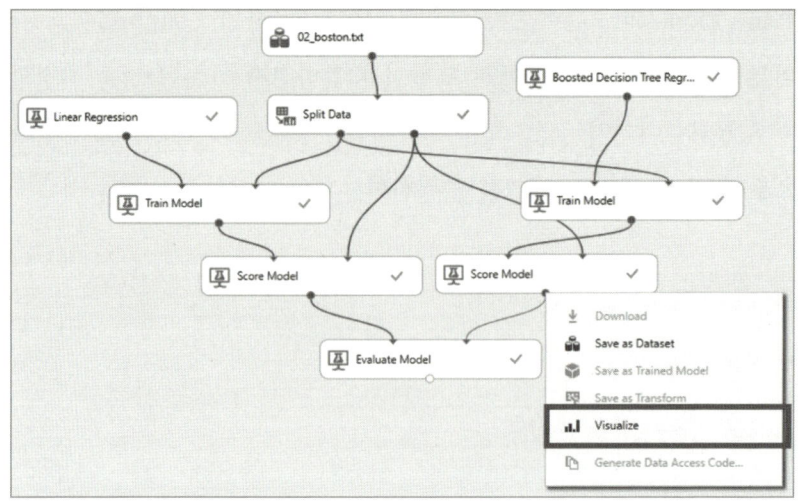

| [그림 56-30] Score Model 모듈의 Visualize 선택하기

31. 화면의 컬럼 중에서 집값(medv)을 선택하고, 화면 오른쪽의 visualizations 창에서 'compare to' 항목 중 'Scored Labels'를 선택한다.

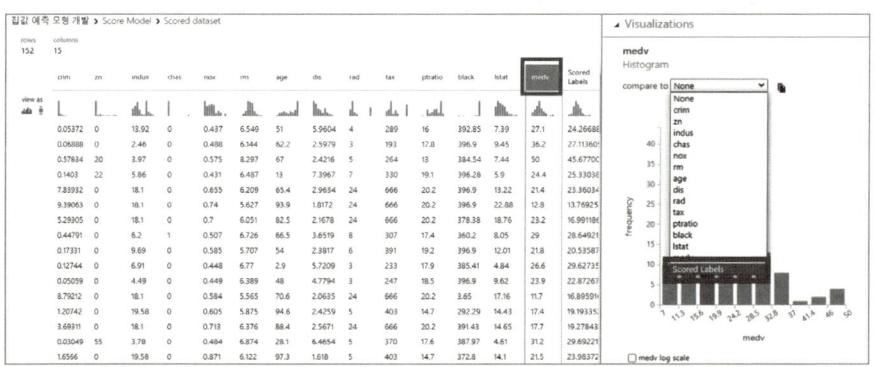

| [그림 56-31] Score Model 모듈의 Visualize 창 화면

32. 'Scored Labels'를 선택하면 [그림 56-32]와 같은 산점도가 생성된다. 아래 산점도의 각 점은 평가 데이터셋의 각 항목에 대해 예측된

집값과 실제 집값을 비교한 결과이다. 아래의 시각화를 통해 집값 예측 로직이 기본적으로 동작하고 있음을 확인할 수 있다.

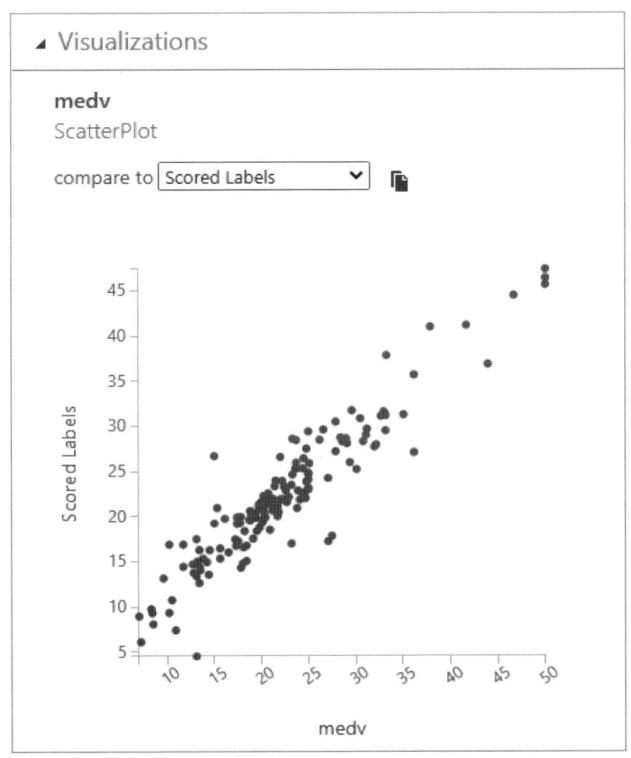

| [그림 56-32] Scored Labels 선택 시 생성되는 산점도 화면

적용된 모델의 예측력 비교하기

이번 실험에는 집값을 예측하기 위해 '선형회귀 모델'과 '앙상블 트리모델'을 적용해서 집값 예측을 시도하고 있다. 두 모델 중 어떤 모델이 좀더 예측력이 높은 모델인지 어떻게 알 수 있을까?

1. Evaluate Model의 출력 포트를 선택하고 Visualize를 선택한다.

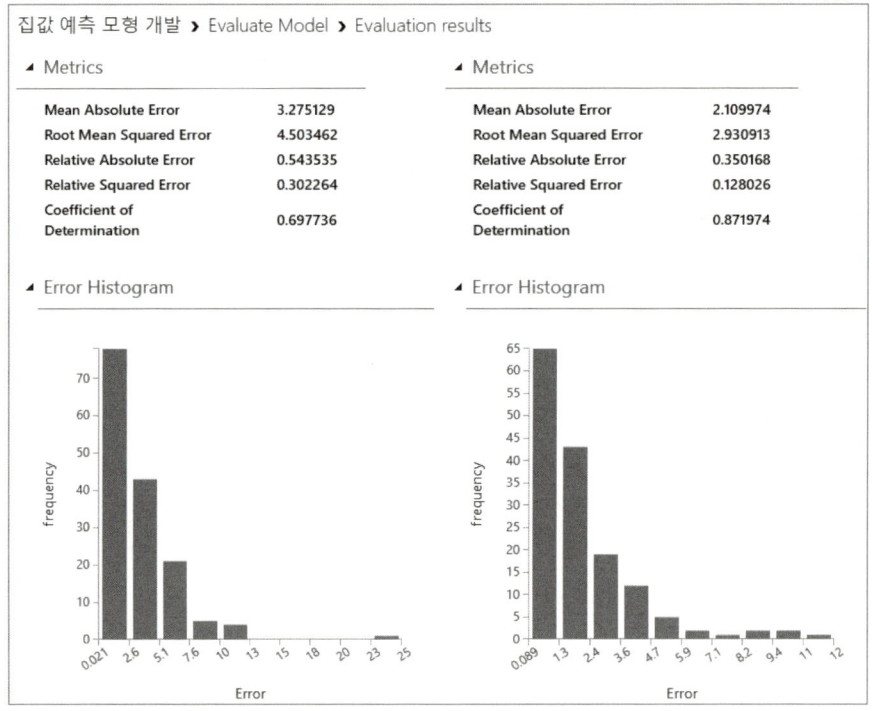

| [그림 57] Evaluate Model 출력 포트에서 Visualize를 선택하면 나타나는 화면

2. 두 모형 중 테스트 데이터 셋을 기준으로 좀더 예측력이 좋은 모형은 어떤 것이라고 판단할 수 있는가?

위 데이터를 해석해보면 선형회귀 모델에 비해 앙상블 트리 모델의 RMSE(Root Mean Square Error)가 훨씬 낮으며, 에러의 분포 역시 전반적으로 훨씬 낮은 값을 보이는 것을 알 수 있다.

3. 예측의 정확도를 측정하기 위한 기본 모형

1) MSE(Mean Squared Error) - 평균 제곱 오차

- MSE는 각 오차 값을 제곱하여(모형을 통해 예측한 값 - 실제 값) 합을 구하고, 이 합의 평균으로 계산한 값이다.

- 기본 통계량의 편차 제곱의 평균에 해당하는 분산(Variance)와 유사하다.

2) RMSE(Root Mean Squared Error) - 평균 제곱근 오차

- 모델이 예측한 값과 실제 환경에서 관찰되는 값의 차이를 수치로 표현하기 위한 MSE 값에 Root를 적용해서 구한 값이다.

- 기본 통계량의 표준편차(Standard Deviation)과 유사하다.

Decision Tree를 활용한 신용평가 모형 개발하기

머신러닝을 활용한 데이터 분석을 막연히 복잡하거나 어렵게 생각할 수도 있다. 간단한 예시를 생각해 보자. 영화 〈어벤저스〉에서 토니 스타크는 자비스라는 인공지능을 이용하여 시간 여행 기술을 개발한다. 하지만 개발에 직접 관여하지는 않는다. 자비스가 기술을 개발하고, 토니 스타크는 치즈버거를 먹으면서 지켜볼 뿐이다. 즉, 복잡한 계산은 자비스에게 맡기고 토니 스타크는 계산 결과를 판단하는 역할을 맡는다. 실제 비즈니스에서 다루는 머신러닝도 유사하다.

예를 들어, 대출 가능 여부를 판단하는 신용 평가 모형을 개발할 때 머신러닝을 활용할 수 있다. 이 모형 개발을 위해서 Decision Tree라는 알고리즘을 선택해서 개발해보도록 하겠다. 과거의 고객 데이터를 보니, 소득 수준이 High면 대출이 모두 승인되었고 Low면 모두 거절되었다. 하지만 Medium은 승인이 될 때도, 거절될 때도 있었다. 소득 수준이 Medium인 고객을 살펴보니, 신용평점이 High인 경우 대출이 모두 승인되었고 Low면

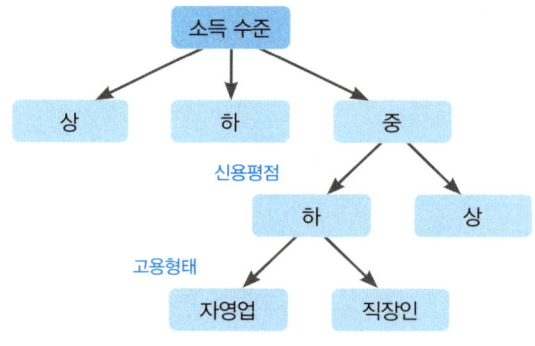

| [그림 58-1] Decision Tree

승인이 될 때도, 되지 않을 때도 있었다. 신용평점이 Low인 고객은 고용형태에 따라 대출 승인 여부가 달라졌다. 이처럼 트리 형태로 정확도를 판별하는 알고리즘이 Decision Tree 알고리즘이다.

본 실습은 AzureML을 활용하며 실습 폴더의 [실습10_머신러닝 입문] → [01_Loan-Approval-Prediction.csv]를 데이터로 사용한다.

1. [01_Loan-Approval-Prediction.csv] 파일을 실행하고, [Ctrl+방향키]를 눌러 데이터의 규모를 파악한다. 약 600개 정도의 데이터가 존재하는 것을 확인한다.

2. studio.azureml.net에 접속하고 로그인을 한 후, AzureML을 실행한다.

3. 데이터를 업로드하려면 좌측 하단의 [+NEW] → [DATASET] → [FROM LOCAL FILE] → [파일 선택] → [01_Loan-Approval-Prediction.csv 선택] → [우측 하단의 체크 버튼 클릭]한다. 하단에 'Upload ~ completed'라는 문구가 떴다면 성공적으로 데이터를 업로드했다는 뜻이다.

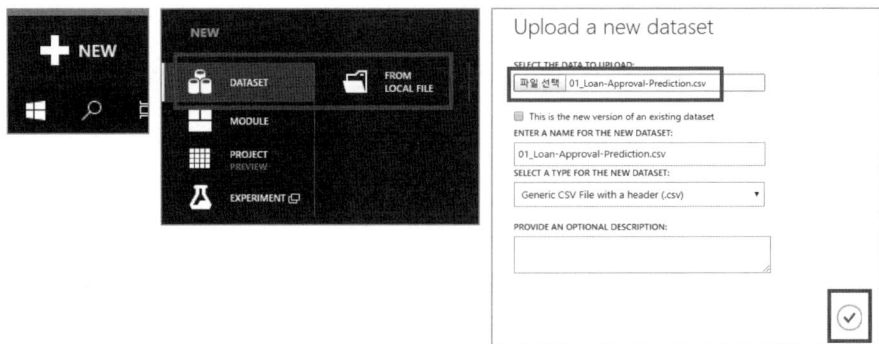

| [그림 58-2] 데이터 업로드

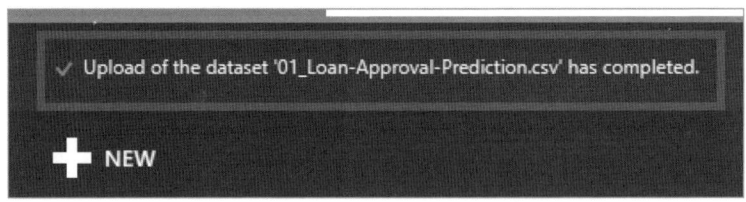

| [그림 58-3] 데이터 업로드 완료

4. 업로드를 마친 후 [+NEW] → [EXPERIMENT] → [Blank Experiment]를 클릭하고, 상단의 제목을 '머신러닝 신용평가 모형 개발'로 수정한다.

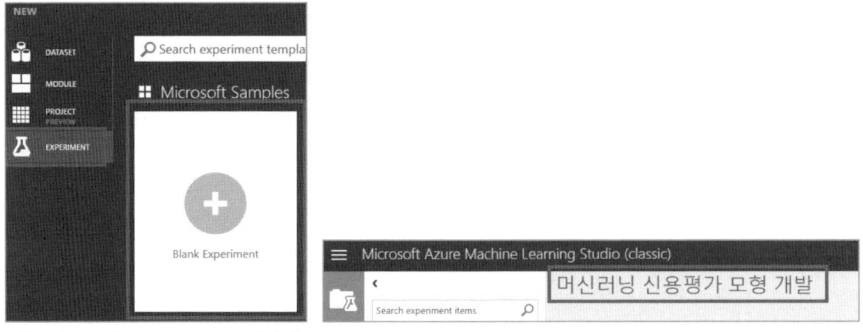

| [그림 58-4] Experiment 생성하기

5. 업로드한 데이터를 활용하기 위해 좌측 메뉴에서 [Saved Datasets] → [My Datasets] → [업로드한 파일을 우측 화면으로 드래그]한다. [그림 58-5]에서 하단의 1을 클릭하고 [Visualize]를 클릭하면 해당 데이터를 볼 수 있다. 하단의 1을 Output Node라고 한다.

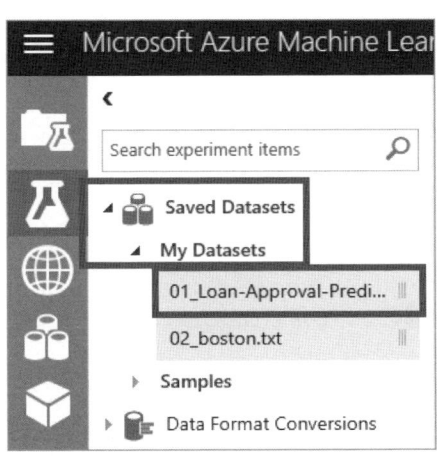
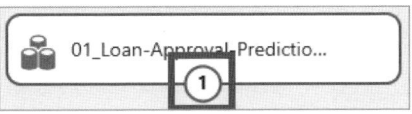

| [그림 58-5] 업로드를 마친 데이터 활용하기

6. 본 실습에서는 모형을 개발하고 이 모형의 예측률을 평가하려고 한다. 그러기 위해서 먼저 데이터를 두 개로 나누어야 한다. 하나는 모형 개발 데이터이고, 다른 하나는 평가용 데이터이다. 우측 검색창에 'split'을 입력하면 하단에 'Split Data'가 나타난다. 'Split Data'를 우측 화면으로 드래그한다.

| [그림 58-6] Split Data

7. 5에서 드래그한 데이터의 Output Node를 6에서 드래그한 Split Data 상단의 점과 마우스로 잇는다. 다음으로, Split Data를 선택하고 우측의 'Fraction~' 부분을 0.7로 수정한다. 이 부분에서 데이터를 어떤 비율로 나눌지 결정할 수 있다. 하단의 [Run]을 클릭하면 데이터가 나뉜다. Split Data에서 두 개의 Output Node를 클릭하고 [Visualize]를 누르면 데이터가 [그림 58-8]처럼 7 대 3으로 분리되었음을 확인할 수 있다.

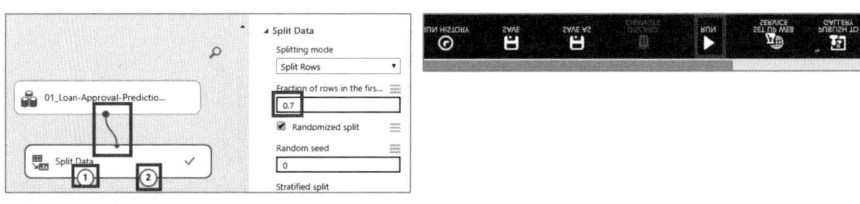

| [그림 58-7] 데이터 나누기(좌측)와 Run(우측)

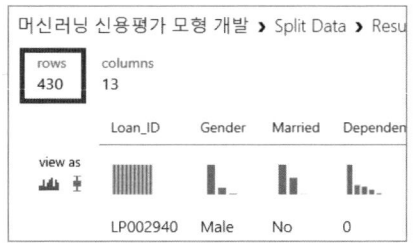 

| [그림 58-8] 데이터를 나눈 결과

8. 첫 번째 데이터로 학습을 진행하기 위해 학습 모듈을 추가한다. 우측 검색창에 'Train Model'을 검색하여 우측 화면으로 드래그한다. Decision Tree 알고리즘을 적용하려 하므로 'Two-Class Boosted Decision Tree'를 검색하여 드래그한다. [그림 58-9]처럼 이어준다.

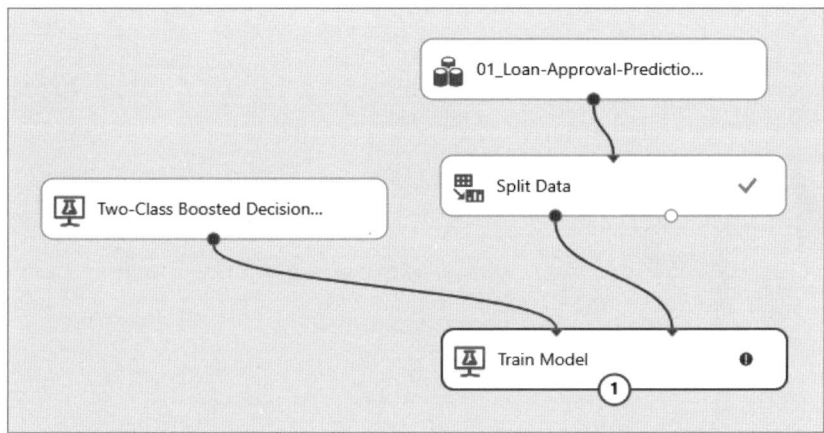

| [그림 58-9] 알고리즘 적용하기

9. 다음으로, 학습을 진행할 기준 열을 정해야 한다. Train Model을 클릭하고 우측에 'Launch column selector'를 클릭한다. 기준으로 선택할 'Loan_Status'를 클릭하고 가운데 화살표를 눌러 우측으로 옮긴 후 하

단의 체크를 클릭한다.

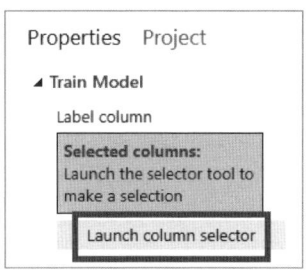 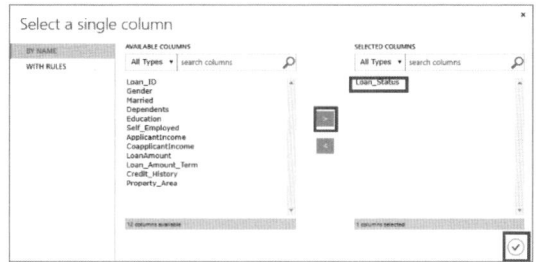

| [그림 58-10] 학습기준 선택하기

10. 하단에서 [Run]을 클릭하여 실행한 다음, Train Model의 Output Node를 클릭하고 [Visualize]를 누르면 완성된 Decision Tree 모형을 볼 수 있다.

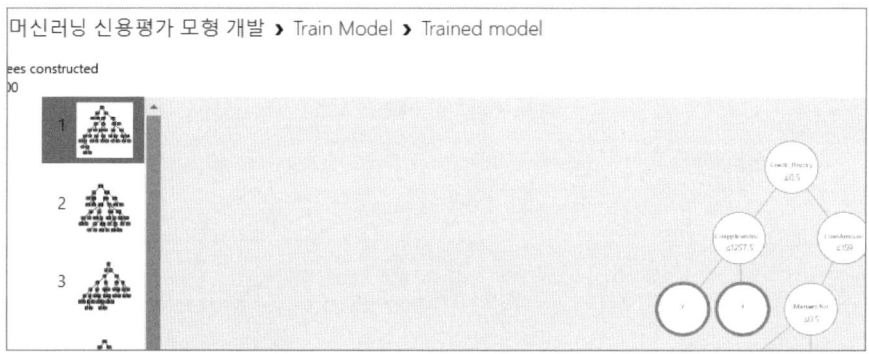

| [그림 58-11] Decision Tree 모형

11. 최종 의사결정을 하기 위해 'Score Model'을 검색하여 드래그한다. [그림 58-12]처럼 연결하고 [Run]을 클릭한다.

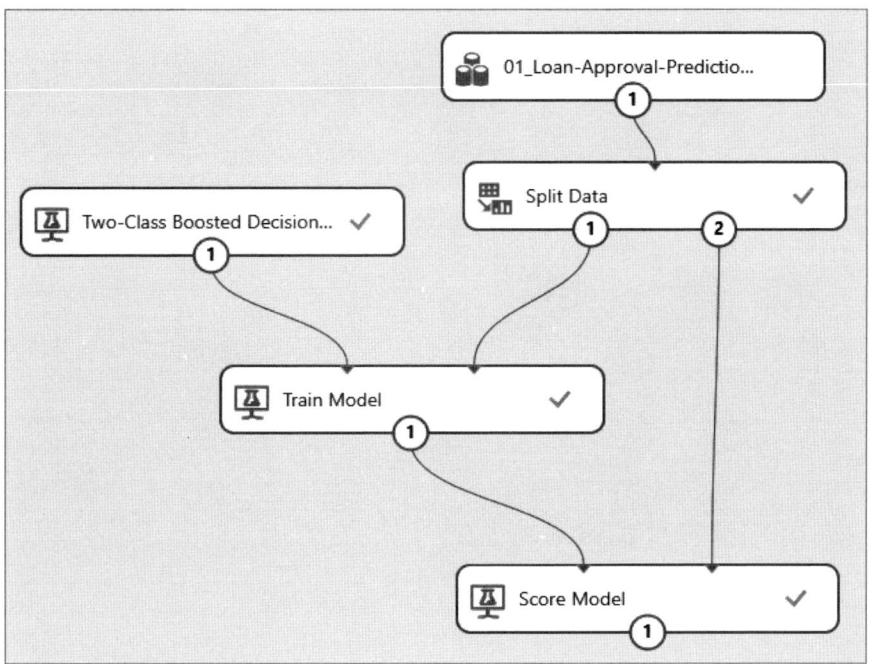

| [그림 58-12] Score Model

12. 'Score Model'을 Visualize 하면 [그림 58-13]처럼 데이터를 볼 수 있다. 데이터에서 가장 우측에 위치한 'Scored Labels' 열은 알고리즘이 판단한 대출 가능 여부이다. 'Scored Probabilities'는 대출을 승인해 줄 확률을 의미한다. Loan_Status는 실제 대출 여부 실행 결과이고, Scored Labels는 알고리즘이 추정한 대출 가능 여부에 대한 정보이다. 예측치에 대한 정확도를 참고해서 실무에 적용할 지 여부를 판단한다.

| 머신러닝 신용평가 모형 개발 > Score Model > Scored dataset

rows 184   columns 15

ation	Self_Employed	ApplicantIncome	CoapplicantIncome	LoanAmount	Loan_Amount_Term	Credit_History	Property_Area	Loan_Status	Scored Labels	Scored Probabilities
duate	No	2882	1843	123	480	1	Semiurban	Y	Y	0.999867
duate	No	3166	0	36	360	1	Semiurban	Y	Y	0.998601
duate	No	5935	0	133	360	1	Semiurban	Y	Y	0.975875
duate	No	3276	484	135	360		Semiurban	Y		
duate	No	3033	1459	95	360	1	Urban	Y	Y	0.999857
duate	No	6540	0	205	360	1	Semiurban	Y	Y	0.989752
duate	No	4860	830	125	360	1	Semiurban	Y	Y	0.997255
duate	No	5316	0	136	360	1	Urban	Y	Y	0.999243
t duate	Yes	1875	1875	97	360	1	Semiurban	Y	Y	0.999744
duate	No	7333	8333	175	300		Rural	Y		
duate	Yes	2500	0	93	360		Urban	Y		
t duate	No	3691	0	110	360	1	Rural	Y	Y	0.986877
t duate	No	4350	0	154	360	1	Rural	Y	N	0.471888
t duate	No	2149	3237	178	360	0	Semiurban	N	N	0.001155

| [그림 58-13] 머신러닝 학습결과(Decision Tree)

Logistic Regression을 활용한 직원 이탈 가능성 예측하기

사업을 잘 유지하고 발전시키려면 회사 구성원의 중요성은 아무리 강조해도 지나치지 않을 것이다. 핵심 인재를 유지하고 발전시켜 나가는 것이 사업 전개 과정에서 매우 중요하다. 그런데 실제 비즈니스에서 핵심 인재의 이탈 가능성을 어떤 식으로 도출해낼 수 있을까? 여기서는 머신러닝을 기반으로 '이탈 탐지 모델'을 구축해서 적용해보겠다.

'이탈 탐지 모델' 구현을 위해 AzureML에서는 의사결정 포레스트(Decision Forests), 의사결정 정글(Decision Jungle), 로지스틱 회귀분석, 뉴럴 네트워크, 베이즈 포인트 머신과 서포트 벡터 머신과 같은 폭 넓은 분류 알고리즘을 제공한다. 여기서는 가장 기본이 되는 로지스틱 회귀분석을 적용해서 인재의 이탈 가능성을 판단해보겠다.

본 실습은 AzureML을 활용하며, 실습 폴더의 [실습10_머신러닝 입문] → [03_HR_comma_sep.csv]를 데이터로 사용한다.

1. [03_HR_comma_sep.csv] 파일을 실행하여 데이터를 파악한다. left가 1이면 이탈, 0이면 재직 중이라는 뜻이다. 이번 실습은 머신러닝을 활용하여 직원이 이탈할 가능성을 예측하려 한다.

2. 조금 전에 진행한 Decision Tree를 활용한 신용평가 모형 개발하기 실습의 9번까지 동일한 과정을 거친다. '03_HR_comma_sep.csv' 파일을 업로드하고 Experiment 제목을 '사원 이탈률 예측 모형 설계'로 변경한다. 사용할 알고리즘 모형은 'Multiclass Logistic Regression'이며, 'Train Model'에서 기준 열은 'left'이다.

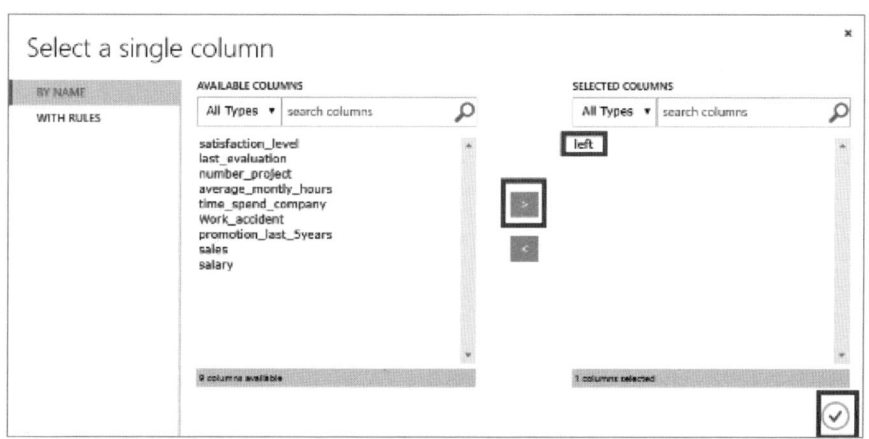

| [그림 59-1] 기준 열 선택하기

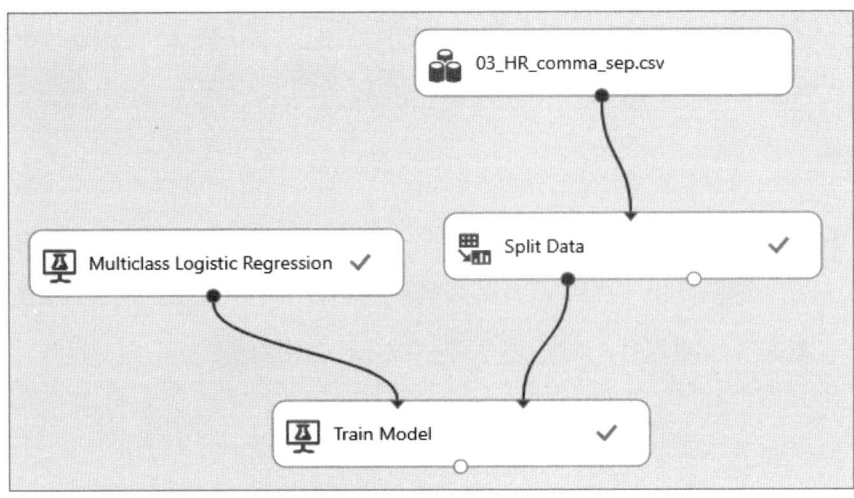

| [그림 59-2] Logistic Regression 사용하기

3. 하단에서 [Run]을 눌러 실행한다. Train Model의 Output Node를 클릭하고 [Visualize]를 누르면 Logistic Regression 결과인 각 요인이 left에 미치는 영향을 확인할 수 있다.

Feature Weights

Feature	0	1
satisfaction_level	1.84534	-1.84534
time_spend_company	-1.05954	1.05954
Work_accident	0.763533	-0.763533
number_project	0.747896	-0.747896
promotion_last_5years	0.697178	-0.697178
salary_high_0	0.684268	-0.684268
average_montly_hours	-0.452613	0.452614
salary_low_1	-0.252774	0.252773
sales_RandD_6	0.239898	-0.239898
last_evaluation	-0.205115	0.205116
sales_management_3	0.127483	-0.127483

| [그림 59-2] Logistic Regression 사용하기

4. 최종 의사결정을 하기 위해 ‘Score Model’을 검색하여 드래그한 후 Run을 클릭한다. ‘Score Model’을 Visualize 했을 때, 데이터 가장 우측에 위치한 ‘Scored Labels’ 열은 알고리즘이 Logistic Regression을 통해 예측한 ‘이탈 여부’를 의미한다. ‘Score Probabilities’는 ‘Scored Labels’가 0일 확률과 1일 확률이다. 만일 어떤 사원의 데이터가 left는 0이지만 Score Labels가 1이라면, 이탈할 가능성이 높은 사원으로 볼 수 있다.

사원 이직율 예측 모형 설계 › Score Model › Scored dataset

rows 4500 columns 13

ject	average_montly_hours	time_spend_company	Work_accident	left	promotion_last_5years	sales	salary	Scored Probabilities for Class "0"	Scored Probabilities for Class "1"	Scored Labels
	214	3	0	0	0	accounting	low	0.558518	0.441482	0
	149	3	0	1	0	support	low	0.452228	0.547772	1
	285	3	0	0	0	management	low	0.932671	0.067329	0
	225	2	0	0	1	RandD	medium	0.991766	0.008234	0
	191	3	1	0	0	product_mng	low	0.961329	0.038671	0
	255	5	0	1	0	accounting	low	0.748075	0.251925	0
	132	3	0	1	0	sales	low	0.553578	0.446422	0
	214	3	0	0	0	sales	medium	0.805324	0.194676	0
	174	3	1	0	0	RandD	low	0.981325	0.018675	0
	142	3	0	0	0	product_mng	medium	0.930357	0.069643	0

| [그림 59-4] 머신러닝 학습결과(Logistic Regression)

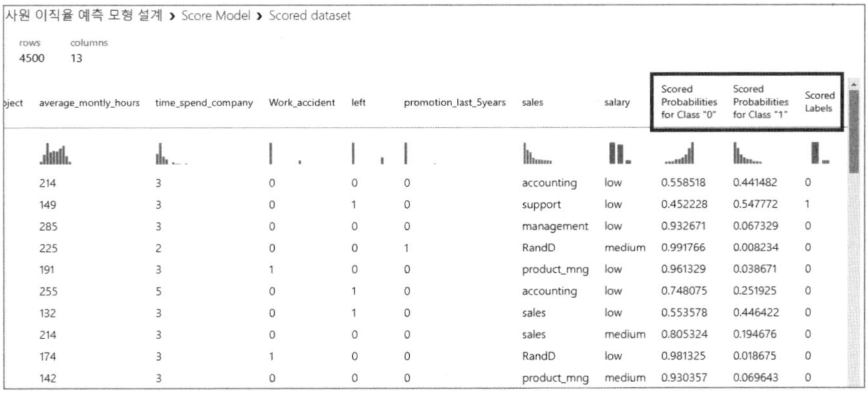

CHAPTER

10

데이터 사이언스 정리

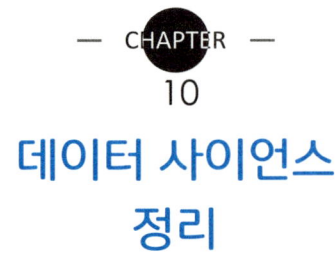

데이터 사이언스 정리

데이터 사이언스 프로세스 정리

첫 번째 챕터에서 현실 세계를 데이터로 모델링 하는 법을 배웠다. 그리고 모델링을 토대로 데이터를 취합하는 방법인 서베이와 웹 크롤링을 다루었다. 하지만 데이터를 취합할 모집단을 전부 조사할 수는 없으므로, 피어슨 통계학을 통해 표본 데이터가 어떻게 모집단의 특성을 대표할 수 있는지 알아보았다. 특히, 피어슨 통계학 중 기술통계와 확률론, 추론 통계를 실무 사례를 기반으로 학습했다.

다음으로, 취합한 데이터를 테이블 형태로 정리하는 데이터 전처리를 배웠다. 데이터 전처리를 거쳐 완성한 깔끔한 데이터를 마스터 데이터 셋, 혹은 클린 데이터 셋이라고 한다. 이처럼 데이터 분석의 첫 단계는 현실 세계를 데이터로 모델링하고 데이터를 취합하여 마스터 데이터 셋을 확보하는 일이다.

다음 단계는 확보한 데이터로 다양하게 데이터 분석을 시도하는 탐색적 데이터 분석 단계이다. 원활하게 탐색적 데이터 분석을 하려면 여러 분석 모델과 알고리즘을 정확히 알아야 한다. 따라서 실습을 통해 Decision Tree와 비교분석, 경향분석, 파레토 분석, 상관분석과 같은 필수 비즈니스 분석 모델과, 각 모델에 알맞은 시각화 방법을 함께 학습하였다.

마지막으로, Interactive Dashboard를 사용하여 여러 핵심 데이터를 한곳에 모아 상호 작용하는 시각화 요소를 만드는 법을 익혔다. 이러한 과정을 거쳐 확보한 데이터는 다양한 분야에서 의사 결정에 활용하거나, 그 자체를 데이터 상품으로 판매하기도 한다. 더불어 머신러닝의 기반이 되는 베이즈 통계를 알아보고, 분석 도구인 AzureML을 활용하여 머신러닝 분석을 실습해 보았다.

총 아홉 챕터에 걸쳐 데이터 사이언스에서 다루는 영역을 하나씩 살펴보았다. 이제는 정말 실질적이고 다양한 데이터 분석 전략을 수립하고 실무 분석을 진행하는 방법들을 충분히 이해하고 숙지하게 됐으리라 믿는다.

그렇다면, 이제 남은 건 여러분의 데이터 분석 분야에서의 의미있는 성공에 대한 굳건한 믿음과 철처한 실행력뿐이다.

온 마음으로 여러분의 성공을 빈다.

저자의 말

바라건대, 이 자리를 빌려 주위의 모든 이들에게 감사의 말을 전하고 싶다.

맨 먼저 공저자이자 회사 동료로 '디지털 역량' 보급에 뜻을 함께 하고 있는 최정아 이사와 유서호 이사에게 동지로서 무한한 신뢰를 표현하고 싶고, 도서 자체의 다양한 지원 업무를 잘 진행해준 최철훈, 신유진과 강규리, 홍지영에게 감사의 말을 전하고자 한다.

교육환경에서 많은 기회와 조언을 해주시는 한양대 신현상 교수님과 이화여대 기업가센터 담당자분들께 진심 어린 감사의 말씀을 드리고 싶다.

친구이자 멘토로서 사업에서의 여러 고민들에 대해서 항상 진심어린 조언을 해주고 있는 스마일게이트 권혁빈 회장과 투자자로서 많은 조언과 인사이트를 공유해주는 강수현 대표님께 마음에서 우러나오는 고마움을 전하고 싶다. 앞으로 필자께 다양한 사업적 통찰과 조언을 부탁드리고자 한다.

마지막으로, 언제나 정신없이 몰아치는 변화 속에서도 변함없이 늘 옆에서 격려해주고 지원해주는 내 가족, 그 중에서도 반려자라는 단어를 내 가슴속에 와닿게 해준 내 아내와 찬우/민준에게 정말 고맙고 사랑한다는 이야기를 전하고 싶다.

— 한국 송도에서 김 진

새로운 삶을 준비하는 남편과 사랑하는 아들 동균, 제 2의 가정인 마소캠퍼스, 그리고 지금 이 순간이 힘든 모든 분을 응원합니다. 손이 많이 가는 원고 작업에 힘 써주신 최철훈님과 신유진님 덕분에 이 책이 세상 빛을 보게 되었습니다. 항상 감사하며, 행복을 기원합니다.

- 감사할 일이 너무 많은 최정아

오랜 기간 개발자의 길을 걸으며 수많은 데이터를 다뤄봤습니다. 그 많은 데이터를 보며 어떻게 하면 데이터를 더 가치 있게 쓸 수 있을까, 가치 있게 활용되기 위한 데이터는 어떤 것인가에 대한 고민이 많았습니다. 보기에는 예쁠지 모르나 형식이 자유분방하여 쓰기 어려운 자료들. 다루는 사람별로 달라지는 데이터. 분석을 위해 어려운 툴이나 개발 지식을 알아야 한다는 오해들. 책을 씀에 앞서 최근 유행처럼 번지고 있는 빅데이터나 깊은 기술적인 지식을 알아야 하는 거창한 말보다는 더 현실적인 부분을 말하고 싶었습니다.

내가 직접 데이터를 다뤄 봄으로써 어떻게 데이터를 만들어야 나중에 분석하기 좋은 데이터가 되는지, 깊은 통계적 지식이 없다고 하더라도 어떻게 하면 의미 있는 결과인지 판단할 수 있는 방법. 반드시 이런 지식을 얻지 못한다고 하더라도 데이터를 훑을 수 있는 관점과 시각을 독자 여러분들이 가졌으면 하는 마음입니다.

이 책이 처음 시작은 작더라도 독자 여러분께 데이터에 대한 관점과 더 효과적인 분석 방법이 없을까에 대한 궁금증과 고민을 던져 주는 작은 시금석이 된다면, 아마 이 책을 집필한 목적 하나는 달성하지 않았을까 생각합니다. 책을 집필하는 동안 많은 조언과 격려해주신 김진 대표님과 최정아 이사님께 깊은 감사 말씀드립니다.

— 유서호

CHAPTER 11

부록:
엑셀 2013 사용자를 위한 지침

— CHAPTER —

11

부록: 엑셀 2013 사용자를 위한 지침

파워쿼리 설치

1. [Excel 실행] —→ [파일] —→ [계정] —→ [Excel 정보]를 클릭하여 사용하는 엑셀의 버전을 확인한다.

| [그림 60-1] 엑셀 버전 확인하기 1

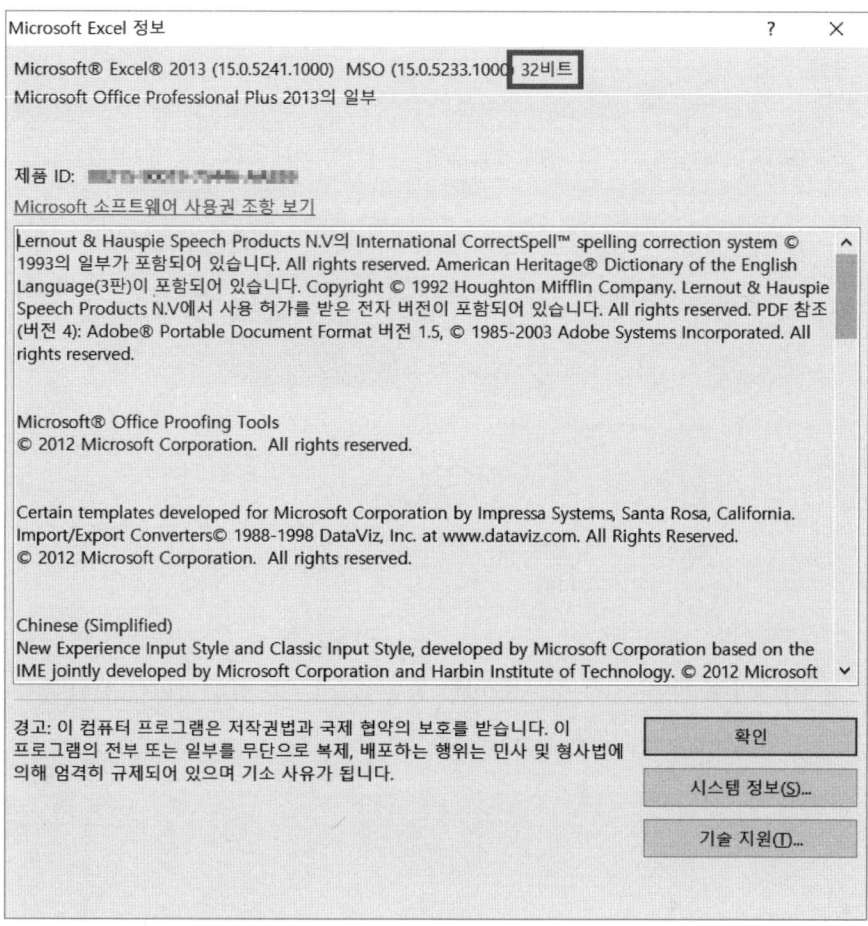

| [그림 60-2] 엑셀 버전 확인하기 2

[그림 60-1] 우측의 [Excel 정보]를 클릭하면 [그림 60-2]와 같은 창이 나타난다. 이 창의 상단에서 버전을 확인할 수 있다. [그림 60-2]는 현재 32비트이다. 만일 64비트일 경우 동일한 위치에서 64비트를 확인할 수 있다.

2. 파워쿼리 다운로드 사이트[29]에 접속하여 [다운로드]를 클릭한다.

| [그림 60-3] 파워쿼리 다운로드 사이트

3. 자신의 엑셀 버전에 맞는 32비트 혹은 64비트의 파워쿼리를 체크한 후 우측 하단의 [다음]을 클릭한다.

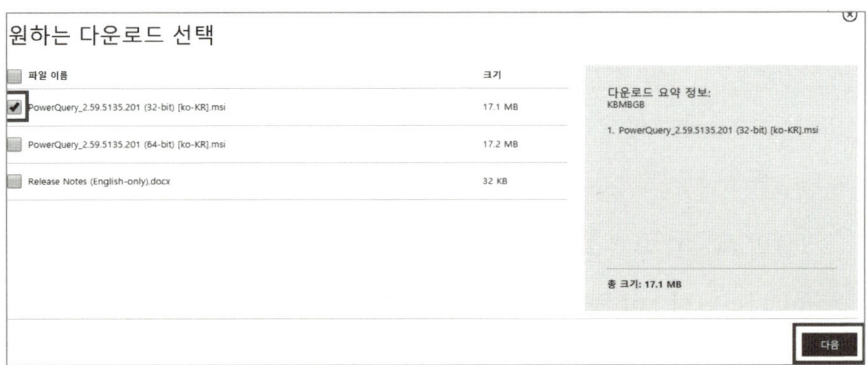

| [그림 60-3] 파워쿼리 다운로드 사이트

---

29. https://www.microsoft.com/ko-KR/download/details.aspx?id=39379

4. 다운로드한 파워쿼리 파일을 실행하여 설치한다. [다음] → [동의함] → [다음] → [설치]를 클릭하여 설치하고, 마지막으로 [마침]을 클릭하여 완료한다.

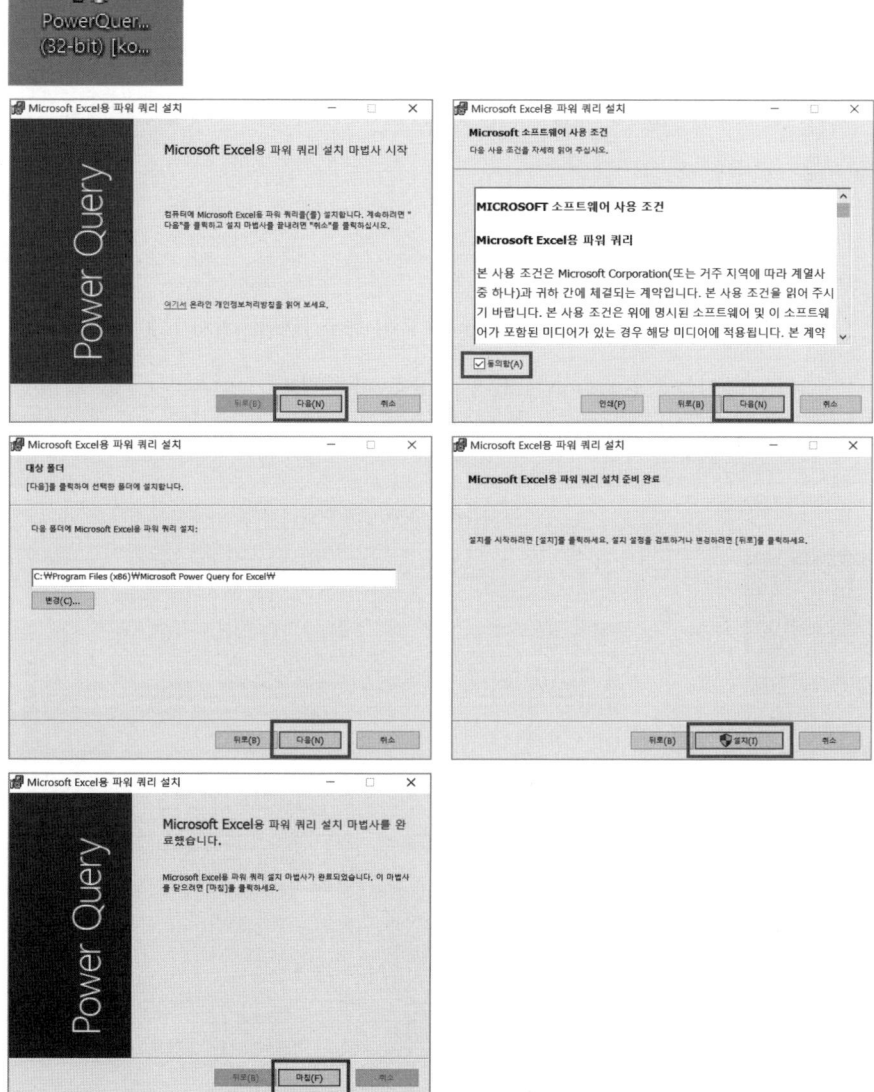

| [그림 60-5] 파워쿼리 설치 과정

5. 파워쿼리 설치가 끝났다면, 엑셀을 실행시켜 새로 생긴 파워쿼리 메뉴를 확인한다.

| [그림 60-6] 파워쿼리 메뉴

만일 [그림 60-6]처럼 메뉴가 나타나지 않는다면 아래 과정을 추가로 진행한다.

6. [파일] → [옵션] → [추가 기능] → 아래쪽 [관리]에서 [COM 추가 기능] → [이동] → [Microsoft Excel용 파워쿼리] → [확인]을 클릭하면 [그림 60-6]처럼 파워쿼리 메뉴를 활성화할 수 있다.

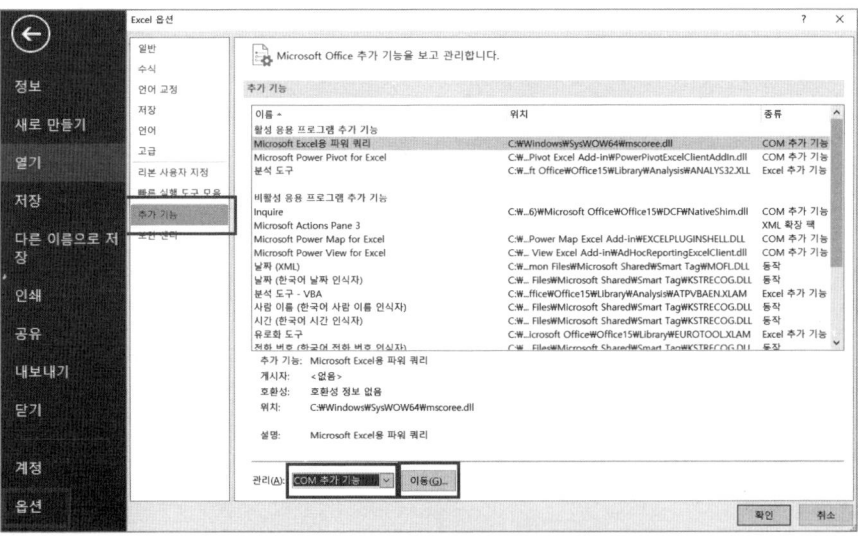

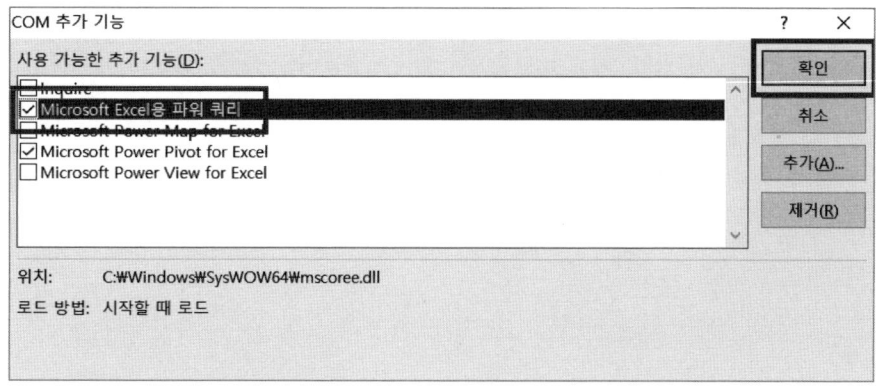

| [그림 60-7] 파워쿼리 메뉴 활성화하기

비전공자도 배워서 바로 쓰는 비즈니스 데이터 분석 입문
엑셀부터 머신러닝까지 디지털 전환(DT) 성공 가이드

초판 1쇄 발행   2021년 3월 14일
초판 3쇄 발행   2022년 3월 30일

지은이/펴낸이   김진/최정아/유서호
표지 디자인   이윤선/노지혜
본문 디자인   노지혜

펴낸 곳   마소캠퍼스
주소   주소 서울시 서초구 강남대로 369, 12층 52호
전자우편   book@masocampus.com
ISBN   979-11-967525-4-5 13320

이 책 내용의 일부 또는 전부를 재사용하려면 반드시 마소캠퍼스의 동의를 얻어야 합니다.
이 책은 저작권법에 의하여 보호를 받는 저작물이므로 무단전재와 무단복제를 금합니다.